我是葛莉塔

環保鬥士葛莉塔與母親合著的唯一傳記

葛莉塔・通貝里 *Greta Thunberg*、瑪蓮娜・恩曼 *Malena Ernman*、
斯凡特・通貝里 *Svante Thunberg*、碧雅塔・恩曼 *Beata Ernman*——合著
陳蘊柔、黃舞樵、謝孟達 ——合譯

Scener ur hjärtat

suncolor 三采文化

目錄
CONTENTS

前言

我與我的先生斯凡特還有女兒們一起寫成這本書，這本書不但與發生在我們家的危機有關，也跟葛莉塔與碧雅塔有關。

最重要的是，這也是關係著全人類的危機。這個危機，是因為我們人類不顧永續發展、脫離自然的生活方式所造成的。有些人稱這種現象為永續發展的危機，有人則稱之為氣候危機。

大多數的人以為，這類危機發生在很遙遠的以後，還要很久時間以後才輪到我們。這個看法是錯的。

危機是現在進行式，而且以不同的形態持續發生，它存在於早餐桌上、學校走廊、街道，在你們的花園中，弄亂你們秀髮的風裡。

這本書瑞典語版於二〇一八年八月出版前幾天，我們的女兒葛莉塔坐在瑞典國會大廈前，開始為氣候暖化危機發起學生抗議活動。這場抗議活動持續至今，從斯德哥爾摩舊城區的硬幣廣場（Mynttorget）到世界各地。

從那時起，不只是對葛莉塔，對於我們家人來說，許多事改變了。

有幾天真的像做夢一樣。

這本書主要談論葛莉塔發起學生抗議活動之前的事，是從葛莉塔生病開始到二〇一八年八月二十日那天的心路歷程。

瑪蓮娜・恩曼（Malena Emman），二〇一八年十一月

註1：這本書出版前，我們確定會將所賺取的費用全數捐給綠色和平組織、世界自然基金會、動物輔助教育學和治療學研究所、瑞典自然保護協會及其青年環保組織 Fältbiologerna、身障人士協會 Kung över Livet、兒童救助與動物保護組織 Djurens Rätt。

註2：這是葛莉塔與碧雅塔決定的。

1

葛莉塔引起的家庭危機

一天就要過去。
太陽將死於七點。
黑暗的專家們，說吧
誰照亮我們？
誰點亮西方逆光，
誰做著東方的夢？
有誰，不管是誰——能帶來光明！
最好是你。

《哀歌》，威爾納．阿斯本史特姆（Werner Aspenström）
瑞典詩人、散文家

01 最後一場演出

該出場了。

交響樂團正在最後一次調音，音樂廳裡的燈漸暗。我站在指揮家喬恩・克里斯托佛・斯皮諾西（Jean-Christophe Spinosi）身旁，我們即將上臺，各就各位。

這是最後一晚演出，大家的心情都很好，因為明天終於能回家跟家人團聚，再接著下一次的巡演。回家，然後去法國、義大利、西班牙。再回家，之後到奧斯陸、哥本哈根、柏林、倫敦、紐約。

登臺演出如夢遊般流淌而過，以登臺為職業的人都會明白我的意思。表演者與觀眾間有一條河，或說是一種能量存在我們之間，促使表演者能完成一場又一場的演出。這是一種專屬於歌劇院與戲劇院的魔法。

今晚最後的曲目是韓德爾的歌劇《薛西斯》，演出地點在斯德哥爾摩群島上的阿提佩拉格（Artipelag）展藝廳。二〇一四年十一月二日，這是我最後一次在瑞典的演出，但沒有人料到，這也是我生涯中最後一次演出。

歌劇院的氣氛高漲，大家在後臺浮動著，走過展藝廳嶄新的水泥地板。這場表演也將被記錄下來，可是動用了八臺攝影機及一整組工作團隊拍攝。舞臺前坐著九百位屏息以待的觀眾。我緊張地走來走去，試圖深呼吸冷靜下來，卻辦不到。從頭到尾，我的身體難以動彈，不停地流汗，手也麻了。過去的七個星期如同結束不了的惡夢，我無論去哪都沒辦法休息，得不到一點平靜。我覺得想吐，但又不只是想吐的感覺。

像是恐慌症發作。

對我而言，一直像是慢速直接跳向一面玻璃牆，全程觀看撞上的過程。我等待撞擊的那一刻，等待著痛楚。

然而，一切都沒有發生。我腦中的畫面，只有我懸掛在半空中，停在玻璃牆的前面，玻璃牆完美無瑕地立在那。

「我感覺不太舒服。」我說。

「妳先坐下，要不要我幫妳倒杯水？」指揮跟我用法語交談。

我一陣腿軟，直接倒下。還好，喬恩接住了我。

「別擔心，」他說。「觀眾可以等。大家會怪到我頭上。我是法國人，我們法國人總是遲到。」

有人笑了。

演出結束後我必須立即返家，我的小女兒碧雅塔明天滿九歲，我還得準備一大堆東西，但我此時此刻卻昏倒在指揮的懷裡。

有人擔心地摸著我的額頭。

眼前一片黑暗。

02 我熱愛歌唱

我成長於瑞典桑德維肯（Sandviken）的一棟排屋。母親是教會執事，父親是桑德維肯的商業與稅務顧問。我有一個小三歲的妹妹，叫做溫德拉（Vendela），還有小十一歲的弟弟。我媽媽很喜歡瑞典歌劇男中音卡爾．尤罕．羅阿．法爾克曼（Carl Johan"Loa"Falkman）的名字，因此給我弟弟取名為卡爾．尤罕（Karl-Johan）。

這是我跟歌劇及古典音樂的唯一連結，但我們家很愛唱歌，連民俗音樂、流行樂團Abba、美國鄉村歌手約翰．丹佛（John Denver）都有涉獵。基本上，我們就是瑞典常見的普通家庭，住在小城市裡。唯一跟其他家庭的區別是我的父母傾盡全力幫助有難的人。

在我們家中，人道主義勝於一切，幫助需要的人，對於我們來說是再自然不過的事；這是我母親承接她父親艾北．阿爾維德森（Arvidsson）而來的家族傳統，他是位階很高的瑞典教會代表，是薩罕地區（Sachen）的基督教現代外援計畫先驅。從小，我們家就常收留難民及沒有旅行證件的人。

雖然有時候這樣有點累人，但還過得去。

所以，我們會在假期拜訪我母親最好的朋友，她是一位修女。我們常常在她位於北英格蘭的修道院度過暑假。我相信這是我後來經常在舞臺上發飆的原因，因為青春期的叛逆遲遲沒有出口。但是除了暑假都睡在修道院的宿舍，我們的車庫住著難民外，我們跟其他人沒有差別。

不過，也如同我剛剛提到的，我愛為生活唱歌，從未停止過。我什麼都唱，越難的曲目，對我來說越有意思。

大概是因為我喜歡挑戰，因此多年後我成為歌劇女伶，歌劇被證明是最難演唱的類型，卻帶給我最多的樂趣。

03 成為父母前，我們這樣生活

我從六歲開始，就在開始上臺唱歌，教會合唱團、聲樂合唱團、爵士樂團、音樂劇及歌劇我都參一腳。我對音樂的熱愛是不會改變的，而且我不喜歡被定型，或歸類為某種類型。我的演出曲目常跨越不同音樂類型。只要是好的音樂，我什麼都唱。

娛樂圈流傳這麼一句話，越明確將自己定位為藝術家的人，能寫出越多的食譜。我的食譜可能比他們的更受注目，因為我根本沒出過食譜。

但在過去十五年之間，我致力於把藝術的要求與大眾吸引力結合。我想要讓困難的事物簡單一些，讓高雅文化貼近大眾一些，讓狹窄的路稍微寬闊一些，反之亦然。

這條沒人要走的路，逆風而行，且幾乎總是獨自一人。當然，斯凡特站在我這邊。剛開始，我做事多憑直覺，隨著時間過去，慢慢變成一種態度。我相信有機會發展自己所做的事情的人，通常身兼嘗試的義務。斯凡特跟我都屬於少數有這種機會的人，所以我們不斷嘗試。

我們都是文化工作者，曾受歌劇學院、音樂學院及戲劇學院的教育，一半的職業生涯既是自由業者，也處於僱傭關係。我們工作並盡全力保障未來，努力實現我們的目標：找到更新、更廣的受眾。

雖然斯凡特跟我在不同領域發展，但我們始終擁有共同的目標。當我懷上大女兒葛莉塔時，斯凡特剛好同時在歐史葛塔戲院、李克斯戲院和獵戶座戲院都有工作。

我當時因為合約被綁在不同的演出之間，遊走於歐洲各地的歌劇院。隔著一千公里的距離，我們在電話裡討論新生活該如何運作。

「在妳的專業中，妳是世界上最優秀的人之一。」斯凡特說。「至少有十種不同的報紙上都給妳這樣的評語。我只是個普通的演員，妳賺得比我多更多。」

「比我多得多。」斯凡特又強調。

「妳賺得比我多得多。」斯凡特第三次強調。

我小小地抗議了一下，但我們已下決定，斯凡特在最後一次舞臺演出後，就會飛來柏林找我。

第二天，斯凡特的手機響了。他接起電話，在面向大街的陽臺上講了幾分鐘。那時是五月底，已經變熱了。我們在一起還不到半年。

「就是會發生這種事啊。」斯凡特掛電話後大笑著說。

「誰啊？」我問。

「艾瑞克跟另外一個人。他們上星期看了我在獵戶座戲院的演出。」

「那兩人要為瑞典廣播電臺構思一部喜劇節目。他們覺得我很有趣，問我想不想加入。先試鏡。這可是大家都想要的機會啊……」

「那你怎麼回？這麼好的機會你不會拒絕了吧？」我瞪著他說。

「我說，我的女友懷孕了，而且在國外工作。」斯凡特回應了我的眼神。

「你拒絕了？」

「是啊，這樣才對。我們凡事都要一起過，不然事情做不成。」

幾個星期後，我們一起去《唐喬凡尼》在柏林國立歌劇院的首演慶祝活動。斯凡特對大師巴倫波因（Barenboim）及切奇莉亞．巴托莉（Cecilia Bartoli）解釋，他現在是個家庭主夫。

「所以現在我是家庭主夫了。」

我們就這樣努力了十二年，很辛苦，但也非常美好。我們待在柏林兩個月後，前往下一個目的地。柏林、巴黎、維也納、阿姆斯特丹、巴賽隆納，一直不斷下去。

我們在格林德博恩、薩爾茲堡或普羅旺斯地區渡過夏天，就像任何唱歌劇或演出任何古典樂的人一樣。

我一星期彩排二十到三十小時，其它剩餘時間都與斯凡特在一起，自由不受拘束。除了斯凡特的母親，莫娜奶奶之外，沒有任何親戚、朋友的晚間邀約，沒有慶祝活動，只有我們倆。

葛莉塔出生後三年，碧雅塔也誕生在我們家。我們為了有足夠空間放下放娃娃屋、泰迪熊、三輪車還買了臺 Volvo V70。那幾年非常美好。冬天時，我們坐在明亮的古典建築公寓地板上，跟女兒們一起玩。春天時，我們會到繁花盛開的公園散步。

這就是我們的日常，簡單又美好。

04 葛莉塔停擺了

「參加歐洲歌唱大賽（Eurovision Song Contest），感覺有點像生孩子，可以跟別人聊，可以鉅細靡遺地描述，但只有自己經歷過，才能明白那種感受。」安德斯．漢森（Anders Hansson）是音樂製作人，我們正著手進行製作我的下一張專輯。當他微笑跟斯凡特還有我解釋歐洲歌唱大賽的重要性時，我們正拖著行李穿過馬爾默的大廣場，準備要搭火車去斯德哥爾摩。

在我為流行音樂初試啼聲之後的隔天早上，瑞典日報《晚報》（*Aftonbladet*）刊登了我跟主持人佩特拉．梅德（Petra Mede）還有歌手莎拉．芬納爾（Sarah Finer）的照片。標題寫著：〈馬爾默巨蛋晚間九點二十三分〉

大篇幅的報導讓我處於震驚狀態。

不過，既然要參加歐洲歌唱大賽的瑞典初選，就應該要贏，而且要以一種特定的方式獲勝，因為大家都認為我會得最後一名，我就要拚到最後一輪和各大巨星較勁，並且因為觀眾支持才勉強險勝，我就是這樣。

初選給了我們絕無僅有的機會，這個機會可能永遠不會再有。文化部長稱之為「瑪蓮娜效應」。瑞典《快報》（*Expressen*）下了標題〈從文藝沙龍的歌劇回到大眾之路〉，《每日新聞報》（*Dagens Nyheter*）的文化版主編描述：「這件事美到不像是真的，但它成真了。」

我一度相信，歌劇將會贏得更多觀眾。

但秋天來時，一如往常。沒有任何一間瑞典歌劇院有消息，這明明是一個很好的機會，卻似乎沒有人想要把握，於是我們把所有事都攬在自己肩上：去國外擔任重要歌劇角色，自己安排演唱會、巡迴表演和演出，尋找更新、更廣的受眾。

五年過去，最後一場《薛西斯》演出前兩個星期的一個晚上，斯凡特跟我蹲在家裡浴室的地板上。當時很晚了，小孩都睡了，可是我們的生活卻崩潰了。

葛莉塔那時剛升五年級，狀況不太好。她晚上躺在床上哭，去學校的路上也哭，在課堂上哭，下課也哭，老師幾乎每天打電話來。斯凡特必須接她回家，帶她去找我們的黃金獵犬摩西，因為只有摩西幫得上忙。

葛莉塔會在摩西身旁坐上幾個小時，撫摸牠的毛。我們盡了一切努力，但沒有成效。我們的女兒停止運作，她不再彈鋼琴、不再笑、也不再說話。

然後，她不再吃飯。

我們坐在冰冷的磁磚上，心裡只有一個目標：我們願意做任何事，願意改變一切，無論要付出什麼代價，我們都要找回葛莉塔。

但這還不夠，我們要做的不只在語言與感情上，而是比這更大的轉折，大到必須與過去斷裂。

「你在想什麼？」斯凡特問。「你想繼續在歌劇院唱歌嗎？」

「不想。」

「好，那我覺得，我們應該從現在起放掉一切。」他繼續說，「若歌劇院不願意配合，就沒有辦法讓歌劇觸及更多觀眾。如果根本沒人鳥這事，找到新的觀眾群也沒用，沒有贊助，沒有任何一點資金，還要說服兩萬人來到位於鳥不生蛋、交通不方便的島上，這根本做不到。」

斯凡特的脾氣不總是帶來好處，但我無法反駁他的結論。

「我們已經盡了最大的努力，」我回應。「說實在，如果繼續這樣做下去，我也不覺得我能挺得過去。」

「那麼就讓我們取消所有合約，」斯凡特繼續說，「我們會想到一套說法的。然後就改做別的事，音樂會、音樂劇、戲劇、電視劇、做音樂，就是不再出演歌劇。」

「我在兩週內完成最後一次演出，然後就永遠劃上句點。」我已經下定決心。

「我們應該要說嗎？這真蠢，對不對？」

「對，」我說。「真的很蠢。」

結果，我們什麼也沒說。

05 在歌劇院昏倒之後

我後來才知道我足足失去意識近十分鐘，劇團因此必須向觀眾宣布，演出時間延遲幾分鐘。

大家都在討論，這個情況該怎麼處理才好，但對我來說，這些都不再重要，因為我已經很清楚我該做什麼。

現在，是該做個了斷的時候了。

我喝了一口水，然後對指揮點點頭。

「您可以站起來了嗎？」

「不行。」我站起來。

「您可以走路嗎？」

「不行。」我走向舞臺的門，焦急的眼神一個接著一個投向我。

「您還能唱嗎？」

「不行。」我回答，對著劇院院長點點頭，然後走上舞臺。

對那些經歷過舞臺演出的人來說，最後的掌聲是沒有任何東西可以比擬的，觀眾從座位上站起來，用力地喝采。

舞臺後方所有人都沉浸在快樂的氛圍之中，就像電影裡看到的一樣，觀眾用力地鼓掌，所有人都在邊笑邊聊。

潘妮拉幫我換下戲服，摘下我的假髮。

「別把剛發生的事情告訴斯凡特，他只會窮擔心。」潘妮拉沉默地點點頭。

從門廳傳來瑞典語、法語、德語及西班牙語，聲音一路進到我們所在的更衣間，聽起來很愉快。

當我坐進計程車時，我看到他們舉起香檳杯，彼此乾杯，一、二、三，演出成功。

我癱在後座，一路哭到市中心。

我哭不是因為我難過，也不是如釋重負，更不是因為事情都按照該有的樣子發生，我哭，因為我一秒也想不起來表演的過程。

好像我根本不在那。

06 什麼都不說最有效

早餐：香蕉三分之一根。時間：五十三分鐘。

牆上貼著一張 A3 大小的表格，我們在上面記錄葛莉塔吃什麼和進食的時間。她通常吃得不多，又吃得慢。但是斯德哥爾摩飲食失調中心急診室的人員告訴我們，這種方法有較高的機率幫助她恢復飲食。記錄每一餐外，另外也列出一張清單，寫下會吃的食物，也許以後會想吃的食物，以及想要學會吃的食物。

但是，這個清單很短：米、酪梨、玉棋（義大利馬鈴薯糰子）。

十一月八號星期二，再五分鐘學校就開始上課，但葛莉塔今天不上學，她這星期都不會去學校。前一天我和斯凡特再度收到學校寄來的郵件，他們表示對葛莉塔經常缺席表示「擔憂」，既使醫生跟心理學家已多次說明她的狀況。

我回信又說明了一次目前的情況，然後收到學校的答覆，他們希望葛莉塔星期一能照常上課，以便解決這個問題。

但是葛莉塔跟本無法上學，她從兩個月前就開始不吃東西，如果這個情形還持續下去，她會去的是醫院而非學校。

我們午餐會在客廳上吃，邊看電視劇《童話小鎮》。這部影集已經出很多季，每一季都會跨越很長的年代，很適合我們。我們需要數十年的時間配合用餐時間。

玉棋是一種小馬鈴薯糰子，形狀像橄欖球，大小像糖果。烹煮玉棋，一定要非常注意比例，否則葛莉塔不會吃。

份量又是另外一件事，我們就像在走鋼索，放太多不吃，放太少吃不夠。當然，葛莉塔吃的分量總是不足，但每一小口都有幫助，且一分都不能浪費。

葛莉塔先把玉棋分類，把它們翻來轉去，這樣二十分鐘後她才會開始吃，每一小口都要吮吸、咀嚼。這樣根本無法在一集內吃完，我們就會繼續放下一集，並記錄影集不同的長度、一集吃了幾口，但我們不會對她說什麼。

「我飽了，」葛莉塔突然宣布。「我吃不下了。」

斯凡特和我沒有對看。我們的沮喪不能被發現。我們試過嚴厲的做法，我們尖叫、大笑、威脅、懇求、乞求、哭，我們絞盡腦汁，能賄賂的方法都試過了，但只有什麼都不說最有效。

斯凡特走向掛在牆上的A3紙張，寫著：中餐：五個玉棋。時間：兩小時又十分鐘。

07 肉桂卷慶典

這是二〇一四年九月的第三個週末，下午我有一場演出，必須去一趟阿提佩拉格。在那之前我們要先烤甜點。

全家人一起烤肉桂卷是我們常做的事，平靜地烤肉桂卷，葛莉塔一定也像以往那樣吃肉桂卷，一切就會好起來。對我們來說，沒有什麼比烤肉桂卷更美好的事。

為了這人類史上最愉快的烘培慶典，我們就在廚房邊烤邊跳舞。但當肉桂卷做好時，慶典突然結束了，葛莉塔拿起肉桂卷聞一聞，將它拿在手上然後試圖把嘴巴張開，但她做不到，我們知道這招行不通。

「吃吧。」斯凡特跟我一起說。

先帶點從容，之後再多點強調，接著在內心扛下所有的挫折與無助。

最後我們對著葛莉塔大吼，也喊出了自己的恐懼與絕望：「吃下去！你一定要吃，知道嗎？你不吃就會死！」

葛莉塔經歷了第一次的恐慌症發作，她發出了我們從沒聽過的聲音，是深不見底的叫聲，持續了四十分鐘。自她嬰兒時期後，我們就沒再聽過她尖叫。

我將她抱在懷裡，摩西也蜷縮在我們身邊，牠的濕鼻子貼近葛莉塔的頭。

肉桂卷則靜靜地躺在廚房地板上。

一個小時後，葛莉塔鎮定下來，我們也告訴她沒有一定要吃肉桂卷，她不用害怕。

「一切都會好起來的，很快一切就會好了。」

全家陪我到劇院，在車上，葛莉塔問：「我會不會康復？」

「你當然會康復。」我說。

「我什麼時候能恢復健康？」她繼續問。

「我不知道，我相信很快的。」

我們停在一棟十分壯觀的建築物前，我下車去綵排。

08

急診室、醫院、心理診所

過去，無論我狀況多糟，只要一上臺，一切都不再是問題，舞臺是我的避風港。但現在再也不是了，我再也記不起每一場演出，我不想在舞臺上，我只想跟我的孩子待在家。最重要的，是我希望能夠回答葛莉塔的提問：「我什麼時候能恢復健康？」

但我沒有答案，沒人有答案，因為我們連她得了哪一種病都不知道。

一切都始於二〇一四年秋季，我們發現葛莉塔不太對勁，便帶她去醫院接受檢查。

但是結果不太樂觀，醫生建議我們去一趟兒童醫院，接受更澈底的檢查。

「我們需要先預約嗎？」斯凡特問。

「不用，」醫生回答，「您們應該馬上過去。」

十五分鐘後，我們從學校接走葛莉塔，然後前往急診室。在那裡做了更多的檢查，之後我們只能在醫院等。等待時，我們壓力越來越大，也越來越擔心。我們打給斯凡特的母親莫娜，請她幫忙接碧雅塔。

幾個小時後，出現另一位醫生。她表示，有些數值顯示有些地方不對勁，但她們沒辦法具體知道是什麼。一聽到這個消息，斯凡特整個人癱坐在地上，過去幾個小時的我們就像坐自由落體。

後來，我們買了一個長棍麵包沾咖哩蛋黃醬，擺在門旁邊的凳子上，我坐在地板上，葛莉塔躺在我腿上，我試圖講些有趣的故事。

這幾年來，我們常常回想起那幾個小時。斯凡特還記得，當時他的雙腿如何癱軟，我還能記起那無止盡的黑暗籠罩在我們家。不過，我只想記起某幾個片段，其他部分我已經沒有餘力面對。

後來，另一位醫生進房間，她把長棍麵包移到旁邊，然後坐在凳子上。她用檢查結果讓我們鎮定下來，他們已經檢查了數值，並確定一切都好。沒有任何跡象表明，哪裡有問題。我們可以鬆一口氣，感謝神，然後回家。

這天晚上站在舞臺上的經歷不算特別舒服。但比起與家人從醫院出來，又不能回家，而是要繼續坐在地獄大門前的問診室裡，那前者真的是奢侈的煩惱。

幾天後，我們接到醫院的電話，一切的採樣都顯示葛莉塔的飲食毫無異常，所以醫生建議我們聯繫兒童青少年心理診所。

「這種事在青春期女孩身上不算罕見，」她說。「原因通常多跟心理有關而非生理。」

09 言語不會說的事，身體會替我們說

有時候，身體會比頭腦還要聰明，身體會表達言語、表情、文字無法說的事；當我們已經無法用語言來描述感受時，身體就會自動替補而上。

但是，葛莉塔不吃東西到底想要表達的是什麼？我們現在無法想像葛莉塔當時在兒童醫院能吃下一個長棍麵包，直到後來才意識到葛莉塔一直以來都在忍受著我們在醫院食不下嚥的痛苦，非常心痛。

斯凡特與我只能繼續找答案。我晚上都在上網蒐尋資料，閱讀所有我能找到關於厭食症、自閉症以及飲食失調的文章。我們確定葛莉塔不是厭食症，但是我們聽說，厭食症是一種奸詐的疾病，它會盡一切方法不讓人發現。

所以我們也不能排除這個可能性。

我們的生活一團混亂，好像永遠得不到任何邏輯條理。我讀了關於超敏反應、麩質過敏、泌尿道感染、熊貓症[1]以及精神診斷的相關文章。

白天我除了去阿提佩拉格演出，其他時間就是不停地打電話，同時間，斯凡特試著讓葛莉

塔與碧雅塔感覺生活如常。

我打給兒童青少年心理診所，接受醫療電話諮詢、也打給醫療專業人員跟心理學家。只要每一個稍有認識的人，對這方面有基本的認識並能給我建議，我都會打給他們。然後再從他們那邊聽到「我認識那個誰，他跟那個誰誰誰認識，那個人認識誰誰誰⋯⋯」這份電話名單變得無限長。

不過，腎上腺素讓我保有精神，我幾乎不吃不睡，並且一直這樣下去。

我的朋友克絲汀跟心理醫生麗娜是朋友，麗娜跟我聊了數小時。她給我建議，並為我們預約一家專門做兒童青少年的心理診所。

葛莉塔的學校裡有位心理學家，在自閉症方面經驗豐富。她打給我們說，當然還是要接受完整的檢查，但她很確定，從葛莉塔的眼睛可以看到明顯的自閉症特徵。

「亞斯伯格症加上有完美主義者的傾向。」她說。

我們盡一切努力消化她說的話，但這個可能性聽起來非常合理。不過要我們接受女兒可能有自閉症這點，實在太困難。當我們向朋友圈談到自閉症時，他們很驚訝地說「什麼？」因為任何一種對自閉症或亞斯伯格先入為主的觀點，都不適用於葛莉塔，若不是學校心理學家瘋了，就是我們在這方面的知識太過匱乏。

緊接著就是一連串的諮詢會談，從兒童青少年心理診所到斯德哥爾摩飲食失調中心，我們一再重複著同樣的故事，並討論相應的措施。我們不停地談啊談，葛莉塔靜靜地坐在我們旁邊，因為她只跟我、斯凡特還有碧雅塔說話，所以由我跟斯凡特則負責和醫師談話。有些會面會有多達六個人在場，即使每個人都想幫我們，但沒有人能真的幫上忙。或者說還沒能幫上忙，我們只能在黑暗中摸索。

葛莉塔不進食兩個月後，掉了近十公斤。對於她這種本來就嬌小的人來說，實在瘦太多，加上她的體溫偏低，脈搏跟血壓都顯示處於飢餓。

她虛弱到沒辦法爬樓梯，並確定有憂鬱症。我們向女兒解釋，現在需要住院接受治療，也跟她說明，人不吃飯如何透過餵食管跟點滴得到營養。

10 誰能接住真的需要幫忙的人？

十一月中旬，兒童青少年心理診所召開緊急會議，這場會議還加入三位飲食失調中心的人員參加。

葛莉塔一如往常地沉默，我也一如往常地哭。

「如果這週末後還是沒有變化，我們就必須將妳轉到醫院治療。」醫生說。

在走往出口的樓梯間，葛莉塔轉身過來說：「我想要開始吃飯。」

「可以從香蕉開始試試看。」斯凡特說。

「不，我想要正常吃飯。」

我們三個人都哭了。可是那天，葛莉塔只吃一顆青蘋果就打住了，因為要重新開始吃東西比想像中難得多。

雖然葛莉塔很氣餒，但她沒有陷入恐慌。她已下定決心，我們則繼續努力，最後我們會從灌木叢中發現一條可以走的窄路。

我們一路摸索，小心翼翼跨出每一步，慢慢起作用了並緩慢向前進。

我們有米飯、酪梨、鈣片、香蕉跟時間。

我們慢慢來，用無限的時間等待著。

斯凡特一直在家陪著孩子。我們會聽有聲書、玩拼圖、做作業，將每一餐記在牆上的A3紙上。

碧雅塔放學回家後，就立刻跑回自己的房間，我們幾乎看不到她，她能感覺到我們的不安，想要遠離我們的目光。

我們跟葛莉塔一起聽了《海中之島》（*Eine Insel im Meer*）、《環遊世界八十天》以及《明天別再來敲門》（*Ein Mann namens Ove*）。

我們也讀了整部威廉・摩貝格（Vilhelm Moberg）的移民者小說集。還有奧古斯特・史特林堡（August Strindberg）、塞爾瑪・拉格洛夫（Selma Lagerlöf）、馬克吐溫、艾蜜莉・布朗特的作品以及帕・安德斯・福格爾斯特羅姆（Per Anders Fogelström）斯德哥爾摩城市小說。

香蕉一根。時間：二十五分鐘。酪梨一顆配二十五克米飯。時間：三十分鐘。

兩個月後，不但體重減輕的狀況停止，情況開始好轉。葛莉塔的體重曲線以非常非常緩慢地速度開始往上爬，牆上的清單已經開始出現鮭魚和炸馬鈴薯球。

斯德哥爾摩飲食失調中心裡一位傑出的醫生，記錄葛莉塔的體重及脈搏狀況，並在他的會診室為我們上了許多關於營養的教育課。從抗憂鬱藥舍曲林（Sertralin）開始談起，這種藥的劑量會慢慢少量增加。

葛莉塔很聰明，她擁有影像記憶能力，可以背出世界上所有首都。當我問：「凱爾蓋朗群島？」

她會回答：「法蘭西港。」

「斯里蘭卡？」

「斯里賈亞瓦德納普拉科特。」

若我問，「反過來念呢？」她一樣會回答得很快，而且是反著讀。

斯凡特小時候就能背誦飛機時刻表，他總說，葛莉塔是青出於藍。

葛莉塔可以在不到一分鐘內，列出元素週期表中的所有元素，但她對於不知道其中幾個元素應該怎麼發音而感到氣惱。

學校有位老師願意私下幫葛莉塔上課。每週兩小時，就足以讓葛莉塔通過五年級所有的科目。

「我看過許多高度敏感、成績取向的女孩崩潰。所以現在這樣差不多了。」老師說，「已經達到我的極限了。」

人一旦崩潰，就很難重新開始，就算有很強的意願跟大量的知識，但也會因為工具鈍了，徒勞無功。

體制內有些政策對符合條件的人有幫助，但是葛莉塔則不屬於這類。

幾個月來，我們不斷地掙扎，將所有時間花在會談、諮商上面，討論以後還有什麼可以做的。直到我們終於意識到，這是一種惡性循環，必須將一切掌握在自己手中。放遠來看，我們並不是唯一有這樣見解的人。

在福利制度良好的國家中，會有機構能提供預防措施，並能將心理疾病相關資訊提供給社會大眾。這種機構同時能教育老師、家長跟小孩，並能提醒我們該注意的事項。這類機構可能是現代社會中最能賺錢的投資。

但我們沒有這種機構。

取而代之的，是一間兒童青少年心理診所，診所裡的每個人都負荷過重，而且必須把大量的時間花在滅火。還有我們的教育體制，就只是讓所有學生都以同樣的標準運作，老師們到最後都精疲力盡。

也就是說，所有人都只能自己想辦法。必須自己吸收知識，自己掙扎努力。然後還要有超級好運。

11 小孩很卑鄙

「他們總是這樣看妳嗎？」

「不知道。我想是吧。」

斯凡特與葛莉塔一起參加聖誕假期前的畢業慶祝活動，他們盡量待在教室最後一排，走廊或樓梯間，不讓自己太醒目。連爸爸站在身邊，同學還公然指著葛莉塔嘲笑她，我覺得這太離譜了，被霸凌很可怕，但沒意識到自己被霸凌，這點更可怕。

當葛莉塔吃著她的飯跟酪梨，斯凡特在廚房跟我描述他們在學校遇到的事。我聽完，氣到可以直接把整條馬路夷為平地，但我們的女兒沒任何反應，她很開心，不是如釋重負或無所謂，而是開心。

極為開心。

她在聖誕假期跟我們講了在學校的情況跟事件，那些事只能用恐怖形容。簡直就像出現在電影裡面的所有典型霸凌場面，可以一個接著一個打勾確認。

葛莉塔告訴我們，她在操場被毆打或被埋伏攻擊，這些孩子有系統地排擠她，她有時會躲到女生廁所裡哭，直到老師強迫她回到操場上。

我們終於知道了更多她這一年來經歷的事情。斯凡特跟我通報學校，但學校有不同的觀點。校長說，這是葛莉塔的錯，因為其他學生一直重申，葛莉塔行為怪異，講話太小聲，而且從來不打招呼。他們把最後一點寫在給我們的電子郵件裡。

他們還寫過更糟糕的事，不過事實證明我們運氣不錯，因為當我們向教育局投訴這間學校，我們拿這些信作為鐵證，教育局明確地做出對我們有利的決定。

葛莉塔的老師繼續偷偷幫她上課，雖然校長已經一再要求她停止幫葛莉塔補習，甚至還威脅如果她再跟我們或葛莉塔講話，就要解僱她。事情就這樣發展下去。一週一週過去。葛莉塔溜進學校圖書館，斯凡特把車停在外面等她，她再溜出來。

我說，她以後會再找到朋友。但葛莉塔每次都說：「我不想要朋友。朋友都是小孩子，小孩子全都很卑鄙。」

她把摩西叫來身邊。

「我可以當你的朋友。」碧雅塔說

「你會好的。」斯凡特邊說，邊在牆上的 A3 表格記下：酪梨一．五顆，鮭魚二片配飯、鈣片一錠。時間：三十七分鐘。

12 小女兒的復仇

斯德哥爾摩飲食失調中心的檢查結果顯示，葛莉塔的脈搏恢復正常，她的體重曲線急劇往上攀升，可以做精神檢查。

當時，葛莉塔已經測出有亞斯伯格、高功能自閉症並患有強迫症（OCD）。

「我們還要加上選擇性緘默症，但這方面的症狀常隨時間改變。」

我們不感到驚訝，我在幾個月前就已經得到這個結論。

兒童青少年心理診所的診斷報告出爐時，學校心理學家也在場，我們非常感謝她在初期就點出狀況。

當我們離開兒童青少年心理診所，碧雅塔打電話來說，她今天晚上跟一位朋友吃飯，我的良心不安，因為這是碧雅塔這段時間來第一次不用自己獨自吃晚餐。

「很快我們就能多關心你了，我的寶貝，」我打從心底相信並向她保證，「但首先葛莉塔得康復才行。」

夏天即將來臨，我們步行回家，不需要擔心這會燃燒卡路里。

13

我們都穿著國王的新衣

我們女兒經歷的事情，很難只靠醫學專業詞彙描述就能解釋一切，或是用「與眾不同」四字描述，她就是對有些事情無法理解。

葛莉塔她們全班一起在課堂上看了一部關於海洋汙染的電影，講到南太平洋上有個塑膠垃圾島比墨西哥還大。電影播放時，葛莉塔流下了眼淚。她的同學也都受到震撼。課堂結束時，老師說星期一會是代課老師，因為她下週末要參加一個婚禮，要去紐約附近的康乃狄克州。

「哇，太好了吧！」學生們說。

剛剛課堂上的智利海岸外的垃圾島已經被遺忘。有人從羽絨外套裡面拿出了新 iPhone。所有曾經去過紐約的人開始熱切地談論，那邊有多少潮店，巴塞隆納也是購物的好地方，泰國很多東西都超便宜，某某人跟他媽媽復活節假期時一起飛去越南。葛莉塔無法理解這一切。

那天在學生餐廳提供漢堡，葛莉塔難以下嚥。學生餐廳裡很暖和又很擠，震耳欲聾的嘈雜聲下，突然盤子裡那塊油膩的肉不再是食物，而是變成壓碎的肌肉，來自一個有感覺、意識和靈魂的生物。垃圾島的圖像深深烙印在葛莉塔的腦海中。

她開始哭，而且想回家，但她還不能，她必須先在學校餐廳吃完這些死掉的動物，然後跟朋友們聊衣服、化妝品跟手機。人們應該在盤子裡裝滿食物，說這看起來超噁心，戳一戳食物，然後再把所有食物丟進垃圾桶，但這不是因為出於自閉症、厭食症或是任何一種不舒服的症狀。

葛莉塔是屬於少數能用肉眼偵測到二氧化碳的人，她可以看到溫室氣體從煙囪排出，隨著風上升至天空，將大氣層變成一個隱形的巨大垃圾場，但這不能證明她是完全對的，而我們錯得如此離譜，好像我們只會做錯一樣。

因為她不管如何努力，我們其他人已經解開的數學等式，在她這邊就是解不開，拿不到通往一般日常生活的入場券。

因為她看見，我們其他人都不想看見的東西。

她就是寓言中的孩子，我們是國王，而我們都沒穿衣服。

14 有些事情說不通

父母為了救自己的孩子，就算跳出來阻止火車都會毫不猶豫。這就是父母的本能。

但這中間有些事情說不通，事情的發展都不像我們在電影裡看到的救援畫面。

除了霸凌、診斷結果及排擠事件外，還有一個更大的圖像輪廓才慢慢顯現。對我們來說，這個圖像顯現的速度太慢，慢到我們幾乎沒有發現有些事情不對勁。

其實要發現它一點也不難，但是這令人不舒服。

當我們終於把目光轉向它時，已經無法避開。因為這後來才知道的事情，突然占滿你全部的視野，改變了一切，你身體的每一條神經都在說，你應該別過頭去，但我們不能這樣做，因為這關係到我們的孩子，為了孩子，沒有什麼我們不會去做的。

我們花了四年來領會這張被扭曲過的整體圖像，這張圖像本應該能改變我們的生命。

15 所有危機都是我們造成的

我成名時正值三十八歲，其實我在代表瑞典參加歐洲歌唱大賽以前就已經小有名氣，但真正出名是另外一件事。這種感覺如果自己沒經歷過，很難跟別人解釋。

「如果瑪蓮娜贏了會發生什麼事？」我當時的經紀人這樣問，那時是一月中旬，我們一面看著我二〇〇九年的檔期，一面深深嘆氣。

「瑪蓮娜是唱歌劇的，」斯凡特笑說，「你也很清楚，她不會贏啊！」

歐洲歌唱大賽初選當天，斯凡特跟我還有四個《晚報》跟《快報》的記者一起飛到法蘭克福，歌劇《灰姑娘》的彩排在那裡舉行，五天後就是首演。壓力很大。

我的經紀人必須懇求歌劇院放我幾天假，因為我不只出乎意料進了歐洲歌唱大賽初選決賽，而且還贏了，同時我因為擔任歌劇要角必須在法蘭克福、維也納、斯德哥爾摩表演，然後再飛到莫斯科去。

「你做得到嗎？」她問。

「我什麼都能做到。」我回答。

但在過去，斯凡特跟我從來沒有參加過首演慶祝活動，也很少出席名人派對，或是任何一種派對。如果有社交恐懼的問題，人就會變得非常有效率，只要我的演唱會或表演一結束，我都會直奔回家。若是在斯德哥爾摩表演，我甚至會在觀眾面前離開劇院，邊騎腳踏車邊卸妝。如果我可以不用參加自己的首演派對，我就會避免參加。

光是孩子跟工作就花掉我們所有力氣，其他事情都是次要的，我們就是這樣工作、這樣寫作的。

但是，現在我們試圖為比自己更重要的事情發聲。對我們而言，環境與氣候問題已變成最終的證據，產生於扭曲的世界規則以及其帶來的結果。

我們正處於永續發展危機的緊急狀態，此危機尤其反映在全球暖化方面。當西非土石崩落，中東整個地區乾涸，太平洋島嶼國家因為海平面上升而受到威脅，在我們世界的這一邊，危機就以壓力引發的疾病、隔離政策以及排在兒童青少年心理診所前越來越長的人龍來顯現。

地球已經透過圖解與統計數字跟我們說話。我們看到變化的圖片中，北方的冰如何消逝。地球在發燒，但發燒只是整個永續發展危機的一種症狀，事實上威脅到我們未來的生存環境的，首先是我們的生活方式跟價值觀。

最後一切都回歸永續發展危機。危機顯現於空氣汙染、生物圈以及政治、經濟系統之中，它帶領我們進入人類健康狀況的核心。

16 僵持

二〇一〇年冬天，我們在布魯塞爾租了一棟非常破舊的公寓。去布魯塞爾時，我們大旅行袋裡的抗蝨洗髮精瓶子破了，害得我們所有的東西都帶有洗髮精的味道，《長襪皮皮》跟《馬迪根》DVD 全壞，整個樓梯間散發著洗髮精的臭味。

小女兒碧雅塔那時剛滿四歲。我們找了一天去安特衛普的動物園，那天起得很早，要出發去布魯塞爾南站時都還不到九點，但在那之前我們得處理一件事：碧雅塔應該要穿上乾淨的襪子，因為她有過敏體質。

「不要，這個好癢喔！」她尖叫，在走廊的地板上打滾，因為毛衣跟褲子都不是她喜歡的。有時候我們會把她拖進電梯，然後抱上嬰兒座椅，但有時候狀況很差，雞飛狗跳，連拖著她上車都不可能。

這樣當然不是辦法。

我們今天態度堅決，在出發前，碧雅塔一定要穿乾淨的襪子，但碧雅塔拒絕。

兩個小時後，我們妥協了，拿了她已經穿了將近一個月，一雙又舊又髒的襪子。

碧雅塔還是拒絕配合。

我們下最後通牒。這當然不是第一次發生，但今天我跟斯凡特有整天的時間，我們不想屈服。

我們可以在下午兩點再離開，坐火車去安特衛普。

最後，碧雅塔只穿鞋子，沒穿襪子，她坐在自己的位子上，舒服地搖晃著腿。

我們的決鬥已經分出勝負，碧雅塔才是贏家。

「跟妳比起來，故事書裡頑皮女孩簡直是甘地。」斯凡特笑著說。

碧雅塔露出最淘氣的微笑，當她這麼做的時候，簡直令人無法生氣，讓人直接融化。

碧雅塔滿意了，我們也去了動物園。

17 只要等著，事情就有轉機

英文用 meltdown 來稱呼這個現象，形容崩潰，當感覺不斷積累，直到無法再以一般合理的方式解決。

碧雅塔的第一次崩潰發生在平安夜，是我們去安特衛普動物園郊遊的前一、兩個月。她無法應付內心的感受，於是爆炸了，她失去控制並陷入混亂的狀態。

碧雅塔的情緒失控，最後我們在地上扭一團，直到我能將她平靜地抱在懷裡。

「妳知不知道妳在做什麼嗎？」我絕望地啜泣著。

「我知道。」

「那妳為什麼要這麼做？」碧雅塔也開始哭，「我不知道。」

很多跡象指出，有些事情不太對勁，但這些都沒關係。對我們來說，當時合理的反應就是像兩個笨蛋一樣邊吼，邊揮著手，然後叫一個四歲的孩子為她的不良行為提出解釋。

「我覺得碧雅塔是過動兒。」我之後跟斯凡特這樣說。「她那樣反抗不正常。」

我不知道當時是如何做出這個結論的。儘管我現在知道猜了這麼多年是沒有用，但我還是希望，我們當時能花更多時間好好研究這件事。

直到很久以後，我們才發現當時有多抗拒情況已經超乎尋常的事實。我們那時做的只是怪罪自己，然後適應她。

碧雅塔在托兒所，或在家裡以外的地方都像個小天使。聰明、可愛、害羞、迷人。她按照規則玩遊戲，在我們小小暗示她，要把她在家的表現跟托兒所老師說的時候，她就大哭起來。

我們那時還不知道，女孩子的注意力不足過動症早期徵兆是什麼樣子。我們怎麼會知道呢？畢竟那時候政府也還沒有任何這方面的教育宣導。

我們只知道本來就知道的事。而我們只做了認為應該要做的事，那就是立下規則，並以教育小孩讓她們可以發揮作用。

因此我們繼續開罵，繼續教育她們，設下明確的規定。既然我們一家四口在一起時，運作就會出問題，也許去旅館跟餐廳，走進人群之中，一切就會好了，斯凡特得出這樣的結論：

「只要等著，事情就會有轉機。」

這種男性的理性邏輯起了作用！眼不見為淨，我們為了得到平靜，把問題往後推，就像我們學過的那樣，重視表面更甚於內在。我們隱藏彼此的差異和弱點，將目光聚焦於眼前的道路上。

18 蠟燭兩頭燒

葛莉塔的診斷結果出爐後半年，我們的生活漸漸恢復平靜，越來越有一般日常生活的節奏。二〇一五年，葛莉塔剛轉至新學校，我減少了工作檔期，有限度地工作。

碧雅塔已經升四年級。她的生活已經不能沒有音樂與舞蹈。我們的小女兒現在很迷英國女子團體混合甜心（Little Mix），她的房間貼滿了樂團成員的照片，不得不說碧雅塔是音樂天才。

除了碧雅塔，我沒有認識比我聽覺更好的人。

斯德哥爾摩斯堪森博物館（Freilichtmuseum Skansen）固定舉辦的歌曲之夜是現場直播，當碧雅塔在成千上萬人面前唱歌，她除了沒有走音，也絲毫沒有露出緊張的樣子。

我沒看過有人比她學音樂學得還快。

但是，在我們為了照顧葛莉塔和讓生活正常運作忙得不可開交之時，碧雅塔脾氣大爆發的情況變得頻繁。她雖然才十歲，但她的爆發狀況已經超越青春期的狀態，也不能以一般情況的憤怒或頑固來形容。

在學校一切正常。

在家裡她就崩潰，她已經不能忍受和我們相處。我和斯凡特所做的每一件事都讓她厭煩。也許是因為，在我們面前她可以不照規則走。她極度敏感，而在我們面前她可以失去控制，可以大聲喊出她對於噪音、口味、衣服及其他所有東西的不滿，這些事情太多、太耗費精力，以致於沒辦法好好處理。

碧雅塔出狀況了，但我們不知道原因，就如同我們不知道要再耗盡多少努力來試圖克服日常生活的問題。我們也不知道耗盡心力是否會影響判斷能力。

19 又遠又近的一場戰爭

二〇一五年秋天，歐洲經歷二戰以來最大的難民危機。對於大眾而言，這個危機不那麼嚴重，除非是在移民局工作的公務員，或是每兩晚就要出勤一次，為難民收容所滅火的消防隊員。

我們認為，如果一般民眾不願意捲起袖子，設法提供幫助，世界上任何一個社會都沒有辦法應付這個自二戰以來最大的難民危機。

碧雅塔跟葛莉塔想要做得更多，建議把我們恩加羅島上的夏日小屋作為難民收容之用。於是，十一月有一戶敘利亞家庭搬進去住，我們會負責公車票跟食物。那戶家庭可以住在我們的房子裡，直到庇護手續完成為止。我們週末跟這戶人家以及所有鄰居一起吃敘利亞菜，一起看大馬士革的照片。

葛莉塔在燉菜跟配菜前彎下腰，只聞了聞這些菜餚。碧雅塔則筆直地坐在我們借來的沙發上，臉上帶著微笑。

她勇敢地試了每一道敘利亞菜，斯凡特跟我則努力想當個好客人。

但即使那場戰爭已經搬進我們家，它還是遙遠到讓我們無法理解。無論我們多努力，往前繼續踏出微小的步伐仍需要付出更多力量，就算我們非常希望做到，我們幾乎沒有能力再承受任何東西，我們已經精疲力盡。

20 我是世上最糟糕的母親

「妳這個蠢賤貨！」

碧雅塔站在客廳，把架上的 DVD 全部掃下來，然後把它們向螺旋形樓梯往下丟到廚房。有一段時間，我們還曾經一起詳細討論過這種表達方式的意義，但那已經是很久以前的事了。《長襪皮皮》跟《馬迪根》也遭殃了。這不是第一次，也絕對不會是最後一次。

「你們只關心葛莉塔，從來不在乎我。媽媽，我恨妳，你是這世界上最糟糕的母親，妳這個臭婊子！」她尖叫著，《企鵝賈斯伯》砸中我的頭。

再來是《拉斯姆斯與流浪者》、《哈利波特》、《芭蕾小精靈》和其他上百部電影。

碧雅塔碰地一聲把房門關上，然後不斷用全力踢牆壁，我們再次對雙層石膏版的堅硬程度感到驚訝，牆沒倒，DVD 反正早就受損。

我們也傷得很重，但令人難過的是，我們沒有牆壁那麼堅固。

至少我沒有那麼堅固。

第二次爆發讓人更難挺住。雖然葛莉塔的崩潰狀況更緊急，因為她不吃任何東西，但這件事的發展以完全不同的方式帶給我們痛苦。

葛莉塔方面是關乎體重幾公斤，幾分鐘、幾天、吃幾顆藥和事情的結構，一切都很實際且清晰，從具體的計劃中可以得到一種解脫感。但碧雅塔完全是一團混亂、充滿強迫、反抗跟恐慌狀態。

相似的只有時間點，因為照年齡來看，爆炸的時間點剛好在同一歲數：青春期前期，約十到十一歲之間。

21 逃跑到義大利

幾週內，我們的日常生活再次分崩離析。

我才剛與斯德哥爾摩城市劇院簽約，身體就已經受不了了。我的能量已耗盡，無法像當初照顧葛莉塔那樣，腎上腺素已經無法撐住我。

完全不行。

「會沒事的，」斯凡特說。他決定帶碧雅塔去度假，讓他們倆可以有點時間跟對方相處，一起放鬆、做度假會做的活動。

葛莉塔因為飲食失調無法旅行，而且因為氣候危機，她拒坐飛機。

「飛行真是人類能做的最糟糕的事。」她解釋。

但她說，如果這對她的妹妹會有幫助，他們還是應該去。於是，斯凡特與碧雅塔飛去薩丁尼雅島，且會租一輛車開到博尼法喬海峽附近的漂亮旅館。

他們在泳池游泳，去餐廳吃飯，這種男性的理性邏輯再次發揮作用，轉換環境真的對碧雅塔有幫助，她很快樂，很平靜。

但這只持續幾個小時。

碧雅塔的恐慌症再度發作，嚷著想回家，因為旅館有壁虎和噪音，太溫暖了，她睡不著。

「我要立刻回家。」她啜泣。

「可是我們沒辦法現在回家，回程的飛機訂在下星期。」

這個事實讓碧雅塔不知所措。

她哭了整晚，直到隔天早上，狀況都沒有任何減緩。斯凡特帶碧雅塔泡在泳池裡，試著放鬆，但碧雅塔還是不停地哭，只想回家。她很害怕，感覺不舒服。

最後，斯凡特只能打包了行李，辦理退房，兩人坐上車開到機場，同時用最大音量聽著混合甜心的音樂。

他們剛好趕得上下午前往羅馬的班機，然後我再幫他們訂了隔天早上從羅馬飛往斯德哥爾摩的機票。

斯凡特臨時在威尼斯廣場找到一間漂亮的旅館，從屋頂陽臺可以看到夕陽從聖彼德大教堂後方落下，這變成一張氣氛絕佳的臉書照片，得到很多讚，所有朋友都留言：「好好享受！」

斯凡特「暫時不談眼前問題」的男性邏輯不再管用，回家才是這些災難的解答。

他們回來的當天，我們四人牽著摩西從阿蘭達機場特快列車站走回家。

途中，葛莉塔與碧雅塔在國王島海灘上各摘了一束花，七朵仲夏的花，讓她們放在枕頭下，可以夢見她們未來的愛人。

「你們剛產生了高達二．七噸的二氧化碳排放量，」葛莉塔跟斯凡特說。「那相當於塞內加爾五個居民的年均排放量。」

「我明白妳的意思。」斯凡特點頭。「從現在起，我會盡量留在地面。」

22 全家都受傷的夏天

二〇一六年的暑假不是一個美好的夏天，兩個女兒都無法長途旅行。碧雅塔嘗試過，但結果不是很理想，我們轉為用一些城市裡的活動吸引她。

但我們的每個建議都被以「閉嘴，你這個白痴」反駁，葛莉塔還是只吃一點食物，食物還一定要是在我們家廚房、用特定的方式烹煮才行。

另外，別人在場時，她也不吃東西。雖然她已經增重，體重也穩定，但她不能落下任何一餐不吃。

結果，那個夏天我們只能待在家中。但是，碧雅塔再也沒辦法忍受任何感官刺激，她不能忍受我們的聲音，一切都太吵了，她也無法掌握腦中的想法，想法太多了，轉得太快了，連摩西都變成問題，他必須躲到旁邊，盡量不擋到路。

我們必須保持安靜。

碧雅塔的問題太過複雜，變得無法控制且具有強迫性，如果事情不照她的方式進行，就會將怒氣發洩在我們身上，因為我們是她唯一可以發洩的對象。但這還不夠，因為她同時也會感到沮喪，最後沮喪轉為一種防禦機制，把矛頭都對準會產生噪音的事物，一點小聲音都會引爆。我們其他三人只好去公園，或是在兩餐之間短暫郊遊，像是參觀溫室和生態花園，將腳泡在湖裡。

碧雅塔把夜晚當白天過，她的作息是下午五點入睡，凌晨三點起床。

就這樣過了一星期。為了不要製造噪音，斯凡特、葛莉塔跟我在客房用塑膠盤子吃東西。情況雖不能說是很好，但至少過一日算一日，隨著時間流逝，暑假終於要結束，一個孩子們整天躺在床上的暑假。

某一天，早上七點我們全家從睡夢中驚醒，因為整棟房子都在搖晃。原來是隔壁兩個鄰居趁著度假不在家，找工人來翻修他們的浴室。

翻修工程的噪音震耳欲聾，家裡肯定是待不下去了，偏偏碧雅塔不能外出，而翻修工程要持續兩星期。

我們好不容易建立起來的脆弱基礎就這樣崩塌了。

我們從一開始拜託、乞求工人，到最後連咒罵都出現了。

房管處盡可能地幫助我們，但每個人都有權利修繕他的浴室。

這讓情形雪上加霜，我們都輪流失去理智。在混亂的當下，我們又預約了兒童青少年心理診所會診，我卻在候診室裡因過度換氣而倒下。

屋漏偏逢連夜雨，剛好碰上度假旺季讓一切難上加難，我們帶著手上跟臉上的抓痕開車去急診中心，但它沒開，我們於是在兒童青少年心理診所跟急診室間往返了幾天，最後終於有醫生願意開藥，讓碧雅塔晚上容易入睡一點。

但我們家快要撐不住了。

我們尖叫，我們把門踢出幾個洞，我們抓傷彼此，我們撞牆，我們扭打，我們大哭，我們求援，然後堅持過去。但是慢慢地，真的是非常緩慢地，我們想通了什麼，帶著這份想法，碧雅塔開始了她的旅程。

我不得不解除跟斯德哥爾摩城市劇院的合約，服用抗憂鬱劑和鎮定劑，等待著暑假、浴室修繕告一段落。

23 藏在字裡行間的故事

越來越多人想要知道，為什麼他們的人生那麼不順，而其他人的生活總是順風順水。越來越多人需要幫助，藉由文字描述他們的困難，從診斷看見他們真正的需求。同時間，我們卻不知道如何將診斷變成行動，最後只能常常用錯誤的模板來評判自己。

自閉症、注意力不足過動症及所有其他疾病本身不是障礙。相反地，很多情況下它們可以變成一種超能力，這就是許多藝術家在談的跳脫框架思考，例如像我這樣的藝術家。

所以，診斷也可能造成一種壓力，源於對該疾病的無知、錯誤的治療方法或偏見。也可能產生於恐懼，害怕患者沒有適應社會的能力。

這種壓力可以由多人一起承擔便能減輕，把道路鋪平，彼此分享困難，這些都有幫助。正確地給予支持及互相協調，可使問題隨著時間而變小。我們就有這樣的經驗，如果沒得到任何幫助，問題會迅速惡化，整個家庭有可能陷入共依存症的危險或延伸為共同的障礙。

數以萬計的瑞典家庭正在面臨這樣的狀況，這些家庭大多處於社會邊緣，受到社會排斥，而且似乎沒有人對此有一點概念。

因為社會邊緣人無法帶來經濟成長，也沒有遊說集團[2]替他們發聲。在這些隱形於社會的孩子跟家庭之中，沒有人有精力多說什麼，這耗費太多的心力，以至於沒有力氣寫下來，但在我字裡行間有一個無法講述的故事。

沒有人有力氣或機會來追蹤這個故事，因為曾經歷過那種情況的人，不願再回到那時的狀態，也不想記起那些事。負荷很重。也很混亂。

對於所有當事人來說，這些故事太令人挫敗，而正因為這樣我更要講出來。

這是我的責任，因為我有能力讓我的聲音被聽見。我必須每天打電話給老師跟家長們，也接到家政老師、數學代課老師及同學爸爸的電話，或在深夜寄送上千封電子郵件給不同的教育家，好讓孩子休息、睡覺。強迫自己提醒大家，對多數人有好處的事情，可能會對某些個人是壞事。

我談到體操隊，他們需要調整對家庭作業的要求，那些作業沒什麼幫助；談到被迫取消的各種郊遊；談快吃完的藥，藥局又沒收到處方；談到所有沒出現的代課老師，談到在兒童青少年心理診所裡所有無眠的夜晚和打不完的電話，還有我們從來不曾收到的學校通知單；談到鄰居、牆上打的洞和失望且不再連絡的朋友；談到所有該下地獄的手機、電腦、Instagram 帳號。

談到抗憂鬱藥和鎮定劑；談到我因為對碧雅塔來說太吵，而不能在自己家睡覺；談到我必

2 遊說團體：又稱院外集團或政治遊說是嘗試影響立法人員、或是立法機構成員的政治決定或行為。

須在自家地下室排練演唱會及歌曲；談到朋友在 Snapchat 上寫的東西。

談到有些時候，已經無力到什麼都不想要；談那幾天，只見得到絕望的黑暗；談那些日子（每日每夜持續超過五年），我們全家不能坐在一起吃飯，甚至無法忍受待在同一個房間裡。

談到貼在我們家門上的北歐抵抗運動貼紙[3]，這些貼紙在網路上流傳；談到那些夜晚，我們因為要設下規矩，結果卻是衝進兒童精神病急診室，在候診室裡得到一塊起士麵包，然後再開車回家。

談到那些待在家裡，已經無法上學的孩子們。

必須有人談到教育體制，有四分之一的學生被留級，拿不到畢業證書，因為特殊教育學校獲取百萬，卻招聘老師「失敗」，這是世界上最有賺頭的失敗。

談到自閉症兒童必須上學，但有八二%的自閉症兒童在學校被霸凌；談到學校的危機會談；談到所有精疲力盡的家長跟老師；談到比我們情況還更糟糕的人。

談到自閉症、憂鬱症與兒童自殺之間的關係。

談到最黑暗的數據統計；談到患有厭食症的女孩們。

然後談到那些來不及挽救、丟失的童年，對其深不見底的憂傷，因為我們活在一個越來越少人能融入的社會之中。

我們用盡全力嘗試適應社會，我們不需要先患有精神疾病，才能看見周遭的病患。

可以確定的是，有時候一個人所能做最健康的事情，就是崩潰毀壞。問題在於，時間一長，崩潰會變得無濟於事。

為此，我們不放棄。

無論發生什麼事，我們絕不放棄。
我們會繼續嘗試。
我們會互相修復。
我們也許永遠都不會一百分，但我們總能變得更好，而力量就展現於此。希望就在其中。

3 譯註：於斯堪地那維亞地區的新納粹主義運動。

24 街舞

今天是星期二，而我們剛從一個非常痛苦的週末稍做恢復。

新老師在星期五問了碧雅塔，為什麼她看起來那麼累，每天晚上幾點上床睡覺？「半夜。」這回答是在挑釁老師，新老師發表了又長且出自好意的演講，像是應該幾點上床睡覺，要睡多久才能好好處理課業，老師說的一切都讓碧雅塔備感壓力，她的壓力大到整個週末都無法入眠。三天後，我們一家又再一次像紙牌屋一樣崩塌。

但是今天是星期二，碧雅塔有舞蹈課要上。

準時抵達很重要，不然遲到的恐懼感有時候大到我們根本無法出發。

總之我們花了不少時間。碧雅塔一定要避開某些特定的鋪路磚，她一定要從左腳起步，如果她沒做到，就要從頭再來一次。

我必須按照碧雅塔的方式跟她走在一起，這非常困難，因為我的腿比較長，而且當我們在街上不斷來回時，看起來非常怪異。

舞蹈教室距離我們家只有一公里，但我們卻花了將近一小時抵達。碧雅塔只有在我身邊才有這種強迫狀況，不過這點我完全可以理解。我對我的母親也是如此，只要她在場時，我的怪僻都會變得更嚴重。

當我們終於到達舞蹈教室，才發現今天是代課老師，這點不太妙，因為這代表出現一些改變，但是碧雅塔無法忍受改變。於是，我坐在房間外面等待著。

每個星期二，我都坐在這間教室外兩小時，我不能動，甚至不能去廁所，因為這都會讓碧雅塔緊張。不管什麼時候，只要她從門縫中看過去，我人一定要在。

隆隆的低音讓牆壁跟地板振動，不安使我的胃翻攪，音樂通常不會這麼大聲。我用手機回了一些郵件，並試圖處理一些事情。過了一會兒，我潛入教室。音樂隆隆作響，八個女孩跳著舞，看見代課老師指著說，第九個女孩不跳舞。碧雅塔站在教室中間，摀住耳朵，歇斯底里地哭泣，她渾身發抖。

我衝向她，拜託了多少次請他們把音樂轉小聲，沒看到我女兒在哭嗎？但是代課老師不能理解為何她應該要配合，我於是帶著碧雅塔離開現場。然後街舞也宣告失敗。

但在我們離開前，我可以抱碧雅塔了。

這實在太可怕了，她絕望地在我懷裡哭著。不過，當孩子需要我的時候，我至少感覺像一個母親。這是長久以來第一次，我能把碧雅塔抱在懷裡，像是流亡後終於回到家鄉。

這是最美妙的時刻。甚於一切。

25 我們家庭中的英雄

碧雅塔接受一連串精神科的檢查時，已是秋天。我跟斯凡特在兒童青少年心理診所參加會談，碧雅塔跟她的老師也在場。

「我記得，碧雅塔在學校曾經因為接種疫苗，而害怕了好幾個星期。」斯凡特說。「有時候她會因為想到針，哭得很厲害。接種疫苗當天我陪她去學校護士那，碧雅塔完全沒有表情，她脫下毛衣，伸出手臂，眼睛眨也不眨，直接打針。她的樣子像在看一部很無聊的電視節目。她拿到OK繃，重新穿上毛衣，然後回去上課，好像打針是世界上最普通、最不重要的事，但當她下午回到家，她崩潰了。」斯凡特在描述這件事的時候有點口吃，他在感覺到什麼的時候就會這樣。

碧雅塔身上發現多種部分病徵，但她沒有達到任何診斷標準。

「九〇%注意力不足過動症、六〇%自閉症、五〇%對立反抗症狀及七〇%強迫症，超過百分之百符合精神障礙的標準，只是沒辦法有確切的診斷。」心理學家解釋。

她講完後，我才發現，這是斯凡特十五年來第一次在公開場合哭。他平常不太哭，但他現在沒辦法停止。

「您們一定要幫幫她。」他哽咽地說，一次又一次。

最後碧雅塔確診為注意力不足過動症，並有亞斯伯格、強迫症的特徵及對立反抗行為障礙。

如果碧雅塔沒得到任何診斷結果，我們會沒辦法跟學校協調可以讓她重新融入學校，感覺自在的方法；若她沒得到診斷結果，我無法對其他家長、老師、還有所有其他大人解釋；若她沒得到診斷結果，我可能就沒辦法再工作；若她沒得到診斷結果，我們就不會寫下這本書。

現實就是這麼殘酷，與想像的差距好比日與夜那麼不同。

但是現在碧雅塔得到醫生的診斷書，對她來說，這是全新的開始，狀況有了解釋，也恢復了名譽。

我們的女兒上的是好學校，一間擁有許多資源、老師受過專業訓練的學校。也是少數幾所學校，會認真看待、包容障礙及個人的適應問題。但是就像之前那樣，這仍是各別老師自願投入的工作，是他們讓事情有決定性的改變。碧雅塔有出色的老師，在他們的幫助下，一切都能順利進行。她不需要做家庭作業，我們可以選擇取消團體活動，我們可以避免任何會造成壓力的事情。

這很有效。我們在家裡學到，以不刺激的方式運作是最好的方法。無論發生什麼事情，我們都不能以憤怒來回應憤怒，這帶來的傷害多過於好處。我們學著適應，我們用定義明確的程序跟慣例來計畫。一個小時一個小時的計畫。

我們試圖找到可以生活運作如常的模式。有時不可預測的事情發生，一切崩潰，但當事情發生，我們也就直接從頭開始。我和斯凡特分工合作，一人帶一個孩子，分開生活。

如果每個家庭裡都會有個英雄，碧雅塔就是我們的英雄。葛莉塔狀況最糟的時候，碧雅塔不得不回到自己的位置上，自己克服困難，若她沒這麼做，事情不可能順利，沒有她，一切都做不到。

我離她最近，因為我是她母親。我們如此相似，所以我是最了解她的人，這點她也明白，但是她肯定不會承認。雖然，有時我也會做錯事，有時我也像個小孩，有時我做不到低激發方法的要求，但我愛碧雅塔。

26 多數家庭的處境

我們的孩子能得到幫助，可以歸功於很多不同的原因。部分是現有的醫療保健、適當的方法、良好的諮詢以及有效的藥物治療。葛莉塔與碧雅塔的問題能被梳理出來，我們特別要感謝自己的努力，這是耐心、時間、運氣的結合，還要感謝許多人既使被禁止，仍做了他們覺得對的事。

但是，社會的進步不能只依靠運氣或是公民不服從來改變，大部分的父母不會沒事在社交軟體上有二十五萬追蹤者，大部分的父母沒辦法請病假，全天候在家裡待著，大部分的父母沒有所相應的社會地位來幫他們發聲。

2 我們都耗盡

資源耗盡的星球上，精疲力竭的人們，
我不行了。
或者，我還可以，但是你們知道原因。
——妮娜．漢明森（Nina Hemmingsson），瑞典諷刺漫畫家

27

否認是一種強大的力量

佛萊明嘉坦（Fleminggatan）路上的通風井聞起來像柔軟精。斯德哥爾摩，一月。伴隨著永無休止的攝氏三度冷雨。

我走過濕冷的街道。

聖誕節到新年這段期間，城市空無一人，所有斯德哥爾摩人都在別的地方過節：洛杉磯、泰國、佛羅里達、雪梨、加那利群島、埃及。

瑞典人熱心公益，付出一切，支持難民及需要幫助的人，反對不公平。但從環境角度來看，我們表現得不太好，最糟糕的便是像我這樣的人。

「你們名人之於環境就像是右翼民粹主義者吉米．奧克森（Jimmie Åkesson）之於多元文化社會。」葛莉塔在早餐桌前這樣說。

嚴厲批判像我這樣支持多元文化主義的人不算是什麼友善的作為。但我心想，她說的恐怕是事實，不只是針對名人，而是絕大多數的人。每個人都想要成功，沒有什麼比奢華、富裕的生活以及不斷地旅行更能展現成功姿態。

「但我生病或不受歡迎的話，就賺不了錢。只是因為有時會受到矚目，且能樹立榜樣，不代表就得永遠擔著道德責任。」我反駁。

但是葛莉塔不同意，她生氣地指出：「你能舉出任何一個準備好要放棄奢華生活、放棄環遊世界的名人嗎？」

「他們正在為其他事情奮戰，像核能。」雖然這麼說，但我還是沒有提出有力的論據。

「核能會帶來可怕的後果，我們永遠沒辦法彌補。那除了可能反對核能，你能舉一件他們正在奮戰的事情嗎？」

她當然是對的，環境一旦被破壞了，沒有人能彌補這個損失，而未來的世代即使想要彌補也都來不及了。

我們人類很明顯正在為錯誤的事情而戰。或者應該說，我們為正確的事情而戰，但若與此同時我們的生活方式卻是有害，這些努力也只是徒勞。

當然，不是每個人都一定要是環境保護積極活動份子，但我們至少應該停止繼續主動破壞環境與地球。在社群軟體上，我們對環境的破壞都變成戰利品，好拿來炫耀。

約莫兩年多前，我曾於陽光普照的日本上傳自拍。一句「來自東京的問候」的貼文，就收到成千上萬的讚。

回程，我只是坐在那盯著西伯利亞和北極海，聽著飛機引擎隆隆地發出單調的聲音，以釋放溫室氣體來為融化十萬年的凍原冰做出一小部分貢獻。

過去，每當坐飛機時壓在人心裡的重擔，我都稱之直接稱為旅行前的緊張感，或是怕坐飛機，而現在這種感覺卻開始有了另一個、更清晰的型態。

但我想著這場在八千人面前表演的音樂會，還會在日本電視節目播出，這場旅行是有意義的，彷彿這樣想，就代表生物圈及生態系統會對日本電視節目感興趣一樣。否認是一種強大的力量。

28 生態足跡

平衡、功能正常的大氣層已經是有限的資源，這種有限的自然儲備，屬於地球上所有的生物，以今日的二氧化碳排放量來計算，這種自然儲備會在十八年內用完。這還是在最好的情況下。

根據研究人員的說法，完整的大氣層中，二氧化碳比例不得超過 350ppm。目前我們的二氧化碳已經來到 410ppm，在十到二十年內我們預計會達到 440ppm。

從斯德哥爾摩到東京的經濟艙往返航班，一個人的二氧化碳排放量為五．一四噸（根據斯德哥爾摩阿蘭達機場二氧化碳補償點提供的數據），大約就像一個人用坐來回班機所需的時間（約二十五小時），吃下兩百公斤的絞肉。

我們新的習慣，在古羅馬人暴飲暴食及十八世紀法國貴族放肆的生活方式之後，開啟了全新局面。

根據世界銀行二〇一五年統計，印度居民的平均二氧化碳排放量為每年一．九噸。巴基斯坦只有〇．九噸。

是的，如果我們再不重視自己的生態足跡[1]，我們可能很快連團結跟公平都沒辦法談了。捍衛公平這項任務，瑞典人可能不再有權利去做了。

1 指支持每個人生命所需的生產土地與水源面積。係用以衡量人類對地球生態系與自然資源的需求的一種分析方法。此即意味著生態足跡與環境衝擊成正比，足跡越大衝擊也越大。

29 世界越來越糟，我們也是

也許我應該去寫食譜，或寫一本關於餅乾跟最愛作曲家的書，或者寫一本真正的自傳，一名歌手的回憶。

在書裡不會讀到過勞、各類藥物名稱或任何醫生診斷。一本美好的書，會有瑜伽，也可以簡單談一些環境問題，但僅止於浪費食物、使用塑膠袋，或是任何不會令人不安、不愉快的話題。

一本正向的書，是不會聽到飲食失調跟憂鬱症，其實有幾天根本下不了床，因為做不到，也不願意做。

我不該把這些經歷寫在書裡，不該寫我的家庭這幾年來經歷的漫長痛苦。

但我一定要寫，因為我們過得爛透了，我們一家四口不斷被痛苦折磨，地球也被人類折磨得奄奄一息，甚至連狗都狀況很糟。

所以我們一定要寫下來。

全家一起寫。

因為當我們終於意識到造成痛苦的原因，我們才開始好轉。

我們一定要把這些寫下來，因為我們是獲得幫助的人。我們運氣很好，有時候我相信我們會從這些事情走出來，然後變得更強，變得健康，我常常這樣想著。

現在是時候了，人類應該開始正視我們到底過得如何，應該要開始就事論事。

從歷史來看，我們活在一個富足的時代，世界的整體供應量從未如此龐大，就像貧富之間的鴻溝一樣。許多人擁有太多，超過他們本來所需，而其他人一無所有。

同時間，我們周圍的世界越來越糟：冰山融化、昆蟲死亡、森林被砍伐，海洋與生態系統崩潰，就像我們周圍的人一樣，他們崩潰，如同我們使環境崩潰。

完全壞掉的人，那些被拋下的人，那些不符合任何條件的人，那些不幸、無法找到好醫生的人，那些甚至不在統計數據內的人。

還有所有能夠做到，與自己所居住的星球和諧一致並共生的人，但這不是我們常說的那種和諧一致，不是連結地球生活和大自然和諧共存那種。

而是一種全新的和諧——新的一致共生狀態，也就是在這一個資源耗盡的星球上，住著精疲力竭的人類。然而，食譜書裡容不下這些故事。

30 世界的速度

地球自轉需要二十三小時，五十六分鐘又四．〇九一秒，以此來結束一個整天。有時候感覺似乎轉得更快，但事實上這個速度已經精確到千分之一秒。但跟許多極速旋轉的事物不同，有些事物毫無疑問會加快速度，加快我們生活的速度。

我小時候，人們以為電腦永遠不會取代人類。「你去看西洋棋就知道！電腦無法擊敗人類。」曾經是這樣說的。

然後到了一九九〇年，有個名叫雷．庫爾茲威爾（Ray Kurzweil）的人出現並宣稱，電腦的數據容量會每年翻一倍，一九九八年以前，電腦就有能力擊敗世界上最強的棋手。這是合乎邏輯的結果。結果，一九九七年五月三日，博弈史上最有名的比賽之一，當時的西洋棋世界冠軍加里．卡斯帕洛夫（Garri Kasparow）被 IBM 的超級電腦深藍擊敗。

就這樣。

如今雷．庫爾茲威爾是 Google 的開發主管，聲稱若一個在非洲某地區生活的孩子有臺智慧型手機，他能得到的資訊勝過二十年前的美國總統。根據庫爾茲威爾的說法，電腦具有人工智慧只是時間早晚的問題，數學上也合乎邏輯，這件事最晚在二〇二九年就會發生。

這說明了世界變革的速度，但這還不是全部。

因為我們正經歷了更多，感受更多，意見更多。

在社群媒體上，我們討論社會問題的速度與規模，都使得一九九〇年代看起來像單純的農業社會。

一切都不會停止，一切都兩極化，推到極致。

我們生產更多，消費更多，我們做什麼都無所謂，重要的是我們會做得更多，多還要再多。

31 格局要大，夠狠夠強

「格局要大！」──現任美國總統的暢銷書標題這樣寫著。唐納．川普展示了最糟糕的社會，我們也在那樣的價值觀生活了很長一段時間，如今這條路已經走到了頂點，但一切還要擴張下去。

世界就像旋轉木馬，以越來越快的速度轉著，快還要更快。但到底還要多快才夠快？我們是否快到臨界點？等到有人沒辦法適應這個速度因而從旋轉木馬上被拋出去，我們是否才能正視狀況？還有我們為了讓社會的增長不斷發展，所犧牲的一切。這個社會提供我們更高的生活水準，因為人們不斷追求更好的生活，想接近菁英階層的高度。當然，這有時候非常誘人，只要閉上眼，不去看我們其實正在鋸斷大家一起共同坐著的樹幹。

儘管所有成長曲線都在上升，有很多人的情況越來越糟，孤獨已經變成一種長期普遍存在的病，倦怠和其他精神疾病早就不再是滴答響未爆彈，炸彈早就已經爆了。

32

兒童的心理問題急速上升中

過去十年中，十至十七歲的孩子罹患精神疾病的數量增加了一〇〇%。根據瑞典國家健康與社會福利中心部門二〇一七年十二月的一項研究，瑞典有將近十九萬名兒童與青年患有某種形式的精神疾病。情況最糟的是女孩跟青年女子，其中有一六%已和青少年精神病機構接觸過。在瑞典，幾乎每七個女孩就有一個女孩有此問題。

過去五年中，診斷出注意力不足過動症與自閉症的人數增加一倍以上。

拒絕上學的孩子的案例有上萬件，他們的狀況不適合上學，可是沒有人想把自己算進去個案中，所以這裡的灰色地帶變得十分龐大。儘管資料不完整，還是能從統計數據中推測出災難的大致輪廓。

沒有證據表明，趨勢會再次減緩或是完全回到過去。

相反地，它會繼續成長下去。

33 在男人制定的遊戲中，尋求公平

世界上沒有任何地方是完全男女平等的，而且我們常能在各個地方見到這樣的情況。粗略地說，就肌肉量與肺活量來看，最強壯的女性無法跟最強壯的男人匹敵，但這不代表，女人比男人弱。

這當然是我們採用了什麼標準定義強弱。然而，沒人會否認，傳統上來說成功與幸福感跟男性的外在條件緊密連結：高大、動作快、強勢、資源多。這變相地認為平等是要求女性展現這樣的男性特質，儘管這在天生條件上是不可能的。

女人得和男人競爭，但男人才是制定遊戲規則的人。就像那張經典的圖片，女性捲起襯衫袖子並炫耀二頭肌，同時間穿著裙子和戴上拳擊手套，這是代表我們永遠不可能贏的象徵。

如果我們做的事與期望相反，會被說成是不夠女性化、太強勢、太有野心。不管我們怎麼做，永遠都錯，這種的狀況只會一直持續下去，直到謊言被揭穿。

這些謊言就是造成越來越多人被拋出旋轉木馬外的原因，因為我們若是想要成功、渴望歸屬感，會不惜冒生命危險參與其中，或者要迫使自己背離本來的樣子。

根據瑞典社會保險局數據，二〇一〇年起，被診斷出患有疲勞症候群的人數，其中八成為女性。

這些數據說得相當明白且非常戲劇性。

然而，辯論跟新聞都不重視這個問題。這隱含著一個危機，等於我們暗示下一代，該重視的人和事是什麼，不重視的又是什麼。

與此相比，女性主義是一個非常多元的概念，若是把這個概念跟永續發展放在一起談，很多人會變得猶疑，但其實這兩種觀念結合的相關書籍在分類完善的圖書館可以塞滿整個書架。

無論如何，統計數據顯示競爭社會的問題，女性與高敏感的人的倦怠情況顯然十分嚴重。

34 現在是歷史的過渡時期

如上述，我們處於永續發展的危機之中，同時也面對嚴重的氣候變遷危機。幾乎沒有人再否認這些危機，但淨說些正面的話。問題在於，從承認危機的存在到真的了解其代表的意義，這中間還有很長一段路要走，遠得讓人難以想像。

我們正處於這條路的中間，一片空白，在這裡我們一切照舊。

我們認為自己知道這個危機所帶來的後果，每個人都以為自己知道。

35 為什麼你們什麼話都不說？

我的名字叫做葛莉塔，今年十五歲。我的妹妹碧雅塔，秋天就滿十三歲。我們不能參加將於秋天舉行的議會選舉，即使選舉的後果實際上關係著我們的未來，而且嚴重程度是前幾代人無法想像比擬的。

當我們活到一百歲時，會跨到下一個世紀。當大家說起未來，通常指的是接下來的幾年，二〇五〇年以後的一切令人感覺十分遙遠，以致在想像中還不存在，即使到那個時候，我跟我的妹妹都還未滿五十歲。不過，我的爺爺現在九十三歲，他的父親活到九十九歲，因此我們長壽的可能性不能說不高。

二〇七八年和二〇八〇年，我們會慶祝我們的七十五歲生日。若我們有孩子和孫子，他們應該會想要跟我們一起慶祝，也許我們之中會有人聊到童年，也許會提到你們。

也許我們的孩子跟孫子會很訝異，為什麼你們在還有機會發聲的時候，卻什麼也沒說？但事情不一定要這樣發展，我們只要像是正面臨危機，因而開始有所作為。事實上，我們真的處於危機之中。

你們總說，「孩子是我們的未來，我們會為孩子做任何事。」你們這樣說的時候，聽起來充滿自信。如果你們真的想說話算話，那請聽我們的想法：我們不要你們那些誇張的熱情與幹勁、我們不要你們的禮物、不要你們花錢帶我們去旅行，我們不要你們的愛好或是沒有節制的自由。我們唯一想要的，是你們能夠認真地處理全面發生在周圍，極嚴重的永續發展危機。我們希望你們能夠說出事情的真實情況。

36 華麗的謊言

根據瑞典國家自然保護局統計，將全世界的二氧化碳排放量都算進去，全球每個人一年排放十一噸二氧化碳。另外，根據世界自然基金會（World Widelife Fund for Nature，簡稱WWF）的生命星球報告，瑞典人的生態足跡跟美國、中國等排列最糟國家，如果所有人都像瑞典人這樣生活，做我們在做的事情，需要四．二個地球才夠用。

我們以為仍然有選擇權，可以用不同排放種類來結算排放量，像是當個全素者，然後就可以繼續坐飛機旅行；買電動汽車，就可以繼續購物跟吃肉；或者以為可以用我們曾經做過一次什麼事拿來抵銷碳排放。但如果從永續發展的概念來看，我們能抵銷的額度早就全數耗盡。

事實上，早在一九八七年，二氧化碳排放量占大氣層中的 350ppm 時，我們的生態額度就已經用光。

37 不使用石油的陷阱

「瑞典將成為世界上第一個不使用石油的國家。」瑞典總理於二〇一七年秋天政府的政策說明會上這樣說。

聽起來不錯，不過就在兩年前，他也在政府政策說明會時發表了幾乎一樣的聲明。回顧來看，從上次發表聲明後幾乎沒發生什麼巨大的改變。

瑞典自然保護協會（*Naturskyddsföreningen*）在二〇一八年評估，瑞典在環境保護上花了一百一十億克朗，同時國家財政預算補助金高達三百億克朗，而這項補助金直接對環境有害，像是補助讓溫室氣體排放變得更便宜。為了撲滅大火，我們派出一輛裝滿水的消防車，同時還派了三輛裝滿汽油的油罐車。

「不使用石油」無疑是一個好說法，既有利經濟發展，又很激進，幾乎跟「永續」一樣有力，只是伴隨著的是低到不行的要求。「不使用石油」這個說法背後隱藏的可能性從太陽能、有機落果到森林砍伐、排汙交易、核廢料都有。

當我們使用「不使用石油」諸如此類的說法時，意味著「變遷」這類的詞彙可延到未來再談，我們的生態繳款期限好像就能再延後個幾年，然後可以繼續輕鬆地吹噓，我們是世界上最厲害的。

38 巴黎協議

如果我們想遵守《巴黎協議[2]》，瑞典就要把排放量降到現在的十分之一，或者不久以後，我們每人每年只需要處理兩噸的二氧化碳排放，但這些算法都是建立美好的理想上、建立在我們無法取得但能減碳的設施、建立在根本還沒出現的發明和不存在的永續林業與農業技術之上。

他們認為，世界上另外八十億的地球居民不會想到要改善生活水準，不會採用我們的習慣，我們都把這種習慣看作是理所當然的權利。

「兩噸這個數字不太妙。」凱文・安德森（Kevin Anderson）這樣說。他是曼徹斯特大學的能源與氣候變化教授，烏普薩拉大學的客座教授，也是提供英國政府諮詢的氣候研究者，同時還擔任國際知名坦戴爾氣候變化研究中心的副主任。

---

2 由聯合國成員國於二〇一五年十二月十二日在聯合國氣候峰會中通過的氣候協議；取代《京都議定書》，期望能共同遏阻全球暖化趨勢。

「這個數字實際上沒有任何意義，我懷疑，這是聯合國氣候委員會第一份報告的舊版本，好像把老舊不完整的排放量數據拿來，然後說我們必須要將其減半。事實上，我們的二氧化碳排放量必須直接減到零，這才是殘酷的事實。」

惡夢般的數字證明，這個夢想永遠不可能實現。

但這並不代表所有的希望都已消失，一切都為時已晚。這代表，我們必須改變自己的習慣，現在就做。

39 人類的慶典已經結束了

人們所要忍受最糟糕的感受，就是不可置信的感覺。所以，熟悉氣候與永續發展問題的人會認真地問，自己是不是失去理智了。瘋了。

當我們意識到，那些打造我們生活、再正常不過的事物，常常比我們所能想像的，還要不正常得多。

你所處的環境在那些不可思議的瞬間，變成了舞臺布幕。擁有百萬人口的大都市中，有冷氣的飯店客房；有四百家商店的購物中心；開車駛過暴風雪，駛進貫穿城市的索德爾萊茨地下隧道；雜貨店充滿著來自世界各個角落的商品；在世界的另一端登上飛機，空姐親切的服務，感受她友善的眼神，她的招呼令人充滿信任，帶來了心靈的平靜。

我們大家在日常生活所共同享有的一切，都被視為是自然的，彷彿轉眼間我們就安全，遠離危險。

現在所有這些都讓人想到一個舞臺背景，人類時代的超大裝飾：人類世[3]。

但是，慶典結束了、戲劇落幕、窗戶打開，不可能成真的事正在發生。

毛巾跟窗簾在風中飄揚、道具旋轉、面具被撕下、聲音穿過舞臺和觀眾席消逝了。一切都反了，全部都顛倒過來了。

總把文化與自然分開、認為門面永遠比其他任何事都重要的我們，突然越過一條看不見的界線。

一個只看外表不管內在的社會，不可能持續太久。如果我們不放棄這種風氣，它禁止我們看清周遭事實真相，這幾十年、幾百年以來忽略、逃避的一切，我們不可能完全解決氣候與永續發展的危機，

3 是指地球最近的地質年代。人類世並沒有準確的開始年份，可能是由十八世紀末人類活動對氣候及生態系統造成全球性影響開始。

40 每個人都有罪，就都不用負責

「我們人類有時候真是自作自受。」瑞典總理在議會大廈的現場直播中談論氣候。

「他說謊，」葛莉塔說著，從電視前的沙發上坐起來。「他說謊！」

「哪裡說謊？」我問。

「他說，我們人類就是為自己帶來禍害的人，但這不是真的。我是人類，但我沒有帶給大家禍害。碧雅塔也沒有，妳跟爸爸也沒有。」

「是啊，你說的沒錯。」

「他這樣說，是希望我們繼續這樣下去，因為所有人都有罪，就沒有人需要為此負責。但是他說錯了，一定有人要負責。只有那幾百間公司需要為全部的二氧化碳排放量負責，那些極端富裕的男人，明明知道後果，還是用同樣的方法賺了數千億，毀掉整個地球。總理說謊，其他人也在說謊。」

葛莉塔嘆氣。

「不是所有人都會帶來禍害，只有那些少數人會。為了救地球，我們必須要對付那些人、他們的公司、他們的錢，要他們負責。」

41 減碳先於綠色發展

每當我們聽到永續發展的專家談論氣象或環境保護議題時，他們的說詞都一樣，那就是一定要減少二氧化碳排放量。

的確是要減碳，如果我們想要守住《巴黎協議》的攝氏二度門檻，每年要減少一〇%到一五%的碳排放。

問題是，到目前為止，排放量並沒有真正減少過，唯一減少過的時候，是全球經濟危機之時。所以也不用太意外，那些目光比自然史博物館還短淺的人，不認為減碳值得追尋，就算這件事關乎全人類的命運，碳排量仍然繼續增加，我們早就超過原來的界線太多，這條界線本可以穩定氣候。我們上一次有這麼大量的二氧化碳在大氣層中時，海平面提高了約二十公尺。

二氧化碳排放量增加當然不是偶然，因此它會繼續存在，直到我們做出決定：不再只追求經濟增長，而轉為大量減少碳排放。意思是，盡快鎖住油管，快速讓自己適應減碳生活，全球研究機構都在迫切呼籲的新現實。

這不代表我們不歡迎綠色、永續發展的經濟增長，認為它沒有價值，或覺得它不可能達成。但現在只有減少碳排放對我們來說最急迫、最重要，因為剩下的時間不多了。

42 那令人難受的事

斯凡特坐在電腦前，揉揉眼睛。我們提供出版社這本書的初稿供閱讀，現在正在評估結果。

他轉向葛莉塔：「好，他們覺得，文章的第四十一篇聽起來有點難過，如果你跟碧雅塔能多出現在文章中，可能會讓文章比較輕鬆活潑，也許我們可以再加點什麼進去？」

「怎麼加？」葛莉塔問。她剛找到一些屠宰場的照片，希望能加進書裡，想談超過百萬隻的動物如此短命，只因為我們人類濫用權力，連生命都可以工業化。

「嗯，也許可以再多寫點你們的事？」

「不要，」她直接拒絕。「這之後還有夠多私人的事情在裡面，媽媽的過勞問題，還有大家都想聽我的生活。這本書要談的是氣候變遷，它一定要是一本令人難過的書，他們必須忍受這一點。」

43 不知道真相，就能一切照舊

地球各地正在進行一場關於人類生存的資訊戰，研究者跟環境保護機構是同一陣線，只在乎利益的企業和遊說集團是另一陣線。

因為媒體無所謂的態度，使得生存或毀滅淪為一場政治遊戲，忽略事實，任由一個說法駁斥另一個說法，通常都是由最受歡迎的說法勝出：是強迫我們做出改變？還是宣稱可以繼續購物消費、環遊世界？

你們認為哪種說法背後，有最多政治人物支持？然而，較受歡迎的那一邊有些細節被忽略了。比如說，這應該是危機而不是新的經濟發展。永續發展論述中，對於未來、持續不斷的綠色經濟成長的保證，掩蓋了人類歷史上最大的威脅。

在那個說法中，不會聽到極地區已融化多少，不會提到全球工業化農業生產如何危害我們的未來，也沒人說，地球上的雨林如何被嚴重濫伐，以至於雨林不再能吸收二氧化碳，而是釋放出大量有毒物質傷害大氣層。

反正人類最厲害的能力就是適應變化，儘管我們不一定喜歡變化，但當遇到危急，我們總是能適應變化。

地球會發生的第六次生物集群滅絕，就是一個危及生命的事件。格陵蘭、北極、南極的冰山融化也攸關性命。事實上，我們曾經活過一段氣候超乎穩定的時期，這種穩定讓文明的出現成為可能，不過這一段時期已經遠遠地被拋在後面，我們的生活方式將導致了第六次生物滅絕。

世界的新秩序到來前，誇大的經濟利益會先面臨危機，謊言、假新聞和獨特的統計數字正努力地散播：二氧化碳排放可被抵銷。

航空業把責任推給汽車業，農業怪罪給航空業，汽車駕駛怪罪海運，最後變成把責任往別人身上推最容易，而且幾乎總能找到一個比自己製造更多禍害的人，總能找到什麼需要關注的國際法案或糾結其他小細節，而不去行動。受到威脅的是我們的未來，但我們滿足於「是這樣沒錯，但是其他人呢？」這種說法。排放量雖然不會減少，但如果我們一切照舊，每個人都能受惠喔！

是啊，所有人都受惠，除了地球未來的居民，但誰會真的關心下一代呢？

44 每個人都在否認全球暖化

「唐納．川普至少很誠實。他只在乎工作機會和錢，他才不鳥什麼《巴黎協議》，就因為如此，所有人都當他是極端主義者，以這點來看，我們在做完全一樣的事。」葛莉塔說。

我們在看網路上瑞典議會黨主席辯論的重播，斯凡特則是去遛狗，沒辦法一起看，看了他會很生氣。

「我們的碳排放量是世界最差之一，」葛莉塔憤怒地接著說。「然後幾乎所有黨主席都來說，我們不應該只專注檢討自己的碳排放量，而應該去幫那些好像做得更糟的鄰國，可是我們的生態足跡大多了，卻沒人提這件事！」

她坐在沙發上，筆電放在腿上。窗外，盛夏的暑氣已經蒸騰，日曆上卻才是五月而已。

「我們要幫助別人？」她接著說。「美國、沙烏地阿拉伯還是哪一個？我們還需要別人的幫助，但主持人什麼也沒說，因為他們可能不知道，我們的二氧化碳排放量還輸出到別的國家。沒人知道這件事，因為大家都不講。所有人都在罵川普，但我們比他更糟糕，因為我們在騙自己，還相信是在為環境做好事。」

隔天，各家報紙對昨天的辯論進行事實審查。但完全沒有提到我們談過的事，他們只查冰山實際融化的速度，每分鐘真的有二十萬平方公尺的冰融化嗎？還是沒那麼多？但大部分的黨主席在談話時都讓瑞典的碳排量少了一半，這件事沒人覺得有問題。

葛莉塔在早餐桌上讀文章，給了評論：「今天我們耽誤了氣候目標，明天我們就該去擴張機場，讓乘客人數增加三倍，然後蓋個氣候智慧型高速公路，大家常說否認全球暖化的人是白痴，但我們所有人在否認全球暖化，每一個人。」

45 我們只想確保以後的生活

二〇一七年夏天，六位頂尖的科學家及氣候問題決策者於《自然》雜誌上寫，人類現在確切還有三年時間，讓二氧化碳排放的曲線下降，而且必須要是急劇下降。只有三年的時間可以守住地球。如果失敗，沒守住《巴黎協議》的攝氏二度門檻，將會有嚴重後果，致命的氣候災害將會進入惡性循環。

除非全世界準備在二〇二五年關閉所有工廠，讓汽車留在車庫，飛機留在機場，讓它們慢慢生鏽，與此同時我們只能從儲藏室中的儲糧獲得營養，還有這篇文章的作者不會被當成是製造恐慌的人。

在那之後又過了一年，即使我們迫切需要改變，但幾乎看不到任何重大變革，我們常聽到瑞典是一個模範國家，但事實上，沒有任何一個國家可以稱作模範。

事實上，氣候抗爭不是挽救氣候，我們只是在努力確保，以後能像現在這樣繼續過生活。

46 二〇一七年

二〇一七年有近千萬人死於環境汙染。

這一年，有超過兩萬名科學家警告人類，我們正往氣候變遷災難直行，時間不多了。

這一年，德國研究人員發現，有七五%到八〇%的昆蟲消失了。不久之後，新聞報導法國的鳥類數量驟減，特定的鳥類減少將近七〇%，因為牠們沒有昆蟲可以吃。

二〇一七年，四十二位富豪擁有的錢超過世界所有其他人總和的一半，全球總資本增長的八二%流進最富有的一%的人的口袋。

在這一年，海上的冰跟冰川以創紀錄的速度融化。

在這一年，有六千五百萬人流離失所。颶風和暴雨奪去數千人的性命，城市泡在水裡，許多國家的存在受到威脅。

在這一年，二氧化碳排放量曲線再次上升，大氣中的二氧化碳持續增加，而且增長速度若按照地質規模來看，只有按下星際爭霸戰電影裡的曲速引擎按鈕可以相提並論。

47 我們也不想再談氣候

「氣候問題危在旦夕，它非常重要，但我希望妳能寫點別的題目。」

我每個月會為米特新聞媒體（Mittmedia）與達拉納斯・泰迪寧加傳媒（*Dalarnas Tidningar*）寫專欄。我那睿智的編輯剛又從我收到一篇關於氣候的文章，三千字，沒有空行，她絕望地發了牢騷：「我不想再讀氣候問題的文章了。」

我們也不想要再寫什麼氣候問題，我也想要寫其他主題，像是我跟報媒計劃好要寫的：文化、活化鄉村空間、人道主義、社區音樂學校、反種族主義，大概是這些方向。

我也想像其他專欄作家，對各種議題都發表意見，偶爾一次逆勢討論氣候，是為了之後能繼續寫些關於醫院食物、清真寺布道風波，還有更多大家正在談論的社會現象。

我也想像其他人一樣，列出競選前對人民來說最急迫的議題，以及五到十個應該多談論的主題，這些話題才是公眾關注的焦點。我想要把氣候變遷問題排在第三位，也許排在學校教育跟照護議題之後。

但就算我再這麼試，就是辦不到。我十分羨慕能參與各種議題的人，我就像是處在二十世紀初，偏偏為選舉權、勞工的生活條件、女性解放或是加入工會權利以外的議題在努力。差異在於，現在發生的事情更戲劇性。因為人類在百年前沒有一個巨大的時鐘橫在眼前，無情地倒數著全人類的命運。

「問題太過龐大，不可能全部都照顧到。」我跟斯凡特常常聽到這種說法。這種說法對，也不對。

事實上，如果願意，正視問題其實不難。只要我們肯準備作出犧牲，與各種特權保持距離，退後幾步。因為氣候問題本身沒有困難或龐大到令人無法靠近，它只是讓人很不舒服。就像在一個溫暖的角落，舒服地蜷曲在睡袋裡，外面的大雨浸濕了帳篷，我們就是不想起床，解決問題，我們只想繼續睡，像別人一樣。

我在達拉納斯．泰迪寧加傳媒的最後一篇專欄文章談到，米特新聞媒體一再刊登否認氣候危機的文章，良心不允許我繼續為這種報紙工作，而且他們為否認氣候危機、納粹大屠殺的人提供了發表的空間。

如果米特新聞媒體沒有打算改變這點，所以我拒絕繼續跟他們合作，但是這篇文章從未被刊登。

48 氣候變遷占新聞比多少？

「破新紀錄！」

星期六早晨，葛莉塔走進廚房，高興地揮舞著手中滿是數字跟表格的紙。

「關於環境保護與氣候的文章超過一％了，大部分當然是雜亂的紀錄或舊文章，但有改變了。」

一切起因於一個熟人的評論，他再也無法忍受報紙上總是充斥著各種恐怖的消息：「永遠只有危機，一個接著一個，戰爭、川普、暴力、犯罪和氣候危機。」

葛莉塔無法認同這種描述現實的方式，但有很多人說過一樣的話，太多關於氣候的負面報導了。

另一方面，葛莉塔認為幾乎沒有關於氣候變遷或永續發展危機的新聞，她因此決定要檢驗這些新聞報導的真實狀況。

她會定期統計最大的四家報紙新聞版面都關注和忽略哪些議題，有幾篇是關於氣候跟環保的文章？有哪些環繞著和主題剛好相反的事情，像是出國旅遊、購物或汽車，結果大致上都相同：氣候與環保介於〇．三％到一．四％之間，其他題目明顯數量高得多。

當瑞典最大報之一要讓氣候變遷成為他們報導的重點，說是好讓整個編輯圈都往這個方向努力，葛莉塔追蹤這家的報導五個星期，結果不特別令人印象深刻。購物二二％、汽車百分七％，出國旅行一一％。氣候問題〇．七％。她每一次檢查，結果幾乎都差不多，不管是哪一家報紙。

葛莉塔從不放過她認為重要的事，於是我們每天早上跟她一起在網路上瀏覽所有報紙的頭版文章。

「如果氣候問題成為當天最大的新聞，我就在月曆上標註紅色。」她說。

但我們到目前為止已經檢查了兩年，直到今天，一次都沒有。

49 人類的價值

二〇一七年的夏天結束，摩西有了妹妹，是我們半年前收養的蘿西。蘿西是一隻黑色的拉布拉多犬，跟她的哥哥一樣調皮可愛。若沒有熱心的動保人士，她可能要在愛爾蘭南部關在籠子裡痛苦地度過餘生，不過她現在是一隻精力充沛的小狗，正高興地在摩西旁邊嗅著小草。

從瑞典的角度來看，這個夏天氣候極為平常，南歐致命的熱浪在我們這邊感受不到。就算如此，這個七月是世界上有史以來第二熱的月份。

我們公園附近遛狗，一切都正常，一如往常。

與之相比，上星期淹沒網路頁面的洪災新聞，可與正常相差甚遠。

「那是假的！」否認氣候危機的人在推特上宣稱。可惜沒有什麼比這更真實的，照片顯示，休士頓的高速公路成了十公尺深的湖泊，獅子山共和國的狀況也不正常。我們看著手機上的影片，獅子山共和國的雨量是以往的三倍之多。

「那裡本來是我們的家，」新聞報導中的男子說，我們用小螢幕觀看這則報導。「我們曾經住在這。」他繼續說並指著一個山坡，山坡全部被紅色淤泥覆蓋。鏡頭轉到首都自由城門前，幾個星期前還完整的模樣。現在連建築物的痕跡都看不到了，看不到任何地基、煙囪或汽車殘骸，只有泥土，紅灰色的土石流。

那位男子講起，他有多懷念晚上可以哄孩子上床睡覺的時光。

他有多懷念，晚上為他的兒子唱晚安曲。

但他已經失去一切。

他的妻子、他的孩子、他的家。現在他穿過房子僅剩下擁有的部分，讓英國新聞臺記者看那一片廢墟，只剩一座紅灰色的土石流堆成的小山，以及一些救難人員小心地在移動。過去有上萬人居住的地方，現在卻空無一人，這裡曾經有許多家庭過著一般日常生活。每天早上起床，吃早餐，帶孩子們上學，然後工作。

像我們一樣的人。

那位記者哭了，並以最大的努力報導這位男子的命運，就算他可能已經知道，這種努力也會被另一種形式的土石流給淹沒，名叫西方土石流，新聞的洪流和接近性原則。

他努力地傳達這個令人震撼的消息，但來自獅子山共和國貧民窟的這名男子似乎沒打算要幫忙這位哭泣的記者，他只是站在那，不帶任何表情。

有人什麼都做得出來，有人什麼都沒辦法做。

毀滅性暴風雨帶來的山崩造成上千人死亡，這個來自攝政區的男子失去了一切，他在攝影鏡頭前沒有展現過一次悲痛。

50 媒體應該要廣泛報導

「這是氣候變遷導致的。」哥倫比亞總統於二〇一七年四月確認，哥倫比亞及鄰國秘魯降下非自然強烈暴雨導致的土石流，使得數百人喪生。

驚人的影片中，看到超過一公尺厚的土石流以五十公里時速往城市的街道上澆灌，像火山爆發的熔岩，這類的影片變得越來越少，只得到西方新聞媒體的部分關注，這些影片就像其他上千個類似的故事一樣不被重視。

在新聞學上，這些稱作接近性原則，像是法國發生的恐怖攻擊與伊拉克發生類似的悲劇相比，前者被視為是更大的消息，擁有更多的新聞版面，因為瑞典看似比起伊拉克，與法國有更多共同點。

也就是說，如果不是發生在歐洲、美國、加拿大，或甚至是澳洲，極端氣候要能變成新聞的標準會被設得特別高。妙的是，按照接近性原則，澳洲比起立陶宛，跟瑞典更接近，即使立陶宛是瑞典的鄰國，也是同屬一個政治聯盟。

因為不同的國家有著不同的價值，特別是有不同的新聞價值，但不能因此排除，新聞價值會對其他價值產生影響，例如人類的尊嚴，但是誰知道呢？

從新聞的角度來看，天氣就只是天氣，天氣異常本來就會發生，一直都是這樣。直到今日，科學家將溫室氣體排放與世界各地暴風雨增加的情形擺在一起看，事情才變得不同。

我們可以讀到世界級專家解釋全球暖化與暴風雨的關係像類固醇一樣，我們的排放量讓極端天氣更極端，一般公認這跟天氣存在著明顯的關係。這些消息，我們的媒體應該要廣泛報導。

51 人類的危機都和氣候相關

因為瑞典媒體沒有報導獅子山共和國土石流的消息，我們就把新聞分享在推特跟Instagram，但當電話鈴聲響起，轉眼又把我們拉回現實裡。

葛莉塔難過地說，她今天整天都沒課，因為沒有老師。她學校裡的幾個科目都缺老師，我們必須跟校長開緊急會議。葛莉塔很失望，她好不容易才在自然科學課程遇到一位好老師，但那位老師很快沒再來了，因為老師星期一跟星期五不來學校。

「學校應該要多幫助特殊需要的學生，但這間學校反而是在幫助有特殊需求的老師。」葛莉塔嘆氣。

該帶狗回家了，回家打給學校，但顯然校長人在菲律賓，所以沒有人可以回答，為什麼課表兩個星期改了四次。

「放下吧，不然你會死的。」斯凡特說。這時我絕望的目光投向十字路口，下午的光線很亮。我不能放下，因為我不做，沒有人會接手做。我完全明白他的意思，但我就是沒辦法乾脆地放手，我辦不到。

晚上，當大家都睡了，我一人坐在沙發上，哭出我的無助，我不能讓孩子們看到，我把無助留給自己。淚水滿過我的眼，流到我的雙手，氾濫成災的悲傷與憤怒沖向這個世界所有的混帳爛事。

這個挫敗感，來自永遠無法讓事情不失控，然後我想起還沒寫給老師跟教育家的電子郵件，我可以發送信件，讓他們了解學校目前的情況，我就去寫了，直到雙手麻痹，關掉手機，我的手臂失去知覺，我恨自己跟其他人。

我沒能力再解釋。

沒能力求救。

我必須準備早餐，買新的褪黑素和奧沙西泮（解緩焦慮的藥），然後打電話給在度假的醫生。我們全家什麼都吵，吵個沒完，然後我又後悔，不停地擔心擔心擔心，像有兩噸的水泥壓在胸口。我不行了，一定要宣洩出來，我想要健康。

我躺著，人很清醒，讀了一些人的故事，他們比我慘得多，讀到精疲力竭的人活在資源耗盡的地球上，但地球包容天氣、風、日常的每一天。

我認為，這些不同的病都是來自同一種問題，一個星球的危機，它會出現是因為我們遠離了彼此，遠離了自然。

我們遠離了彼此，這一次又一次在我腦中盤旋，直到我睡著。

52 一個重大的決定

二〇一六年三月七日，我完成在維也納的演出，坐飛機回家，此後不久，我就決定要永遠待在地面，為了在氣候辯論中禁得起考驗，這一步十分關鍵，不這麼做，不可能站得住腳，不能因為對方一句「啊哈，你自己不也是這樣做的？」就被打敗。

因為我們如此藐視每一種偽善，因為我們寧可犧牲在宇宙中智慧生活的形式，也不願承認自己的善意有可能不夠完整。

這個決定對於得到發言權，至關重要。如果沒人願意聽我們，我們如何為這個世界史上最大的計畫拚命？

飛行是整個氣候辯論的重點。研究的結果如此明確，只是都沒有人要聽，因為沒人想要放棄搭飛機，可是重點不是飛行而已。

世界上的物種正以我們以為的正常速度的一千倍消失。

二氧化碳排放量必須要降到零，然後再減到負值，我們自己製造出來的極端習慣使我們沒有能力維持永續發展。這些習慣，我們早已習以為常，例如搭著幾百噸重的金屬板繞地球轉。

「我最喜歡這個說法，」葛莉塔大聲笑著說。「如果我們要停止飛行，火車必須先要準時。大家都這麼說！實際上意思是，光是想像有可能誤點就叫人難以接受，所以我們寧可破壞下一代的生活條件，也不要承擔這樣的風險。」

葛莉塔目光跟著蘿西，沉默了一下子，又接著補充：「大家都習慣，一切符合自己的需求。人類就像被寵壞的小孩子，將來我們的孩子會抱怨，因為我們看來是又懶又任性。我知道，我們這些亞斯伯格症患者沒有能力理解諷刺，因為所有老學究們對我們這類人的描述都是這樣說的。他們的這種評論，才真正是天大的諷刺。」

53

不再飛行一點都不偏激

臉書上，有一個丹麥新聞節目的影片，影片中主持人在攝影棚裡問來賓，不再飛行是不是太過偏激。

「我覺得，相信地球增溫四度，還可以繼續生活的人才偏激，」一位來賓用英語回答。「真正偏激，是相信可以繼續這樣下去，做我們在做的事情，遵循那些屬於我們這些小菁英的準則。不再飛行一點都不偏激，完全相反。」

飛行是個人對氣候所能做的最糟糕的事情，全球約有三%的人口，至少每年有一次飛行的奢侈享受。丹麥新聞節目來賓凱文．安德森不屬於那三%，他從二〇〇四年便決定永遠不再飛行。

「我們把整件事想成是一個蛋糕，」他常說，「為了讓全球暖化限制在二度，我們有一塊有限的二氧化碳蛋糕，這些二氧化碳是全人類最後能排放的量。我們剩下的最後一片蛋糕，必須要在所有國家之間公平分配，因為吃完就沒了。」

共享蛋糕的想法既簡單，又具革命性，任何一種預算，遲早會牽涉到某種形式的分配。這麼一來，我們首先就會遇到新自由主義的終結，這種秩序由柴契爾夫人、雷根總統於四十年前建立，以經濟發展為重，主張自由市場，自由貿易。

最大的兩難在於，在這個共同的蛋糕之中，既有我們的休旅車、度假旅行、肉類消費，同時又有數十億人需要的道路修建、醫院及基礎設施，我們如今面對的問題絲毫不是這些人造成的。每次我們決定飛行、吃肉或是購物，就會使得地球的另一端，比我們不幸的人，只能以更少的二氧化碳預算，來改善他們的生活條件。

安德森的演講在網路上全都找得到。

對這些事實做出反應的確非常困難，但我們不能再別過頭去，假裝我們還沒抵達生存問題的交叉點。

現代社會的毀滅性生活方式為地球帶來了許多不同的複雜問題，這些問題將帶給我們巨大的挑戰。主要的問題在於，我們所有人要一次做到所有事情，而且要以最快的速度達成。凱文．安德森說，人類要像有意識的隕石。

54 向前衝反而是在倒退

留在地面這個原則可以帶來極大的影響。影響力，是我們人類能做最好的事。一個朋友曾經問我，哪種飛行是多餘的，我回答，所有飛行，還有購物跟肉類消費。

沒有人宣稱，光這樣做就夠了，沒有人相信，消費者的力量是一種解決方案，但如果我的微小貢獻可以加速形成一種激進的氣候政策，那我樂見其成。

每個人必須過自己的生活。

每個人光處理自己的碳排放就夠忙的了。

在沒人將這一切視為危機的前提下，沒有人可以要求，對危機採取行動、由個人獨自承擔這個危機，因為責任絕不可以只推到我們個人身上。

飛行把一切推向極端，但經濟增長掛帥的社會不可能承認，有時候往前衝其實反而是在倒退。

前進，是唯一重要的事。

55 一個有憂鬱症、過勞、過動問題的母親

「法國的首都是？」我想不起來。

「瑞典最高的山是哪一座？」我不知道。

「美國總統叫做？」

二〇一六年我在一位心理醫生那邊接受檢查。

經過幾百小時、幾百頁的閱讀，我現在可以畫出清楚的輪廓，不只是我的孩子已經做到了，還有我自己，我要它變成確切的證明。

我不覺得這能改變什麼，但我就是要搞清楚。

只要能改善環境，就算對當下的我來說一點都不重要。我只是非常疲累和難過，想著也許別人會有什麼方法，可以讓我早上可以醒來，下床。

任何可以幫我分擔雙腿重量的事物都好，讓我可以看到這無處不在的黑暗彼端。我填好表格，回答所有問題，一遍又一遍。

心理醫生跟我說話，但我幾乎都沒在聽。確切地說，我聽得到她，但我沒有能力回答，我

的想法停在請她給我一杯水，卻想不到那個字，那個拿來裝水的東西。杯子。

都不是什麼困難的字，但概念就是在我腦中消失了，那個字淹沒於噪音之中。音樂一直是我的一切，我總能隨心所欲將開關腦中的音樂，但現在我做不到了，接受診療占據了一切。我努力想擺脫這些想法，但噪音無孔不入，而且無法停止。

我的天職成了詛咒。

我的超能力一直以來都帶來好處，但它現在已經失控了，因為我把所有精力用在讓所有事正常運作。

「美國總統叫做？」心理醫生再問了一次，但我唯一聽到的是她用恐怖單調的降G音高發出的聲音。

窗戶半開，外面有幾隻鳥唱著F9和弦，但第三個音用低音三度音程，加上以四個八度作為九度音程，唱起F9和弦，但第三個音在低音部，第九個音又高了四個八度，聽起來走音了，有點太高，這讓我難受到聽不見醫生說的話。我感受到痛楚，身體的痛楚。摩托車以So、Fa、Re、Mi、降Mi駛過街道，也讓鳥的F9和弦聽起來太低。門、筆記本、椅子的聲音合在一起，讓我的身體痛苦地尖叫。

我真的想要請她給我一杯水，但我吞了口水，然後只能眨眨眼。

我的手指麻痹，心理醫生決定休息一下，離開了房間。我說，我會待在房間看手機，但我只是蜷縮在椅子上，然後閉上眼睛。醫生回來了，說我有可能患有注意力不足過動症，此外我有明顯的憂鬱症傾向及疲勞症候群症狀，但實際的診斷結果還要一點時間才會出來。

回家的路上，我拖著步伐到了藥局，但沒有藥。

「這裡沒有這種藥。」藥劑師用介於高八度的G、升G、A和B之間的鼻音說著。拉鍊的聲音、合上的抽屜、哭泣的孩子和門前的卡車形成了突出的屬七和弦，而第五個音在低音部。卡車沒有按照根音發出轟轟聲，讓我覺得極端煩人。

碧雅塔的鎮靜藥也沒了，這種藥很難在別的地方買到。要是沒有這個藥，我們就別想正常生活，沒有這個藥，一切都會崩潰。

「現在有推出液體滴劑，您試過新口味了嗎？」藥劑師想要知道。

我們沒試過新口味，也沒用過液體滴劑，因為如果葛莉塔跟碧雅塔開始要服用滴劑，他們可能必須先學會如何在水裡呼吸。

「在斯卡勒霍曼區的克羅南藥局應該找得到這藥。」但我去不了斯卡勒霍曼區，因為葛莉塔已經寫簡訊來了，學校員工把她的飯丟掉，上面沒有按照學校要求貼日期標籤。由於葛莉塔的強迫症，只要她看到報紙、文件或是貼紙，她就不會吃任何東西。若食物上面貼著標籤，她不可能會吃的，這點我們已經跟學校講過無數次。現在斯凡特正在路上，要去接葛莉塔回家，我得回家煮新的飯。

但首先要買到藥。

我打給老朋友，一位退休醫生，已經救過我好幾次，但他沒有電腦，沒辦法幫我。

我在包包裡翻找一張他手寫的老舊藥單，拿出一堆零錢、兩個孩子的護照、收據、髮夾、兩個粉紅色裝狗大便用的袋子，但我的手指失去感覺，把東西放回包包裡的所有聲音，聽起來都像子彈發射。

手機響起，同時收到簡訊通知，它像用刀在切我的耳朵。我試著把手機拿出來關掉鈴聲，但我的手指沒辦法好好地抓東西，我好像在做一個反覆的惡夢，我置身戰爭，必須要緊告斯凡特和孩子們，但我實在沒辦法在手機上打字，也沒辦法撥打電話。

手指抽筋。

拿不了那該死的手機。

嘗試用下巴解鎖，沒成功。

我離開藥局，走去超市，為了在兩餐之間的時間幫孩子們買東西，但空氣中一切都在旋轉。

深呼吸。

但空氣不夠。

壓力指數增加，氧氣的吸入量就會減少，就算我可以不換氣，保持一個音調長達一分鐘，現在肺活量不夠大，無法為大腦跟肌肉充氧，因此我壓力更大，氧氣吸得更少，很難清楚思考。我不想再什麼都做了。

我站在購物中心前的人行道上，對我所有隱藏的障礙感到難過，我那些看不見的混帳問題。如果只是小骨折讓人痛不欲生，或是一般的肺炎，或是什麼別的問題，只要去好的醫院躺個幾星期，好好睡個覺就可以。

呼吸，放鬆。

56 活在當下？

曾有一段時間，我們會花一整天帶著網子跟魚鉤，滿心期待能釣到魚。如今，我們在海底用流刺網仔細搜尋，這是人們普通的獵捕行為，獵捕著自我實現、個人發展及冒險。沒有極限，也代表什麼都可能成真。

「威尼斯、馬爾地夫與塞席爾沉入海中，冰川融化、雨林被砍伐，炎熱的加州燃燒著。這些地區正受氣候變遷威脅，您可以在這些地區永遠消失之前，體驗它的美好！」

這些文字好的不像是真的，像直接出自諷刺漫畫。

但現實情況總是遠遠超過諷刺，因為這篇文字是引用自二〇一八年《瑞典日報》（*Svenska Dagbladet*）旅遊副刊標題。

氣候危機觀光是一個高度寫實的現象，因為具有時效性，它為許多偏遠地區的人們帶來極可觀的收入，像是加勒比海的貝里斯堡礁、澳洲大堡礁、雪覆蓋的吉力馬扎羅山，當然還有南極地帶。

請您及時體驗！

一九八九年的電影《春風化雨》中，羅賓·威廉斯演的角色向學生解釋拉丁文 Carpe diem（活在當下）的意思時，幾乎一整個世代的人都坐在銀幕前看著他，他是好老師，而我們都是厲害的學生。柏林圍牆倒塌，邊界開放，世界每一分鐘都在縮小，機票變便宜，經濟蓬勃發展，突然「週末小旅行」這個詞不再只適用於富豪。

當然不是所有人都能買一臺私人飛機，在十月的任何一個週末飛去曼哈頓購物，但就是有一些這樣的人存在。

當瑞典進入極寒冽的冬天，不是所有人都能夠負擔得起，飛去東南亞的海灘度假，但真的有很多人這麼做，比想像的還要多得多。當我們一九八九年秋天從電影院走出來，羅賓·威廉斯的話已經深深內化進我們心裡，「活在當下」已故的羅賓這樣說，於是我們走進世界，完全照著去做。

一天已經不夠我們及時行樂，我們需要整個星期、整個月或整年。所有人都在追求，夕陽之下，一杯充滿異國情調的飲料，北歐設計的新廚房，或是在我們多山的北歐買不到的新鞋。

現實情況總是遠遠超過諷刺漫畫。

57 鬆餅

自葛莉塔的體重曲線上升，已經過去一年了。現在她每天都吃一樣的食物，中餐兩個煎餅和飯，她會在課後輔導班用微波爐熱來吃，不加任何醬料或配菜，也不加奶油或果醬。她所吃的食物，一定要純淨，她對口味和氣味非常敏感，晚餐她就吃麵、兩個馬鈴薯跟一顆酪梨。

葛莉塔就是不喜歡嘗試新事物，但她喜歡聞不同的食物。她狀況最糟糕時，可以花好幾個小時，檢查食物庫存，然後聞每一個包裝的味道，如果我們偶爾一次在外面吃飯，她會聞過餐廳的沙拉和早餐自助吧。如果沒有自助吧，她就會找到別的東西聞。

有一天，一位超市售貨員正在提供果醬鮮奶油鬆餅試吃。葛莉塔走向她，並把做好提供試吃的十個迷你鬆餅都聞過一遍。

「你這樣要把全部鬆餅吃掉。」那位售貨員說。我女兒的鼻子都快浸到鮮奶油裡。

聽到售貨員的這句話，葛莉塔全身僵硬。

「她有亞斯伯格症，」我快速地說。「還有選擇性失語症。她只跟最親密的家庭成員說話，她還有飲食失調症，她沒辦法吃這些，但她很喜歡聞食物。」我一邊解釋，一邊盡我所能讓自己聽起來友善一點、充滿歉意，但是那位售貨員的表情沒有變得比較溫和。
「那就得您吃了。」那位女子說。
「請您原諒。這種事不會再有下次了。」
「那就得您吃了。」那位女子又說了一次，這次她很篤定，讓我別無選擇，只能將所有迷你鬆餅配著鮮奶油和果醬塞進嘴裡，葛莉塔站在旁邊等著，與鬆餅女、我，還有其他看得目瞪口呆的路人保持距離。
我們走回家的路上，我看著葛莉塔。
她迴避我的目光。
「怎麼了？」她問。「總可以聞一下吧！」

58 自閉症

「父母不能受到診斷的影響，這一點很重要。過度重視診斷結果的話，問題反而會更嚴重。」

是啊，真是謝謝了。

遠遠早在我們能預見，診斷不過就是診斷之前，我們就得到過這樣的警告。

我們常為此爭論不休，我付出一切，想要把事情深入研究清楚，最好早早開始行動。斯凡特想要慢慢等，給所有事情一點時間。大部分的家庭看來都是如此，跟我們接觸過的心理醫生這樣說。

我們太了解這個自閉症是什麼意思，太貼切了，但是有些時候我們卻又不願意理解，有些時候，這種邏輯只丟給我們一些垃圾。

只是我們某些時候會改變自己來配合診斷結果，因為診斷是對的，而常規是錯的。

59 時鐘倒數著

沒有什麼事是黑白分明，世界很複雜。

總是充滿許多不同的真相，在一個開放的社會中，所有立場都該有機會發聲。

在我們的世界，公平是民主國家的基礎，公平非常重要，除了少數特例的確黑白分明，真相沒有那麼多樣。

像是生或死。

或是介於黑白之間的灰色地帶，正常理智的人都應該能判斷，不應掉入這種危機四伏的陷阱。

氣候問題和永續發展危機其實並非不複雜或特別簡單。

但很多方面來說它黑白分明。

很簡單，我們要不就是守住《巴黎協議》的攝氏二度門檻，避免產生人類再也不能控制的巨大連鎖反應，或者達標失敗。

這個選擇題完全沒有模糊地帶。

此外還有時鐘倒數著，我們要在多少時間內達成二級目標。這個時鐘根據聯合國的官方數字運行，目前在我們寫這篇文章之時，還剩下十八年，一百五十七天，十三小時，三十三分鐘又十六秒。

此時此刻，頂尖的科學家推測守住攝氏兩度的可能性僅有五%。

60 父權結構

碧雅塔不想再上體育課，因為要丟球，球很硬，打到會痛。她不想再上體育課，因為必須要玩遊戲，遊戲都只關乎勝利，而且男孩喜歡玩的遊戲，都會一直在推人跟尖叫。她不了解，如果運動是關乎活動筋骨跟動作功能，為什麼她不能跳舞就好。

碧雅塔也不想上生活科技課，因為她對所有機器都懷有恐懼，她也不想下課時玩牌，因為沒人了解為什麼規則裡國王總是打敗皇后。

「為什麼男孩總比女孩有價值？為什麼大家都為男孩的笑話開懷大笑？為什麼總是只聊那些被看見、被聽見的人呢？而且最後都只有男生被看見，他們說的話大家都會認真聽？」

碧雅塔很想知道，她問我：「媽媽，為什麼事情都是這樣？」

「社會的父權結構。」我回答。

61 藝術不談政治

二〇〇九年，歐洲歌唱大賽決賽前幾小時，同志遊行在莫斯科的街頭舉行。那是明亮美麗的晚春，總彩排即將開始，但我們所有表演者在大廳內透過社交軟體追蹤這則新聞，同時有新聞傳出，俄國警察中斷遊行並逮捕了八十名參加者。

大家都知道這件事，後臺沒有人在談論別的話題。

「這場遊行毀壞社會的道德。」一位政府官員這樣解釋。

我們的觀眾也被暴力拖離大廳，而我應該要支持他們，並宣布我對俄國官員的厭惡。

「俄羅斯，你真該感到羞恥。」我邊說邊想著，一部分觀眾為了基本人權走上街頭而被逮補的時候，我們怎麼能同時表演節目。

我們有辦法這麼做嗎？

然而，只有我跟來自西班牙的代表表示對他們的支持，其他參賽者都有技巧地裝作不知道，或是有技巧地表現出不感興趣的樣子。

「歐洲歌唱大賽上不談政治。」大家口徑一致。好像愛一個人的權利是政治問題。評審讓西班牙墊底，我是倒數第三名。在莫斯科那個陽光閃耀的星期六著實變成最爛的一天。

一切結束以後，在巡演巴士上對瑞典媒體召開的記者會與獨家專訪在等著我，隔天我還得繼續在斯哥德爾摩的皇家歌劇院演唱《灰姑娘》，但我只想回家去，回到有孩子們的家。

「別那麼難過，」大家都說。「忍住別哭，忍到巴士消失在攝影記者的視線範圍之外。」

「不要承認你很失望。」有人補充說。

他們所有對我的要求，我都做到了。我們正處在一個會監禁同性戀的獨裁國家，但這一點當然完全不重要，現在最重要的就是不要表現得像一個輸家。

就是不要哭，不要展現弱點。

62 社群上的勝利

「不要回應，不然你就得花整個晚上的時間對一個機器人生氣，這個機器人還特別被安裝了程式，用來搞瘋像妳這樣的人。」

葛莉塔登入了她的一個動物保護的 Instagram 帳號，用自己最喜歡的論點來砲轟她最喜歡的敵人，包括否認氣候危機的人、科技樂觀主義者，還有特定的純素主義者，他們定期坐飛機旅行，為了要用新的異國菜單來拯救世界。她現在看起來很滿意。

「好了，」她滿意地說，睜大了雙眼。「現在他真的懂了！」

「但你還是不該回應的，」斯凡特說。「這很浪費時間，你寫了什麼？」

「那是一個美國的飛行員，他因為動物的權利而變成純素主義者……好像動物不需要完整的大氣層一樣。」我們的女兒這樣回答。

「他還宣稱，氣候危機出現的原因是因為地球有太多人。」

「喔。你照過去那樣回答嗎？」

「嗯。」葛莉塔回答，臉上帶著冷笑。

她用瑞典語和英語事先預備了一些答案，其中一點談到了人口過剩的問題，這點她常拿來當作支持的論點。

「我們的二氧化碳排放量就是問題所在，不是人口。越有錢的人，排放的二氧化碳越多。如果您覺得人口數應該下降，我們才能省下資源，那您應該要從發起廢除億萬富翁的運動開始著手。您可以將它命名為：謀殺比爾蓋茲，禁止所有老闆、電影明星生小孩！但可能很難讓聯合國通過這樣的決議，因此我建議您先減少自己的二氧化碳排放量，或是幫助貧窮國家的女孩讀書，因為這才是抑制人口過剩最有效的方法。」

「他怎麼回答？」我問。

「什麼都沒回。」葛莉塔說。「等一下……他封鎖我了。」她笑的聲音大到蘿西從沙發上跳起來，開始汪汪叫。

63 人類的傲慢

我們正面臨前所未有的巨大社會變革。

如果要放棄追求經濟永續成長，說得絕對比做得容易，我們受惠於它，它使得大部分的人脫離貧窮與痛苦。我們到現在都還陶醉在成功的童話裡，人類因此遠離饑荒、苦難，甚至上了月球，有二十四小時不間斷的娛樂，還有陽光下的養老院。

三代之內，我們就經歷從苦難到太平盛世，因此表現得如此傲慢和短視。殊不知我們被困在一座孤島，與世隔絕，只有儲備一年糧食，已經在第一個禮拜就把儲量消耗光。

「相信科技，有人會想出辦法的。」大家邊這樣怪聲大叫，邊把垃圾丟到船上的飲用水中，然後為了不要在晚上凍死，所以燒了救生艇。「我們只活一次，及時行樂！」

我們能戰勝貧窮，都要感謝貧富差距縮小、集體解決方案以及逐漸增強的人道主義精神。我們為平等開了一扇門，但同時也將它輕輕關上，為了搶奪資源，貧富差距越來越大，我們被困在宇宙中的孤島。

64 氣候運動是所有問題的解答

「好，就是這樣。」葛莉塔說。春日陽光普照，我們一起在恩加羅島上，努力寫好我們在書裡真正想要講的話。

「女性主義來到門前，它憤怒地跺著腳，想要進門。門雖鎖著，但只要進得來，就可以走下去。緊接著就是人道主義、反種族主義、動保運動、幫助難民的人，還有為了精神疾病、社會貧富不均抗議的人等等，它們站在自己的門口，想要進門。氣候運動有一把適用於任何門的鑰匙，但沒有人想要它的幫助。每一種運動都太過驕傲或是看不見解決方案，因為它們離解決方案實在太近。或是，它根本不想照氣候問題要求的那樣，放棄自己的優先順序。」

「好，」斯凡特說。「你把剛剛說的再一字一字重複一遍，我寫下來。」

65 漂綠潮流

英國分析公司 InfluenceMap 所做的最新調查結果顯示，全球最有影響力遊說組織前五十名中的四十四間正在積極為有效的氣候政策努力抗爭。

我們需要企業解決問題，但不能把所有責任都推給他們，這樣既不適合也沒有正當性。所有企業的主要任務還是獲利，不是拯救世界。

「這兩種目標並不矛盾。」這種宣稱聽起來絕對是錯的。這是在美好的說法與實際行動之間，我們遇到一種稱為漂綠的現象，這是一種商業策略，一些宣示環保、自稱對環境付出努力，實際上卻反其道而行的單位、組織或活動。這種現象，沒人能描述的比娜歐米·克萊因（Naomi Klein）更好，她提到企業專家、航空公司老闆以及億萬富翁理查·布蘭森（Richard Branson），布蘭森連當個救援天使都有利可圖。

大約十五年前，美國前副總統高爾（Al Gore）曾向布蘭森表示，如果他能帶頭做起減碳，必定能引起全球的迴響。

布蘭森在二〇〇七年召開記者會，宣布將在未來十年投資三十億美元用於研究飛機永續燃料的發展。

但這樣不夠。

他甚至招募，只要有人能夠提出技術的解決方案，能夠抽出大氣中的二氧化碳，可以贏得兩千五百萬美金。

那曾經是個超棒的新聞，這個消息曾帶給我們希望，好像暖化的問題最後能夠解決，因為就算這只是從單一一間企業主動開始，那一定也能吸引其他企業加入，更不用說各地的政府單位。

感覺很令人安心，很美好。

有解決的辦法了。

問題在於，布蘭森沒找到真的能永續使用的動力燃料，甚至離目標非常遙遠。生物燃料被視為是最好的解決方案，但生物燃料有缺點，世界上沒有足夠的森林跟耕地提供生物燃料所需的量。雨林早就被砍伐，而且不是所有國家都像瑞典、芬蘭或俄羅斯有大片林地。

此外，生物燃料非常昂貴，還可能有道德衝突，因為耕地本是要拿來做為其他用途，例如：種植食物提供營養給從未坐過飛機的人，這些人可占世界人口八五%到九〇%。

還有，這個投資額不是三十億美元，而是只有兩億三千萬美元。

隔年，布蘭森倒是成立了另外三家航空公司和一級方程式賽車隊，而所謂的有兩千五百萬美金的布蘭森地球獎的得主，到現在都還沒出現。

「綠色飛行」大概就跟川普說的「乾淨的煤[4]」或是所謂的碳捕集與封存（CCS）[5]差不

多。對那些已經對速度失去感覺的企業，這些聽起來很不錯，但事實上這沒辦法及時發揮作用。

同樣也是這些企業宣稱能夠找到一切問題的解決方案，也只是為了要大家繼續只買他們的「綠色」產品。

4 川普依照競選承諾，提倡復興煤業的計畫，市場因為天然氣等其他乾淨能源變便宜而更具吸引力，嚴重打擊煤業。

5 又稱為碳封存或碳收集及儲存等，是指收集從點源污染（如火力發電廠）產生的二氧化碳，將它們運輸至儲存地點並長期與空氣隔離的技術過程。

66

科技不能真正解決氣候變遷

燦爛的冬日，我們在前往結冰的海灣路上。我們為葛莉塔買了一套二手的滑雪板，準備首次啟用它。碧雅塔不想一起來，只想待在市中心的家。碧雅塔喜歡自己占有整個屋子，她可以把房子變成音樂廳，在那排練、表演、唱歌和跳舞。

這樣讓她最自在。

她整理她個人的Youtube頻道資料，只要她準備好，就可以開始。

「最快兩年內，但它本身一定要先夠好才行。」

斯凡特先開車在冰上前行。我跟葛莉塔一人牽著摩西，一人牽著蘿西，牠們正用全力奔跑，我們幾乎沒辦法站穩，我們因為刺激的速度和迎來的風而大笑尖叫著。

我們驅車前往約爾諾（Björnö），颼颼作響的海灣和岩石圍繞著我們，它們被冬日的雪與閃亮的厚冰層層包著。

在海灣前端，我們在陽光下躺在木板橋上，吃著帶來的柳橙。斯凡特削皮，我吃，葛莉塔聞。這對通貝里．恩曼家族來說，是美好的一天。

我們在前方不遠處看到三戶人家，正騎著他們的四輪摩托車，邊教小孩們如何騎他們迷你版的汽油動力摩托車。

每個家庭都有三臺四輪摩托車。

「看吧，」葛莉塔說。「這群人正在跟家人分享他們對摩托車的共同興趣，多好。」

我笑到柳橙果肉從我嘴巴掉出來。

那些孩子最多就六到七歲大，他們的父母應該是那種夏天會教孩子們來回騎著小型水上摩托車，這樣他們就能跟爸爸競賽。

「他們在這裡善用了那些坐公車以及選擇電動車的人所放棄的東西，真好。」葛莉塔微笑地說著，腳在滑雪靴裡扭動。

擁抱科技、買電動車、使用太陽能電池或家用電池，最大的好處就是可以很快看清，科技不能完全解決問題。因為講到減碳，所有科技的解決方案都落後於我們自身習慣的改變。

這些都該做，但在我們等待二氧化碳吸塵器和時光機的出現，我們還需要另外兩樣東西：激進的政策與相對應的法規成立。

因為相對於每一輛電動車增加，可能同時有多了一臺新的水上摩托車；當多了一位開始搭公車的人，也會多了一位開著新款汽油休旅車的人；相應於每個純素者，就有個吃阿根廷進口牛肉的人；可能每多一個放棄飛行的人，就多一個飛去馬德里的新旅程。

消費者的權力對形成廣大的意見有幫助，但這不會是最終的解決方式。

兩年前，我們在車庫中裝了電動汽車充電站，把汽油車換成電動車。我們是將舊車立刻換成電動車的那六十人中的兩人，同時間也有人換了一部新的油電混合車。

從那之後，可以在我們的車庫裡發現一堆新車，在負擔得起的範圍內。

但不是新的電動車。

也不是油電混合。

就像屋頂上放的太陽能板。兩年來，我們一直在讚揚這項新技術，但沒人同意我們的看法，而是在世界上大多數地方狀況都差不多。

解決方案在這，運作得很好。感謝可再生的太陽能與風力，讓我們現在能有機會快速告別石油燃料，一切都在進步，只是在解決方案上的發展太慢了，太過緩慢。

67 真相是用錢就能買到

葛莉塔跟狗狗們坐在廚房的地板上，她用舊梳子平整、有系統地梳著他們的毛。

「我還記得，第一次聽到氣候跟溫室效應這方面的事是什麼情況，」她說。「我還記得，我當時一直覺得這不可能。因為如果這是真的，那怎麼還會有人要談別的話題，但還真的都沒有人談起這件事。」

「妳們會是拯救世界的人。」我對女兒們說。

她皺起鼻子，跟我的父親如出一轍，他就像大家能夠想像得到，那種獨具風格的諷刺漫畫所呈現的亞斯伯格人，只是我父親從沒接受過診斷。葛莉塔與他實在非常相像。

「這跟我們老師說的完全一樣，」葛莉塔回答。「他們說，你們這個世代會拯救世界，你們這一代會在我們之後清理、整頓這一切，然後他們繼續坐飛機出國度假。你們會拯救世界，真是多謝，我們聽到了，但若你們一起幫忙一下，也不算壞吧。」

她站起身跟著摩西走，摩西走了幾公尺後在地毯上舒服地坐下。她補充：「而且媽媽，妳說的不對，像我這樣的人不能拯救世界。因為沒有人會聽像我這樣的人的話。人也許可以掌握知識，但這在今天已經不重要。這點可以從科學家的狀況看出來，沒有人要聽他們的，而且就算有人聽，那也沒有差，因為企業雇用專家，再把他們送去美國某個超級昂貴的媒體培訓，讓他們能夠在新聞媒體上現身，宣稱砍掉所有樹木，殺光所有動物其實都是對的。若科學家反對這樣的說法，也不會有人要聽他們的，企業早就用廣告塞滿半個國家，而真相就只是可以用錢買得到的東西。

「你們製造出一個社會，只有有能力、外表跟金錢的人才能說話大聲。如果你們想要我們拯救世界，那你們要先改變一些事情，因為照現在的情況，那些別人無法理解的人，想法不一樣、有點子的人遲早全都會崩潰，因為他們不是在外面被霸凌，就是乾脆都待在家裡，或是像我一樣，被送到特殊學校，很可惜那裡沒有老師。」

她轉身面向我，並直視我的眼。她幾乎沒這樣做過。

「你常提到，我讓一個大型出版社向我承諾，他們會改寫中學的地理課本，只因為我跟他們說裡面有錯誤，另外一本雜誌也重寫了關於永續發展的文章，但我已經一年沒有上任何自然科學的課程了，因為我們沒有老師。如果你們想要留住這個世界，你們一定要改變，因為照現在的狀況下去，不會有什麼用。」

葛莉塔深吸一口氣，把她的鼻子放在摩西鬆軟的毛上，聞了一下。

68 現在沒有比較好

不到一百年前，人們認為有些國家有權利占領另一個國家是普世的真理。這種想法就像是相信人們應該依照他們的出身、膚色、宗教、性向、經濟背景及性別而有不同價值。很多歧視已經消失，但很多歧視仍然存在，有些不公平的狀況只是改變了樣貌，有些不公平的情況增加了。問題在於，取得重大進步的地區，通常都是以犧牲別的地區為代價，而這些地區通常很難被修復或取代：像是健康、平衡的生物圈和物種多樣性。

69 我們無法歸於塵土

沒有改善的，是大氣層中二氧化碳的排放量。

我們歷史上的致富神話，與造成全球氣候危機的溫室氣體之間有絕對的關係。

我們說因為你本是塵土，仍要歸於塵土。一切都是出於塵土，都要歸於塵土。但有人發現了大量石油，然後歸於塵土一說就終結了。取而代之，我們創建了一個社會，它的核心價就是挖出前世生命的化石遺骸，然後最快的速度在地球高度敏感的大氣層中燒掉它。

我們怎麼燒的呢？

根據猶他大學的研究，生產一公升的汽油需要二十三・五噸的生物質，也就是二十三・五噸的老木材、恐龍以及數千年的歷史都只是為了讓一臺 Volvo 可以跑個幾公里。

關於現代社會跟這個我們賴以生存的地球之間的契約，還有很多可說的。

這個契約可沒保證能持續到永遠。

70 雙手覆蓋治療

地球病得越來越嚴重，我們必須快速採取全面的醫療措施，需要緊急治療。但我們卻決定在情況最危機的時候，用古老傳統的治療方式處理，像是祈禱健康，或是雙手覆蓋治療。

沒看到任何疾病的徵象。

這有點像放棄做緊急手術，然後等著未來某天是否會有一個適合的診療方式出現。

71 倫敦

攝政街上哈姆雷斯玩具店的四樓，有一群約八歲的英國小學生臨時組成合唱團，圍繞在卡拉OK機前。

他們在唱紅髮艾德的歌。

「我愛上了你的身體，我愛上了你的身形。」

碧雅塔跟斯凡特在倫敦，碧雅塔要兌現去年聖誕節的禮物，參加她心愛的偶像混合甜心於倫敦千禧巨蛋舉辦的演唱會。

不過，我們買了這項禮物之後的一年以來，斯凡特也改變了自己的習慣。

他也不坐飛機了，跟我一樣。

一開始我們還在想，若我們做父母的之中有一個人能保留跳上飛機的權利，以應變緊急情況，可能會比較好。

但斯凡特讀了詹姆斯・漢森（James E. Hansen）的書《我的孫輩將面臨的風暴》（*Storms of my Grandchildren*），詹姆斯・漢森於一九八一到二〇一三年於太空總署戈達德太空研究所擔任主任。斯凡特接著又看了其他二十本書，從此以後，購物、飛行跟肉品消費對斯凡特來說都成為歷史。

到倫敦的短途旅行本來只需要幾百克朗，結果變成明顯花費更多、時間更長的冒險。碧雅塔的聖誕禮物，因而變成一種道德上的惡性通貨膨脹，但是人要信守承諾。

還好我們的小女兒不反對變成保護氣候的先驅，坐了五天的電動車，聽著調到最大聲的混合甜心，穿越歐洲。

在哈姆雷斯玩具店，碧雅塔買了一隻狐狸當作葛莉塔的聖誕禮物，然後他們一起散步走過裝飾著聖誕節天使燈的街道，直到塞爾福里奇百貨公司對面的 HMV 唱片行，斯凡特幫碧雅塔在牛津街拍了張照片，傳回來給我們看。

一個小時後，我在手機看到兩則新聞，碧雅塔在牛津街的照片和緊急新聞：牛津街發生恐怖攻擊。

我嚇得立即打過去，還好他們馬上就接了。他們正在回旅館的路上，旅館離牛津廣場很遠，於是我可以正常呼吸了。之後一小時，各家電視臺都是特別報導和直播連線，幾分鐘後，世界靜止不動，大家專注地聽，認真地看，一切陷入混亂，沒有人知道發生什麼事，大家屏息以待。

事實證明是虛驚一場，現在聖誕節生意可以繼續做了。這個世界從容地向前行，消費直到昏迷。

第二天早上，碧雅塔待在飯店房間裡。唱歌跟跳舞比探索外面的世界更刺激，世界上沒有別的城市可以跟唱歌跳舞比。能夠自己獨自一人，碧雅塔非常滿意，斯凡特則利用這一天沿著停滿豪華遊艇的聖凱薩琳碼頭散步。

他看到那裡的私人遊艇掛著像是「沙錢」（Sand Dollar）這類的名字，每一艘都很大，可以直接用來當洲際航運的船。

他經過造船廠和泰晤士河港，一天的所有事都從這裡開始，這裡有貿易公司，有船隻靠岸，卸下貨物，這裡就是心臟，斯凡特想。

大英帝國建造的貿易商品為工業革命奠定了基礎，以不自然的速度引起溫室效應。諾貝爾化學獎得主斯凡特．阿瑞尼斯（Svante Arrhenius）發現那種溫室效應，他本身也是通貝里家族的人，斯凡特的名字就是來自於斯凡特．阿瑞尼斯。

斯凡特邊散步，邊用手機閱讀他的祖先斯凡特．阿瑞尼斯於一八九六年出版的《大氣中的二氧化碳濃度對地球表面溫度之影響》中對氣溫升高的計算，過了一百二十二年，仍符合我們今天所知道的一切。幾乎非常符合我們的資料，只有時間是該死的超前。

根據阿瑞尼斯的計算，大氣層中的二氧化碳含量要到達我們目前的水準，需要兩千年，他當然不會知道，未來的世代會濫用這種石化燃料，石化燃料真該永遠留在地底。

斯凡特散步了好幾個小時，他的周圍有來自世界各地的觀光客，小孩、年輕人、老人、窮人、富人，有著各種背景的人物於秋日的陽光中漫步穿過塔。觀光船上飄來混合烤杏仁和柴油的淡淡氣味，散布在稍嫌太暖的十一月。有些觀光客年紀大到幾乎無法自行走路，有些人則拄著拐杖蹣跚前行。

一位來自澳洲的女子帶著她顯然患有痴呆症的老公，指著城牆上的溜冰場，場上有幾位戴著聖誕老人帽的巴西觀光客，在氣溫十八度的冰面上跌跌撞撞。

La dolce vita、甜美的生活、人生只有一次、享受它！

斯凡特坐在倫敦鐵橋旁綠葉成蔭的樹下，都要聖誕節了。他夢想著一場對抗氣候暖化運動，這場運動尚不存在，也還沒辦法開始，因為在這次的旅行中，這個運動才慢慢在醞釀。他買了一杯特濃義式濃縮咖啡，吃了一塊葛莉塔為他打包的番紅花麵包捲，用手機支付電費給瑞典大瀑布電力公司（Vattenfall）。

這間國營的電力公司去年將其褐煤部門賣給捷克的企業集團，這間集團認為會有一場煤炭的復興。這間電力公司從哥倫比亞一間涉嫌犯罪的煤礦企業，進口上百萬噸的石煤到北歐，然後在骯髒的煤炭發電廠當作燃料燒盡。這間電力公司在二百五十家排放二氧化碳最多的企業中排一百一十二名，這些企業加起來的溫室氣體排放量超過全世界總體溫室氣體排放量三〇％。

這間電力公司起訴德國，要求近五十億元的賠償，因為德國在福島核災之後首先放棄核能。這間電力公司的董事會副主席，當選為瑞典氣候政策委員主席。

斯凡特在陽光下脫掉開襟毛衣，今天的氣溫適合穿 T 恤，人造草皮上有鳥在快活地鳴唱。

3

生命非兒戲

如果生命非兒戲，一切我們所作所為都有其意義，
我們該如何是好？
我經過書報攤，看見頭條寫著謀殺與名人派對，
乞討禁令與新出爐的黨主席們提出的倡議。
我想像著，我們都坐在同一臺車上，
面向石牆急馳而去，這時我們正在為車上廣播的音樂爭吵。

——史蒂芬．桑德史篤姆（Stefan Sundström），瑞典歌手

72

人類最需要的不是希望

碧雅塔看到地鐵的廣告看板出現混合甜心的名字時，她馬上流下了眼淚。

當混合甜心的成員從倫敦千禧巨蛋舞臺的四個角落登場時，她跟斯凡特都在大喊大叫，但沒人比碧雅塔叫得更大聲，哭得更厲害。世界上沒有任何粉絲會像她那樣投入地唱著每一個音、每一句歌詞。

演唱會結束後，兩人坐上車，朝著隧道和法國加萊的方向行駛，然後開始一段返家的漫漫長路。碧雅塔不累，她坐在後座吃餅乾，用最大的音量聽偶像的所有專輯。只要是混合甜心，就不算是噪音敏感，她就要這麼大聲。

晚上，她用電腦看了《六人行》，然後自己睡旅館單人房，周圍的混亂並不使她崩潰，因為這是按照她的要求進行的。她享受這所有的一切，她狀況很好。快到荷蘭的恩荷芬時，手機響了，一家出版社想知道，我跟斯凡特想不想做一本關於氣候的書，一本思想開放，充滿希望的書，最好能便宜一點，這樣讀者才能負擔得起。這間出版社解釋，我們在書裡的角色應該要是什麼樣子，出版關於氣候的書，至關重要的就是能否吸引到大量的讀者。

「希望能吸引大量的讀者，然後喚起希望。」

「嗯嗯嗯，」斯凡特答覆著，葛莉塔的話在他耳邊響起，一趟飛行可以把做了二十年的垃圾分類的努力直接歸零。「但以目前的情況來說，我們對於作一本喚起希望的書不太感興趣，也不會是在這個時候還要講的那種希望。」

「您的意思是？」

「我們不相信在這種情況下，人們最需要的會是希望，這只會叫人繼續別過頭去。若我們要寫一本關於氣候危機的書，那我們最要傳達的，就是現在面臨嚴重的危機，而且要解釋危機的來源是什麼，給予希望非常重要，但希望不能太快給。如果你的房子著火了，你不會坐在廚房桌子邊，向家人解釋以後重新裝潢廚房，會有多美麗。當房子正陷入火海，我們會做的就是叫醒所有在家的人，然後奔向大門。」

「當然當然，但我認為，人們需要希望。」出版商說。「您知道只要調節所有汽車的輪胎壓力，我們就能省下十萬噸的二氧化碳嗎？」

「知道，」斯凡特回答。「但這不是我們關注的重點。當人們覺得，簡單的事情就可以發生很大的改變，那結論就會變成，我們不需要改變生活。控制正確的胎壓是一件好事，但它就像灑在熱石頭上的幾滴水，只要我們稍微轉移氣候問題的焦點，事情就完了。」

「但如果大家認為事情已經完了，他們就會直接放棄。」

「我不覺得，」斯凡特說。「只要他們接受到正確的資訊，知道『完了』真正代表的意思，他們就不會放棄。但他們不懂，大部分的人也不知道急速惡化的溫室效應是什麼，也不知道我們離基準有多近，超過基準，惡化的氣候現象就會失去控制。」

「但有心理醫生說，這只會讓我們抗拒，反而造成心理防護機制。」

「嗯，但這種說法跟有些心理醫生的宣稱相反，那到底該怎麼選擇？」斯凡特繼續說。「說謊嗎？給予錯誤的期待？我們是否希望人類以這種方式改變他們的態度？我跟瑪蓮娜不做這樣的事，不是因為我們不喜歡人類。正好相反，我們做這些事，是因為我們愛人類，我們相信人類。」

「那您跟鄰居交談時，您都怎麼說？」出版商想知道。

「我不跟鄰居聊天，我甚至快無法跟朋友或父母聊天了。」

出版商說，他晚點會回撥，但他當然沒再打來。

傍晚，斯凡特在德國漢堡南邊的一家麥當勞排隊時，他用很破的德文跟一位男子聊天，說他從倫敦開電動車回斯德哥爾摩，因為他不坐飛機了，他說是為了氣候問題。雖然那位男子聽了他說的話，但仍然不能理解，之後在風雨中的停車場，斯凡特十五年來第二次哭，哭得又慘又久。

因為那裡有無數輛大卡車、高速公路和 BMW，他意識到，我們買多少電動車都不重要。我們無論在屋頂上裝多少太陽能板，如何互相鼓舞激勵彼此，這些都沒有用。我們選擇留在地面，放棄飛行的特權這些都沒用，因為我們需要的是一場革命。一場人類史上最大的革命，我們現在就需要它。

無論看向哪，都看不見一個人。

斯凡特站在那裡整整五分鐘，直到他發現，沒人能夠帶著放棄的念頭活著，而且站在德國加油站的停車場哭對事情沒有幫助。

他只能繼續前駛，經過日德蘭半島，經過馬爾默，向著日出。

73 我熱愛混亂

我愛混亂。

我愛一切別人想像不到、不可能的事物。翻跟斗、倒立走路或是倒掛綁著繩索擺盪在舞臺上。邊做伏立挺身，邊唱連站直都很難挑戰的詠嘆調。

無論是電視直播前停電，總彩排取消，或是要我臨時表演，我都能發揮到最好。臨時替別人上場，三小時後直接唱一個我八年沒表演過的角色，演出還會在瑞典全國的戲院直播。若有人生病，我可以趕坐下一班飛機飛到倫敦代班，直接在兩千人面前開唱，更別說下飛機前才剛拿到樂譜，坐上計程車在往巴比肯藝術中心的路上研讀。

我愛混亂。

只要是我的混亂，我就能做得很好。混亂的情況下，我的表現最出色。

直到四十五歲，我才知道我有注意力不足過動症。

在那之前，我從沒去檢查過，我認為沒必要。

因為我擁有大家常說的超能力，大家一直重複強調超能力，但它只會發生在少數人身上，因為並非所有人都能如此幸運。

我可以一次聽出交響樂裡的所有樂器，我聽到一個音，就能在眼前看見它。

我很幸運，在小時候，周圍的人便知道，為我找到適合的環境很重要。環境要適合我的天賦跟特質，讓我能全心投入在我喜歡的事物裡。

我小時候很害羞，我因為結巴，在小學和中學時接受語言治療。

「你又要去接受語、語、語言治療嗎？」我在課堂上被叫出去時，班上的男生拿我開玩笑，因為我沒辦法講出母音開頭的句子，我要花大量的精力才有辦法跟別人講話，所以我寧可沉默。

只有唱歌時，一切都輕而易舉，自然而然。

唱歌是我的救贖，是我在世界上的位置，在那裡，我感到很安全。在那裡，沒有極限。在那裡，我可以一天花上十四、十五小時唱歌，聽音樂並且把每個聲音、音調、聲響都記下來。

在那裡，我可以成就一切。

直到今天，我仍擁有這個空間，一種用肌肉記憶的感覺，一種幸運的感覺，只屬於我的幸運。

我唱歌時，一切都好。

74 無知是經濟成長的條件

我們對氣候與永續發展危機的無知，已經成為世界上最豐富的資源之一，無知是成長中的經濟基本必備條件，無知是新的貨幣。

一旦我們能全面理解永續發展危機的緊急狀況，就會開始重新思考現在的生活方式，然後退後幾步，但這些在經濟上無法獲益，因為經濟要成長就是靠我們為汽車、飛機加滿油，然後盡量快速地製造跟消費。

經濟成長與二氧化碳排放量增加的關係，以及喪失生態多樣性的問題都再清楚不過。但這種知識沒有進到我們的意識裡，完蛋了。

我們對環境的無知在這段期間是促進經濟的「無價之寶」，在媒體、廣告、我們的價值觀和習慣之中凝聚，我們沒辦法將真正重要的事物與其他真正傷害我們的事情區分開來，所以我們就繼續照舊。

但是這些問題不會自己解決，修復問題的代價越來越高。

75 等待王發令的群聚動物

「氣候變遷是人類最大的威脅。」聯合國祕書長安東尼歐．古特瑞斯（António Guterres）於二〇一八年四月解釋。

世界處在越來越不穩定的狀態，且朝著所謂的臨界點前進。我們就快到達隱形的界線。研究早就清楚向我們顯示，全球暖化帶來的災難性變化對於所有物種的意義。森林砍伐、農業工業化，過度捕撈以及海水酸化都會導致生物多樣性消失。

但我們活在這樣的一個時代，賣掉特定數量的車能夠保證美好的未來，航班延誤的頭條比氣候變遷致死的數千條人命篇幅還多；我們活在這樣的一個時代，人們認為只要泡茶葉代替茶包就算是幫環境盡了一份心力。

我曾經讀過，只要在起飛或降落時把飛機上的窗戶拉下來，就可以減少冷氣消耗的燃料。在旅館，只要重複使用毛巾，減少旅館洗毛巾的頻率就能「拯救世界」。

「我們不能一直處理負面或讓人沮喪的新聞。不然遲早會心理壓抑，我們需要新的、正向的故事。」有發言權的人會這樣說，但我想知道，哪些舊聞是真的所有人都知道的。

說實在，我認識的人中，沒有人對於永續發展危機有足夠的認識。幾乎沒有人知道什麼是氣候變遷的強迫與回饋，也幾乎沒人能解釋南極冰層下面變化的洋流如何加速融化過程。大家都對亞馬遜森林濫伐感到憤怒，卻不去想，另一個角落的北部森林帶將面臨什麼問題。跟我們聊天的人之中，沒有人聽過「新盤古大陸」，也沒人聽過在蘇黎世及溫哥華的兩間公司，在發展消除大氣層中二氧化碳的科技上取得極大的進展。非常有可能，在我們認識的人之中，沒有人對這種公司的商業模式進行研究，他們只要拿出計算機快速算一下，就可以知道時間非常緊迫。

簡而言之，我們周遭多數的人都不了解氣候危機，而且也不能怪他們，畢竟連跟我們交談過的做永續發展相關人士也都沒有太多這方面的知識。

事實就是，我們缺乏必要的知識，無法意識氣候危機始於我們的一般生活方式。

三、四年前，我自己也對氣候變遷一無所知。我那時當然有點擔心，想著我們一定消耗了大量的地球資源。我時不時會在報上讀到環境會因為什麼還有什麼遭到破壞，但每次都有人會跳出來以相反的立場反駁回去。當然，最令人放心的是新聞媒體總能以專業，將所有對生態問題的擔憂一掃而空。

到處都充斥著快樂的訊息：我們的問題有解決方法了！繼續照舊就行！

有一次，我開始閱讀關於空中交通的文章。顯然，飛行特別有害，因為飛機會在大氣層中較高的位置直接排放二氧化碳，但是國家航空交通管制局和瑞典國營機場建設公司對此一句話都沒說過。

相反地，他們的網站中有控制塔臺被鬱金香花海包圍的照片，穿插「綠色新思路」這種同樣絢麗的說法。

哪裡都一樣，有人說，現在引起擔憂的問題，科技都會解決，說得好像全球暖化是原因，而非是人類過度消費、缺乏永續發展觀念而產生的症狀。

但我仍充滿信心。

只要媒體與政治人物沒有警告我們出事了，就是一切平安。

之後就出現葛莉塔的危機，然後是碧雅塔，我們跌入一個自己也不知道的空間。

「我們需要一個新故事。」這種想法對我來說已經越來越陌生，講得好像每個人看過環保紀錄片《洪水來臨前》（*Before the Flood*）後，就會去找研究報導跟氣候部落格文章來讀。好像大家都會定期參加氣候變遷的演講，研究《衛報》文章，好像大家都明白永續發展危機的影響。

「我們無法承受壞消息，人們需要正面思考，不然整天都在聽壞消息會崩潰。」有錢、有發言權的人都這樣說，但是這不是事實。我們無法消滅從來都不知道的事情，也無法忽略根本沒報過的新聞。

如果你的孩子已經要越過柵欄，向危險跑去，你不會需要什麼「正面思考」，你驅散不了危機，就得開發自己的超能力，所有心思都專注在救孩子這件事上。

現在，人類正在接近隱形的界線，只要越過那條線，就無法回頭。我們現在做的事，很快就沒有彌補的可能性，真正意識到情況嚴重性的人，會想辦法警告別人。

但我們是群聚動物，只要狼王不發出信號，告訴我們正處於危機之中，很少有人會知道情況到底如何。我們只能等著狼王下令停止，帶領大家繞過危險，到安全的地方。

76 唱歌救了我的命

「我們該拿妳怎麼辦？」我的歌劇老師們在畢業公演前這樣說。

「我們真的不知道，你之後該去哪裡。」大學校長附和他們。他們的語氣中不帶一點諷刺或鼓勵的成分，講得像是我做錯事一樣。好像他們對我很感冒。

當時我同時修兩個學位：音樂學院的專業文憑和歌劇學院的研修課程。另外，我在古斯塔夫・余韋斯特（Gustaf Sjökvist）帶領的廣播合唱團擔任全職團員，也在奧斯卡戲院擔任《大鼻子情聖》（*Cyrano de Bergerac*）的舞者及女主角候補。

我的學貸已經快用完了，因此我急需賺錢。但這也不是問題，因為我從工作中得到很多樂趣，從一個工作換到另一個工作正好符合我急躁的個性，而且我還從中學到很多東西。

我唱歌、睡覺、跳舞，把所有事情都攬下來做。唯一找不到時間做的，也許就是跟其他歌劇課程的同學一起出去玩、參加派對，而這本來會是我的遺憾。但那沒關係，甚至這樣也不錯，因為我最後找到了能符合我個性的地方。

有一天，我去上歌劇學院開設的基礎課。

「啊！」我們的老師菲莉帕看見我進門，就說：「嗯，這不是我的意思，但其他的學生想要跟你談談，事關緊要。」

我好像被定罪，罪名是不合群，因為我認為自己比別人都更出色，我被這樣指責。但我不是這樣的人。我當時甚至覺得自己沒什麼用。

走自己的路，代價就是我必須馬上做出以前沒學過的事，像是不要做出人意表的事，不然就會有人以此責備你，這讓我深感難過。

我對這一切開始退縮，縮進我的公寓裡。我在那裡找到了能夠抵抗恐懼和擔憂的方法，我只需要把足夠的食物塞進肚裡，再用手指塞進喉嚨裡就好，然後我感覺像重獲新生。吐完後，我打結的胃就鬆開，有時候胃會這樣打結好幾天。

暴食症是會危及生命的疾病，這種做法當然不是解決問題的好辦法，但我找不到別的方法來得到平靜。

當時只有一個麻煩：吐完後，沒有辦法唱歌。

這個麻煩拯救了我，因為不能唱歌，我活不下去。

我必須選擇。

我選擇了唱歌，唱歌救了我的命。

77 一切都是為男孩設計

二〇一七年五月初，我參加了主治醫生斯萬妮・克普的演講。她的研究領域是神經科學與心理學，被視為是兒童青少年心理問題的世界先驅。原因在於，克普的研究對象極其特別：女孩。

演講廳裡，除了我跟我的朋友加布里列拉，還坐著斯德哥爾摩兒童青少年保健服務局，以及兒童青少年心理診所等上百名研究人員，這些都是專業聽眾。

加布里列拉的處境跟我一樣，這也許是為什麼她是這段期間我唯一接觸的外人，她有個生病的女兒，所以常處於崩潰邊緣。

加布里列拉非常堅強，像母獅一樣戰鬥著，只是心智最強壯的人有一天也會崩潰，因為他們一直處在極限，總有一天會燃燒殆盡，然後熄滅。我們女人在令人精疲力竭的紀律這點上，比男人們還要強。

在克普的研究與臨床之中發現，當我們使用兒童或青少年這類術語時，女孩常被忽略：「幸，也不幸。我們必須在這裡區分男孩與女孩，青少年與青少女。他們生活在不同的條件底下，看起來不一樣，因為當我們談到兒童與青少年，通常指的是男孩。」克普開始演講，她所說的，直接說中了我跟加布里列拉的情況，斯萬妮．克普切中要害。

「很少有女孩得到過動症和自閉症的確診。我總會碰到一些應該可以明確診斷的案例，然後我問自己：『這怎麼可能？如果這是過動症，那些專家怎麼會說是青春期問題或反應性依戀障礙？』」

一個女科學家揭露兒童與青少年精神病學中，結構性存在性別平等缺陷，這件事可能對很多人來說十分挑釁，馬上就有人站起來，離開了演講廳，其他人則是嘆氣或發出抱怨聲，我不由得想到我曾讀過：「如果你習慣特權，你會感覺平等跟受壓迫沒有差別。」

另一方面，我跟加布里列拉覺得像是在參加我們最愛樂團的演唱會。

「我覺得，我已經被圈粉了。」加布里列拉小聲地說，而我完全同意她的看法。克普公開地說，跟男孩相比，女孩常處於劣勢。男孩較常被注意到，也因而能從已經稀少的資源中，得到教育輔導或特殊教育學校資源。

「因此男孩能較早得到支持，」克普繼續說。「女孩的問題通常要到青春期才被發現，到那時她們已經不想要任何人的協助，她們只想跟同儕一樣。但同時間，她們還得爭取已剩不多的資源。而父母也需要專業協助。」

克普喝了一口放在講臺上的開水。

「女孩早上不願意起床怎麼辦？你能把一個十四歲的女孩從床上抓下來，然後拖去學校嗎？當然不行。那怎麼辦？她不做功課時，你又要怎麼反應？怎麼處理衝突？容易激動？逃避問題？雜亂無章？我們怎麼克服這些日常可能發生的情況？這已經不是兒戲。」

休息時間，我給加布里列拉看一篇我最近發現的文章，是一項關於過動症兒童的研究。兒童是指六十四個兒童，全都是男孩。這很清楚，二〇一八年性別平等在對兒童所做的科學研究中一點都不重要。

心理問題的診療不容易，不管我們已經聽了多少資訊，看了多少文章。

實在太困難了，尤其是對女孩來說，為何女孩要適應為男孩而設計的模板？不久以前，人們還很難想像，女孩也可能會有亞斯伯格與過動症。

不管是那些標準、用藥和資訊，大多數心理學的診斷都還是為男孩量身設計。這些都是從男孩的狀況得知，只適用於男孩，並提供給男孩。

診斷結果是因人而異，所以每個診斷都不一樣，偏偏大多數會找醫療專業求助，通常是他們的行為打擾到他人，女孩本來就容易壓抑情緒，根本不視為任何病症，也因此除了家人外，女孩子不被看見，不被聽見，也通常得不到幫助。

然而，有多少父母有能力深入解決每一個問題？有多少父母會決定花三到四年，研究兒童與青少年心理問題，只為了讓他們的孩子能夠得到醫院的一個診斷書，證明自己的孩子患有被他們視為殘障的精神疾病？

如今，大部分的父母都很了解這些事情，因為他們直接從網路得到相關研究的資料。但是兒童與青少年心理問題研究發展的速度極快，以致實踐方面有時就落後。這樣的鴻溝變成了兒童的災難。尤其是對女孩的影響。

有些女孩因為長期非自願曠課而陷入困境，這也預示著她可能一輩子都得當個邊緣人。有些女孩尚未被診斷出像是亞斯伯格或過動症之類的問題，因此游移在危險區，她們可能會有飲食失調症、強迫症或是自殘行為。

來自世界各地的許多研究顯示，過動症與毒癮及犯罪的風險增加有關，而且就算過動症與飲食失調症的關係是還很新的研究領域，仍有確切的跡象表明它的存在。

當第一次有女孩被診斷出精神問題時，大部分的人反應卻喊著：「什麼？是不是大家突然都有病了？」這種反應聽起來很荒謬。如果是發生在男孩身上，這種無知的評論當然不會出現。男孩通常能得到幫助，還有他們的父母必須處在聚光燈帶來的黑暗面，例如：他們特有的「行為」會被公開嘲笑，那些嘲笑甚至來自學校職員或其他家長，或者來自那種喜歡標題大意是「脫下帽子，放尊重一點！」的讀者，好像他們知道應該如何面對這種行為一樣。

但是研究顯示完全不同。

克普在演講的最後：「我除了研究被診斷出自閉症譜系障礙、過動症以及妥瑞症的女孩，也研究了健康的女孩，而且發現她們的家庭是完全不同的面貌。很難想像兩者之間的差異有多大，而這些家庭、這些女孩面對這些問題又承受了多大的壓力。」

演講廳裡一片安靜，除了有幾個人小聲地清喉嚨，有些人則在翻他們的筆記。

「這些家庭的離婚率明顯較高。尤其是母親處於壓力狀態……是的，完全站不住腳的是……因為……因為我們沒辦法直接解決這些家庭的問題。我們幸福之國瑞典可沒有那麼理想。這麼多年來，母親必須要承受龐大的壓力，而且還要跟無知的官僚打交道。」

我們離開演講廳時，加布里列拉談到一些十歲孩子精神崩潰的例子，聽起來像是很爛的社會達爾文主義式笑話。但我自己親眼看過他們後，我知道真的有這樣的孩子存在，加布里列拉還談到一個有亞斯伯格症狀的女孩，她連續兩年不願離開床，之後變得無法再走路，因為她的阿基里斯腱變短了。

誰來給這些人發言權？我心想。誰能大聲呼叫，讓所有人都停下來傾聽？

我知道沒有人能做到，沒有幫助，就做不到。

78

商機充斥的社會

我於一九七〇年代在一個工人區小村莊長大，那裡是人民之家的豪華版本，當我看到那裡的小孩在三十五年後長大成人的模樣，我心想我本來可能會迷失。

那種速度、那種音量、那種刺激、那種對利潤與結果的執著滲透進整個社會。藝術學校為了節省成本，把一對一的課程改為集體課程，這樣就可以排除那些跟不上團體的孩子。有很多人本來可以將他們的特質轉為創造力和自信心，但是相反地，他們被迫扮演局外人的角色。

又一個商機無限的「失敗」。

79 全球暖化是假議題？

美國太空總署於一九六〇年代成立了分支機構，這間分支機構設在曼哈頓的破舊辦公室，位於一間美式餐廳的上方，這間美式餐廳因為情境喜劇《歡樂單身派對》而成為經典。在這個分支機構中，研究一種名叫溫室效應的現象。

詹姆斯．漢森在大約三十年前，於美國國會解釋了為什麼全球暖化不是神話故事。「有九九％的可能性，全球暖化不是因為氣溫自然變化，而是因為人為排放的二氧化碳及其他溫室氣體造成的。」漢森於一九八八年六月二十三日說。

但是除了氣候與環境保護者以外，有誰聽到漢森的話？我們之中有多少人了解，他和其他無數的研究者的研究成果？

如果我們不輕看氣候問題，漢森現在早就世界知名，就像每一個諾貝爾獎幾乎都多少跟永續發展危機有關。

但事情就不是這樣發展。

雖然漢森的預測已經用精確方式證實無誤，他在那之後還是被當成喪家犬，被所有在位總統忽略、抵擋。此外，漢斯還是一個猛烈的批評家，他認為《巴黎協議》注定會失敗。

「真正在虛張聲勢的就是這些政客，他們還說要盡一份力。」這位哥倫比亞大學名譽教授如此說。

他是對的。

自他在美國國會發表演說，二氧化碳的排放量絲毫沒有減少。相反地，它增加了六八%，儘管有再生能源，儘管有新蓋的太陽能及風力發電設備，現在使用的石化燃料比起一九八八年更多，我們繼續朝錯誤的方向發展。

80 正視危機，我們才會改變

#MeToo 運動在媒體上成為熱議，這是女權主義一直以來夢寐以求的目標，現在有了開始。

幾十年來一直努力被聽見的聲音，突然找到了聽眾，至少有人開始了解這件事，就是一個小小的奇蹟。

奇蹟其實不是奇蹟，而是媒體決定的結果。

只要媒體決定推動話題，一切都會改變，#MeToo 運動就是最好的證明。

因此環保主義者也祈求能在氣候問題上產生類似的效應，不需要事前再三呼籲，或努力一百三十年只為了達到一丁點進步。

我們沒有時間。

時間緊迫，短短兩年內，一定要有革命性的改變全面展開。

「劇烈的改變有其必要，我們缺乏這點認知。」環境回復力研究人員約翰・羅克斯特倫（Johan Rockström）這樣說。

我們處在前所未有的危機之中，有很多相關報告，但報導卻少之又少。

根據民調機構 SIFO 的調查，二〇一六年環境保護是媒體報導最少的政治話題之一。儘管實際上每年哥德堡 SOM 研究機構的年度報告一再表明，沒有任何話題能比氣候變遷更令瑞典人不安。

媒體對待氣候與永續發展問題的方式是唯一的失敗，人類命運的問題充其量只出現在部份文章、評論和報告中，同時報紙和新聞平臺充斥著旅遊報導、購物指南和賽車新聞。若在廣播或電視上針對這個議題進行辯論，只會變成大家在字面上互相反駁。

氣候變遷議題不會出現在真正的頭條新聞上。就像不會有相關的特別報導、緊急會議、教育活動。

有一個說法是「經濟先於生態」。危機不被當作危機，而要視為建立「綠色經濟」的機會，這就是我們拯救世界的計畫。策略是阻止會打開人們眼界的呼籲警告，讓這些警告變得不合時宜：什麼？真的有氣候危機嗎？我完全不知道耶。哎呀，如果是這樣，這些應該都很容易做到吧！如果《巴黎協議》對我來說只有限制，我還寧可要金星那種大規模溫室效應，海平面上升六十五公尺、物種大滅絕、紫色酸飽和的海洋，及其他類似的東西。

大概就像這樣。

新聞媒體不可以嚇人、指責別人或將血淋淋的事實攤在大家面前，否則我們就會停止那些原本已著手超級無敵棒的氣候危機解決方案。嗯，你們已經知道，讓二氧化碳量在大氣層中增加的那些東西，增長速度比地球歷史上最大的物種滅絕速度還快了十倍，所以我們一定要有個又新、又正向的故事，這樣就可以讓大家在臉書上按讚。

但你們知道嗎？

新的故事早就出現了！它聽起來是如此地正面，連天使都在天上歡唱喜樂的歌聲，還翻了跟斗，我們早就有氣候問題的解決方案！

我們甚至知道解決方法如何發揮效用，而且這些方法好到能夠一口氣解決世界上所有的問題，像是不斷擴大的階級差異、精神疾病以及性別歧視。

但解決方案有個但書，它需要根本性的改變，有些人得犧牲，例如對二氧化碳排放苛極重的稅，要將減少二氧化碳排放量視為第一要務。

我們開始種樹，讓大多數能抵銷二氧化碳的現有森林保持原樣。森林是我們的救星，這也是為什麼我們要給予它們應得的尊重。

我們降低生活的速度，開始把格局縮小、多為大眾著想，從在地開始著手，地方民主到社區能源、營養產品。

我們要一起努力，因為集體的問題要一起解決。

全世界每年在石化能源補貼數十億元，這些錢大可用在風力與太陽能發電設施上，補貼的金額甚至應該要翻倍。

只要我們願意，我們就能做到。

但我們一定得有所為，例如直接採用現今已有的技術，而不是等著更好卻來不及的發明。我們一定要澈底改變習慣，絕大多數的人都該從生態保護的角度上退後幾步。

那些製造問題的公司必須負起責任，他們知道代價多高，卻還是寧可破壞生態系統與氣候來獲利。

我們不是製造問題的人，不是我們每一個人都是共犯，但確保後代的生存條件是我們共同的責任，他們的未來就在我們手中。

你相信科技會拯救我們人類嗎？請想像一下自己站在滑雪跳臺往上看！你會看到二氧化碳排放量的曲線多陡峭，這應該拿來裝飾在每日各家新聞的頭版，我們還必須馬上將排放量降到零淨值。

我們的命運掌握在媒體的手中。沒有人能像媒體那樣，在我們所剩不多的時間內能觸及到那麼多的人。

只有將危機視作危機，我們才能解決它。

出過意外的人，都明白我的意思。

在危機之中，我們會激發腎上腺素，我們能把車舉起來、擔起任務、救人性命，如果有人在人行道跌倒，就會有人衝過去幫忙。

在危機中，我們的習慣跟行為會改變。

在危機中，我們都有能力。

我們大部分的人能過上更好的生活，只要放慢生活速度並實現在地生活，知道這樣可以讓孩子有機會發明、找到我們想不到的解決方案。

我們大部分的人能過上更好的生活，只要我們不要老是往大城市跑，老是在坐飛機、度假、或去什麼別的地方。

我們移動得越慢，世界就越大。

所有人都能過上更好的生活，只要我們活在一個以永續發展為最高原則的社會。

81 空話

二〇一八年七月，競選活動開始了。

突然間，所有政治人物都在談論氣候變遷，可能是沒辦法再繼續迴避這個話題。數個月來的高溫和乾旱應驗了氣候專家數十年來一直在警告我們的事情：採收不到東西，地下水乾涸。

森林與沼澤、從北部的耶利瓦勒（Gällivare）和約克莫克（Jokkmokk）的森林與沼澤到南邊的旱田，瑞典著火了。氣候危機報導在媒體上湧現，短短幾天之後，我們逐漸明白，整個國家有六分之一位在北極圈中，在北極地帶最能感受到氣候變遷的威力，地球只要上升一度，危機就來了，我們全都在最前線。

但我們的國家領袖不想討論這件事，幾乎沒有人對於此事的原因跟結果發表過隻字片語。政治人物最關心的只有贏得選戰，而誰想贏得選戰，就不該說出事情的真實情況，想贏得選戰，就要說人們想聽的話。

「氣候是我們時代最關鍵的問題。」一聽起來是順帶一提，提出的分析深度是八卦雜誌星座專欄的水準。只會提出該採取行動的是其他國家，其他一切都被視為是政治空話。

完全沒提到，我們二氧化碳排放量超過一半都沒被記錄下來，就只因為這樣聽了比較舒心。

完全沒提到，瑞典的生態足跡是世界最糟之一；也沒提到從桑德維肯到耶夫勒（Gävle）的公車旅行的碳排放，居然比紐西蘭來回商務艙的航行還多，因為國際航空的碳排放量根本沒算進統計中，同樣的情形也發生在海運和貨物進口。

我們把許多貨物的生產線轉移到低工資國家，既可以省成本，順便還擺脫龐大的碳排放量。所以我們可以將矛頭指向別人，畢竟我們把工廠移到中國、越南和印度之時，統計數據就已經修飾完善。

「這些國家需要我們的工業跟貿易來提高他們的生活水準。」常常有這樣的政治宣傳。地球要是變暖一．五度，他們就得擔心完全不同的事情，像是環境的可居住性。

「瑞典實在太小了，」最大黨的政客說。「這就是為什麼我們寧可努力讓其他國家採取行動。」

媒體就讓這種說法傳下去，那按照這個邏輯我們就不用再繳稅了，因為我繳的稅對於整個國家來說實在太少。我最好專注在對我還有家人實際有用的事情，其他就都是偽善。

記者通常沒有意識到，像哥斯大黎加這個小國禁止使用一次性塑膠產品時，消息會在社群媒體上傳開來，因為全世界都渴望有好的榜樣，能夠散播希望的新聞，只要它能帶來共同福祉，既使是禁令跟限制也好。沒有人提到小小的哥斯大黎加開始這個趨勢，而其他國家例如印度，已經準備跟上。

當然，瑞典有政治人物了解也想解決問題，但是他們沒被聽見，因為他們不順著公眾的輿論走。辯論從來沒真正上軌道，所以了解與不了解情況的人之間的鴻溝太大，有些人已經來到第一百個關卡，有些人還停在第二關卡。

我們讀了《真確》，這本羅斯林一家三人寫成的書在許多方面都有洞見，但在氣候跟永續發展危機方面的說法還是顯得不夠緊急：「那些擔心氣候變遷的人應該停止用不太可能發生的事情來嚇人。大部分的人知道問題，也承認問題存在，太過堅持其實是白費心機。現在應該要直接往前走一步，而不是一直不斷重複談論問題，我們應該把這些精力花費在解決問題上，採取行動。這些行動不該是出於恐懼或壓迫感，而是應該基於數據和冷靜的分析。」

這就是我們這個時代最著名、最受推崇的民間教育家在書裡說的，但是這想法不僅能從羅斯林一家那邊聽到，以真相著名的蓋普曼德基金會（Gapminder Foundation）也是這樣說的。

這種想法可能來自每一個受大家喜愛的新聞媒體、政治人物、決策者和經濟代表，這種想法是主流，它符合大眾的意見。

但這種想法真的中肯嗎？

難道是環保組織和氣候專家在傳播假消息？成千上萬的科學家熱衷於教我們害怕？最重要的是，我們還有時間做這些安慰人心的分析嗎？

發展會危及生命，但像羅斯林一家所說的一直重複「大部分的人知道問題，也承認有問題存在。」也讓我十分反感，而且大家似乎都相信這種說法。

「有一天當我們看著自己的孫子孫女，我們可以告訴他們，我們已經解除危險了，或者我們會說，我們雖然知道會發生什麼事，我們還是什麼也沒做。」二〇一八年夏天，瑞典副總理在哥德蘭島的傳統政治週「阿美達倫」（*Almedalen*）閉幕演講這樣說。

如果我們真的能意識到我們的行為會造成的結果，卻什麼都沒做……這代表我們是什麼樣的人？

代表這樣形象的人又是什麼樣子？

82 與眾不同是藝術的基礎

我是生活白痴，我在這方面沒有救了。

我沒有駕照。

我二十歲時還會把麵包跟著塑膠袋一起加熱，我完全不知道要怎麼登入網路銀行然後付帳單。

我會把要完成的事情列成一張很長的清單，不然我什麼都做不了。如果我沒有成為歌手，我可能一事無成，若是過動症沒有確診，我有可能跌入無底深淵。

因為今天社會要的是你應該要開朗外向，能夠處理所有事情。你如果不知道如何用口頭表達，就算擁有研究者程度的知識，也沒辦法通過高中高年級的學業要求。

在某件事上表現出色，但沒有興趣的事情就做不好，這種人的未來會如何呢？

害羞的人怎麼辦？如果因為身體不舒服，而需要跟別人講話時怎麼辦？現今我們把社交技能看得比什麼都重要，那如果大部分的人沒有這樣的能力，會發生什麼事？

眾人之中特別突出的那一個人，有沒有機會從瑞典現今的學校系統中生存下來？應該沒辦法。只有其中少部分的人也許有一天在某個工作上發光發熱，那種工作一定跟敏感度、同理心以及傾聽能力有關。我們需要改變這件事。

這樣被葬送掉的才能實在太過可貴。

與眾不同是藝術的基礎，沒有藝術，這一切遲早會崩解成塵埃。

83 碳補償不能真的補償

葛莉塔、斯凡特跟我還有凱文・安德森以及他在 CEMUS 地球科學研究所的同事伊薩克・斯托達爾德（Isak Stoddard）約在烏普薩拉大學校園裡見面。

這不是我們第一次跟凱文和伊薩克打交道。去年我們跟奧林匹克金牌比約恩・費里（Björn Ferry）、腕力比賽選手海蒂・安德森（Heidi Andersson）、政治學家史達芬・林德伯格（Staffan Lindberg）和氣象學家馬丁・黑德伯格（Martin Hedberg）等其他人一起在《每日新聞報》發表了一篇引人注目的文章，內容談到我們為什麼要放棄飛行，留在地面上。我們由此為關於飛行的辯論打下了基礎，之後幾個月這件事在媒體上沸沸揚揚。

幾週沒下雨，烏普薩拉的草坪被春夏之交的太陽烤焦。

凱文說，晚上他住的客座宿舍實在太熱，他只好大開窗戶睡覺，我們為自己盛滿濾泡咖啡和少量的燕麥奶，一起回到有著沙發、書架的小型會議室。

「如果說到像瑞典這種國家應該減少多少的二氧化碳排放量，常常會聽到非常不一樣的數字，」斯凡特開始說話，邊把手機的錄音功能打開。「你和其他的科學家說一年要減少一〇%

到一五%，政治人物和自然環境保護相關的公家機關則說五%到八%，為什麼會有這個差別？」

「有不同的原因，五%到八%之中沒有把航空、海運、外國產品這些考慮進去。」凱文解釋。他說話快速、清晰，有著無人能及的說服力，在我們認識的人中還沒見過這樣有說服力的人。

「此外，像瑞典這樣的已開發國家的計算從沒把我們對較貧窮國家的最低支持限度算進去。這些都寫進《巴黎協議》、《京都議定書》等。我們有義務降低二氧化碳排放量，但卻忽略了我們給自己的設定。

「最重要的是，我們的減碳策略是以負排放技術為基礎，但這種技術根本還沒發明，因此結果是否能符合我們用目前的氣候模型估出來的計算，這點很值得懷疑。聽起來很荒謬，但是直到兩年前很多氣候研究人員都還不知道這件事。我的同事們知道這件事後都非常震驚，不是只有少數對未來的估算是以還沒發明的技術為基礎，是全部的估算都以沒發明的技術為基礎。」

凱文停頓一下，然後更詳細地描述他同事的反應，斯凡特邊寫，中間穿插問一些問題，而我則是安靜地坐著。一如往常，當我們跟氣候專家聊天時，我寧可沉默，一方面是因為我這樣可以學得最多，另一方面，因為我怕出醜，說出蠢話。

「我和伊薩克已經計算出，如果我們想在二〇二五年前減少七五%的二氧化碳排放量，像瑞典這樣的富裕國家必須每年要減少一〇%到一五%，而且要立刻達成。這是我們唯一能夠守住攝氏兩度門檻的方法。二〇三五到二〇四〇年我們必須要達到零淨排放，意味著航空、海運以及運輸都降到零才行。」

我們四目相交了一下。凱文說的話，跟我們聽到的所謂「綠色新思路」差了十萬八千里，「綠色新思路」那種說法政治人物跟經濟代表很愛拿來宣傳。

「根據我們的估算，以目前的排放量來看，我們只剩六到十二年，而且這還沒把國外生產的碳排放算進去，如果連這個因素也一起考慮，那我們的時間更少。」凱文繼續說。「我常在演講的最後引用一位美國未來學家亞力克斯．史蒂芬（Alex Steffen）的話：『慢贏等同於輸』，我完全同意他這句話。我們沒有時間了，現在就得反轉想法。」

瑞典最近通過了一項新的環境法案，許多決策者為此感到無比自豪。立法是一件正面積極的事，但伊薩克跟凱文卻不特別欣喜。

「如果想要瑞典的環境法實際發揮作用，法案現在就得立刻修改，」凱文解釋。「一定要有二氧化碳的預算，還有根據《巴黎協議》，保證提供支持給那些沒有經濟來源也沒有基礎建設的國家。我們的估算和環境法中也要把實質公平算進去考慮。還有像是海運、國際航空這些因素也要考慮進去，我們的估算才會真正貼近現實。」

去年冬天，凱文在瑞典皇家科學院演講，維多莉亞王儲也有出席，為了能讓複雜的研究主題可以好理解一點，他在開頭先跟觀眾談了健康警訊的話題。幾年前，我們和凱文還有伊薩克談話之前，也曾經需要這類的開頭來幫助我們了解主題，這個主題現在已經成為我們日常生活很重要的一部分。

「近三十年來，我們大家都知道關於氣候變遷應該要知道的所有事，即使是這樣，我們一直以來都沒有為此做任何事，就連像瑞典這樣先進的國家也沒有動靜：當我們將航空、海運以及國外生產商品都算進去，瑞典現在的二氧化碳排放量跟一九九二年的排放量是同一個水準，一九九二年第一屆聯合國氣象大會於里約．熱內盧召開。我們讓所有人都認為自己在做必須做的事，但是事實上沒有一個工業國家採取任何必要的措施，瑞典語有一個很棒的字來形容：swindlee。」

「Svindleri，」伊薩克糾正。意思是騙子。

「沒錯！Svindleri！」卡文大笑說。「如果我們有說到做到，氣候變遷不會變成現在的問題。若有新的技術和其他經濟指導方針，我們可能早就解決問題了，但我們只是浪費三十年的時間在討論、撒謊和拖延時間。現在我們需要一個全面的系統變革，因為目前的經濟模式不能解決氣候危機，更不可能解決永續發展危機。這個模式一定要更換。」凱文說，邊同時改變在沙發上的坐姿，這組沙發看起來像是從跳蚤市場買的，看起來跟其他破舊的傢俱非常搭配。

「但是還有理由抱著希望，有跡象表明，系統變革是可行的，就算改變的結果對於經濟不一定是好事，這還是表示有事在改變：經濟危機、阿拉伯之春、柯賓（Corbyn）、反川普、伯尼．桑德斯、可再生能源獎、柴油、汽油對於我們健康影響的討論……」

「#MeToo 運動。」我補充。

「沒錯，」凱文贊同。「這一切都暗示著一場巨大的社會變革，這就是希望之光。」

我傾身向著葛莉塔，問她我能不能把她的計畫跟大家說，她點頭。

「八月學校開學後，葛莉塔會罷課，她到選舉前每天都會去國會大廈前面靜坐。」

凱文跟伊薩克停下來，他們微笑，好像聽到一件讓他們驚喜的事。

「罷課要持續多久？」凱文問。

「三個星期。」葛莉塔小聲回答，聲音幾乎聽不見。

「什麼？三個星期？」伊薩克又問了一次。

葛莉塔用眼神表示默認。

「嗯，這應該能讓幾個政客認真聽你的話。」凱文高興地說。

「葛莉塔在一次電話會議上想到這個主意，那場電話會議是關於起草瑞典版本的 Zero Hour 學生氣候抗議活動。這是在美國的一個新運動，小孩跟青少年要求政府回答他們，為什麼對環境保護毫無作為。」斯凡特解釋。「但是葛莉塔認為，光是上街抗議不夠。」

「這需要一種類似公民不服從的運動。對嗎，葛莉塔？」斯凡特在為葛莉塔發言時，總會這樣問她，因為葛莉塔的失語症有時會妨礙她，她點點頭。

「無論如何，葛莉塔比我還有斯凡特加起來都還要了解這些，」我接著說。「我們的女兒讓我們對氣候危機有更多了解。我們會如此投入，也是因為她的功勞。」

「幹得好，葛莉塔。」凱文跟伊薩克齊聲說。葛莉塔的眼中閃著光芒，我感覺到她內心有什麼在逐漸形成。這種感覺因為被聽見、被看見而產生出來，這對她來說別具意義。

一陣沉默，思緒流竄在整個房間，想著坐在窗邊的椅子上，這位幾乎隱形的女孩決定獨自一人走到舞臺中間，用自己的話、思想來質疑當今世界秩序的基礎……

找到永續性危機的解藥似乎是不可能的任務，而我喜歡所有瘋狂到幾乎不可能的事情，但是當這件事涉及到我自己的孩子時，我的熱度便降低了一些。如果決定權全在我，我可能會禁止葛莉塔罷課。幸運的是，離八月還有一段時間，還沒讀過八年級的人，想法和行動之間可是有一段非常長的路要走。

幾年前，凱文拒絕參加一場倫敦的氣候會議，因為會議要求所有與會者付氣候補償費，這件事引起轟動。他認為，碳補償帶來的危害還比較大，碳補償暗示著二氧化碳排放量可以用別的方式彌補，好像溫室氣體可以從不曾被排放過那樣。

「但如果碳補償這種想法會誤導大眾，」斯凡特插話，「除了直接改變我們的行為以外，還有什麼其他方法可以補償我們的做法嗎？」

「沒有。如果你坐飛機，就代表航空公司應該繼續飛行，買更多的飛機，製造出更多的機位……全世界就在發生這樣的事。航空公司繼續製造新飛機，繼續擴張機場，只要你繼續飛，政客就不會強迫自己坐火車。這件事非常急迫，你還會把大量的二氧化碳直接送到大氣層，這會影響數千年的氣候，排放的氣體不會因為我們向貧窮印度村莊捐增太陽能設備而消失。這當然不是說，我們就不應該送太陽能設備到貧窮的印度村莊或是種一些對生態保護有用的樹。順帶一提，這些並非到哪裡都適用的方法，土壤性質、造林和排放量是很複雜的問題，關於這些問題我們知道的實在太少。我們坐飛機或吃速食也不能改變這些。碳補償就像付錢給窮人，叫他們替我們挨餓。」

84 媒體真的關心嗎？

在校園裡幾小時後，我們走到附近的公園，在熱帶溫室附近找個陰涼處吃中餐。蘿西得到一大碗水，在她躲進桌子底下前，炎熱的天氣讓她馬上把頭栽進水裡暢飲。我們點了純素午餐。葛莉塔決定，把玻璃罐中的青豆義大利麵留到回家的路上再吃。

「我幾乎每天都吃一樣的東西，」凱文對葛莉塔說。「幾乎都只吃青花椰菜跟麵包。當我這樣宣布的時候，大家都以為我在開玩笑，但事實上這是方便簡單的一頓餐。而且麵包跟青花椰菜很美味。」

葛莉塔以微弱的點頭回應。我認為，凱文這樣說是在半開玩笑，為了表達理解，而不是展現古怪的樣子。我們聊到英國的夏天、葛莉塔小時候，當然還有我在惠特比的修道院的童年。一如往常，我們扮演說英語的瑞典人，當我們說外語時，我們的個性也會有所改變。

「你一定來達哈啦（Dalhalla）找我們。」我們建議。

凱文問，那離烏普薩拉有多遠。「三十、四十公里？」

「你騎腳踏車來應該沒問題。」伊薩克說，聽他的語氣，凱文是一位老練的腳踏車騎士。

他就像繪本裡會出現的那種友善、好心的英國人，幽默、開放、善解人意。

我們談到，是否氣候運動會影響個人的生活，危及到友誼。凱文認為，他在這方面沒有問題。

「我不評斷否認氣候危機的人、懷疑論者，甚至也沒有評斷政客和其他決策者。我覺得真正讓我惱火的是同為研究人員的同事，有些會有意無意地扭曲事實，以免自己變成危言聳聽的研究員，就算他們不表現出來。我還是會很火大。」

如果看過在臺上的凱文，就會發現他的內心在沸騰，雖然他從未顯示過生氣的樣子。他對自己在做的事情充滿熱情，謹慎，立場也很堅定，他的聲音裡帶有一種潛在的憤怒，但他聽起來從來不像在生氣。

「有些科學家認為，我們不該說真話，因為那樣聽起來太政治。」凱文繼續說。「在我眼中，剛好相反。那些故意沉默的科學家，才是真正的政治化，因為他們讓人以為，一切都沒事。有了這樣的訊息，他們就鞏固了一種現狀，一切照舊。很多科學家認為，以當今的政治及經濟系統，人們不會提供真實訊息採取行動，所以我們應該配合社會的現實。我們就是從事氣候研究的人，任務就是把氣象的真實情況介紹給大家。我們不是政治和社會問題的專家，所以不應該受到政客或是出於恐懼而被控制，也不該擔心研究結果如何被人理解，我們在這裡是要研究和把事實說出來。」

當凱文試圖解釋為什麼他很多同事不願意打開天窗說亮話，他把話題先轉回到詹姆斯·漢森於美國國會前演講後一年，和在里約的第一次聯合國氣象大會。

「一九九二年里約氣象大會之後，我們第一次嚴肅地對待氣候問題，並深信能夠控制局面。而且我覺得，這種正面的精神到今天都還在，那時樂觀是有其道理的。但是那之後花費了太多時間，卻什麼事也沒發生，所以問題就不斷累積加劇，現在沒有當時的信心了，大多數的科學家表現得像溫水裡的青蛙。他們不知道，若不想被燙熟，他們必須在什麼時候跳出鍋外。」

「這段時間有什麼變化嗎？」斯凡特接著問。

「有，有。氣候變遷的速度比想像中還要快得多，所以有越來越多的科學家決定說出事實。但這是一條長遠的路，大部分的人在公開發表對氣候變遷的看法時，還是會美化事實。你若跟科學家，或是消息靈通的政治人物一起喝啤酒，他們一定會跟你說，事情有多嚴重，但只要你把麥克風遞到他面前，他們就會胡說些粉飾太平的廢話。」

我們離開蘋果樹下的陰涼處，走回烏普薩拉校園，頭上頂著炙熱的太陽，往校園的路上我們問凱文和伊薩克，他們多常被要求上一次鏡頭。

根據經驗，我們很了解瑞典電視臺對氣候變遷的節目完全不熱衷，但我們還是想問問看，也是為二〇一八年的情況做一次統計。我們幾次向瑞典公共電視臺（SVT）提供不同的節目構想，但即使有最知名、最成功的瑞典電視製作人的背書，我們還是沒得到任何回應。

但是長久以來，全球領先的氣象專家之一每年會在烏普薩拉做幾個月的研究，那公共電視臺一定有抓住採訪的機會，難道沒有嗎？畢竟還沒有哪個題目像氣候問題如此讓瑞典人不安……就是沒有，沒有電視臺來詢問。

「但必須要說，自從凱文到這裡來後，媒體的興趣有在增長。」伊薩克解釋。「我們定期會收到詢問，也有接受過幾次報紙、廣播跟地方電視臺的專訪。」

「但是凱文有接受過高收視率的大電視臺專訪嗎？」

「還沒有，」伊薩克回答。

「多久他會被問一次？」我們再三追問。

「還沒有啦！」伊薩克重複。

「那《瑞典日報》或《每日新聞報》有沒有做過詳細人物專欄？」

伊薩克稍做了個鬼臉，搖搖頭，第三次回答：「還沒有。」

我們坐上電動車開回斯德哥爾摩，所有還來不及問到的問題在我們腦中盤轉。但現在這個不重要。我們也不用問了。

凱文的周圍還沒有散發出死心、絕望或是沮喪的氣息。只有堅定、樂觀且具體的實作精神。

85 只要盡可能去做，一切永不嫌晚

如果將地球的整個歷史看成是一年，工業革命大約在午夜之前的半秒左右發生，以歷史的進程來看，我們在這段極短的時間之內造成了非常多的破壞，人類的進步不費吹灰之力重現了前五次的生物集群滅絕的經驗，只有一點不同：我們這次速度快多了。

在沒人為干預的情況下，本應該在數十萬，甚至數百萬年才會發生的災難，我們只要幾週就能讓它發生。就以我們這樣的生活方式。

我們正處在人稱第六次生物集群滅絕的時代。滅絕並不是十八世紀末才發生，早在千年前，人類首次出現滅絕就存在。

很多人覺得，曾有一段時間，人類與自然能和諧相處，但是這其實從來沒發生過。人類就算可能曾與自然和諧相處，但人性也絕對不可能做到。

不管我們在世界的哪個地方，滅絕離我們從來不遠，人類地球上的足跡與特定物種，尤其是巨型動物群的滅絕之間的關係毫無疑問地說明了一切。

如果我們想要，我們當然可以把這一切拋諸腦後。

4 我們必須站出來

試想，假若生命到頭來並非虛無，而我們的所作所為皆有所意義。人類實屬自然的一部分；對自然的反抗無疑也是對人類自身的反抗。

——《寂靜的春天》作者瑞秋．卡森

86 關於這時代的真相

有一天，我們都將離去。

有一天，我們孩子、孫子以及孫子的孫子都將離去。

到那時，我們只能在族譜上活下去，存在於硬碟、布滿塵埃的照片之中，而這些已經無人能追溯。

不管我們有多重要、多受人歡迎，或多惹人厭，我們有一天全都會被遺忘。

這是很令人不舒服的想法，就算我們清楚知道，最終我們的善行跟同情心都會受到重視，也無法改變這事實，我們所受的教育忽略了一個極微小的細節：生態足跡。

時間一到，我們都會消失、被遺忘，唯一會留下的就是向大氣層排放的溫室氣體。

去上班的路上。

在超市裡。

在 H&M。

去東京出外景。

某種意義上來看，我們會繼續生存下去，只是不是以我們想像中的方式。除了少數的例外，關於我們的記憶將比我們的生態足跡短得多。

這一切聽起來可能非常灰暗、令人沮喪，但別忘了，只要有一個巨星或是網紅就有可能使局面重新洗牌。當然，名人的權力值得爭論，但是若看清我們所處的現實，我們沒有時間改變權力問題，而好處是，在我們的相互連結的世界中，只要有一個國王、超級巨星或是教皇能推動個人零排放，包括推動純素、不再飛行或是在屋頂裝置太陽能板，就能使得改變變得容易可行許多。

我們之中誰都無法獨自實現系統變革，但是一個聲音可能可以觸發必要的連鎖反應，只要這個聲音夠響亮。

87 一路向北

呂勒奧（Luleå）[1]很熱。

非常熱。

斯凡特抹去額頭上的汗水，掀動身上的襯衫，試著讓身體涼快一些，他大聲地嘆了意味深長的一口氣，而櫃臺後方的女士可不想聽到這種無聲的抗議。

「當真正的熱浪來造訪我們寒冷的北部，我才不想聽到有誰在那邊抱怨。」她說得這不是區區天氣這麼膚淺的事。

「您說得是。」斯凡特一邊在讀卡機輸入密碼，一邊說道。他可不想掀戰。

葛莉塔和蘿西在飯店外的人行道上等著。接著，他們一起把行李拉到租用的電動車旁，並把後車箱打開。斯凡特把裝著微波爐、電磁爐以及裝滿葛莉塔接下來兩週所需食物的袋子提起來。接著，蘿西跳上車坐好，葛莉塔把目的地輸入導航後，他們駛離了停車場。

當他們的電動車幾近無聲地緩緩駛向歐洲 E4 公路[2]時，葛莉塔說：「我們的電池不夠，會差三公里。」

「今天我們只能靠這電池，」斯凡特說，「但我們慢慢開，看可以開到多遠。」他們沿著 E4 公路開往卡利克斯市（Kalix），再轉北前往耶利瓦勒市（Gällivare）。

車窗外的夏日景色以時速八十公里的速度閃逝而過，在他們眼中，窗外的森林看起來不太一樣了。幾年前，他們還能看到樹林、大自然以及未開發的處女地。如今，樹林被夷為平地，取而代之的是缺乏生物多樣性及土地耐受力的人工畜牧、墾殖與單一品種的作物。

葛莉塔當然比較想坐火車，因為世上沒有一臺私人轎車（無論它使用多高比例的電能）可以稱得上環保。但是，在顧及葛莉塔飲食與壓力失調的症狀下，搭火車仍然不太理想，現在能夠這樣旅行已是得來不易，幾個月前，這還是痴心妄想呢！

從春天開始，葛莉塔的體力日漸恢復，她先是參加了《瑞典日報》的寫作比賽，接著就開始規劃她的罷課行動。

在這攝氏二十七度的炎夏中，沿途可見許多農場：被遺棄的農場、仍在經營中的農場、人類與家畜共生的農場。

農場上還停滿老舊退役的各型車種：汽車、拖拉機、篷車、雪上摩托車、鏟雪車、輕型機車、摩托車。每一條車道都活脫脫像座車子博物館。

然而，若望向離主要道路更遠一些的地方，納入眼簾的是如夢似幻的景致。那是一種更獨特、簡單且看似更美好的生活樣貌：小小的紅色房舍坐落在貧瘠的土地上，時空似乎凝結住

1 瑞典北部小城，位於北博滕省（Norrbottens län）。
2 歐洲跨國公路之一，從芬蘭北部延伸至瑞典西岸。全長約 1590 公里。

了。

他們聽著加拿大作家娜歐蜜・克萊恩（Naomi Klein）的《天翻地覆：資本主義 v.s. 氣候危機》有聲書。他們時不時按下暫停鍵，討論剛剛聽到的內容。接著再按播放鍵，繼續聽下去。他們重複著「播放－聆聽－暫停」的循環。

樹叢、山坡和松木林一路綿延至北極圈附近，充滿異國情調的白色路標告知，他們已越過耕作邊界了。這條道路無盡筆直而荒涼，相同的景致無限延伸，距波斯尼亞海灣越遠，那些細瘦的樹木尺寸便越小。

有一些黑色柱狀物從松樹上垂下來，但他們不知道那是什麼。葛莉塔拍下幾張照片，打算明天抵達目的地時去問問看。

目前的行車狀況對電動車來說十分理想，電池的續航力持續增強，離目的地的距離不斷拉近。

「但我們還是在基努納（Kiruna）[3]停留一下，充個電吧！反正本來就得買點麵包跟蔬果，是吧？」斯凡特說。

「嗯。」葛莉塔回答。

基努納的科浦超市（Coop）是北博滕政府氣候緊急援助計畫（Klimatklivet i Norrbotten）的傲人成績之一。在這巨大的購物中心停車場的一角，設置了兩座電動車充電站。其中一座故障了，閃著紅色警示燈，還好另一座功能正常。斯凡特有禮地請怠速停在充電車位的休旅車司機移駕到其他空位，再跟葛莉塔爬下車，把充電座接上。

電動車以每小時五十公里的速度充著電時，斯凡特跟葛莉塔漫步穿越熱鬧的停車場，來到一處能讓蘿西跑一跑、嗅嗅新奇氣味的小林地。這裡可離她出生的愛爾蘭科克郡（County Cork）以及她成長的我們家後院十萬八千里遠呢！

基努納也很熱，跟呂勒奧一樣。空氣中瀰漫著廢氣、油炸物及新割草皮的氣味。一位身穿白色T恤和破牛仔褲的男人從家居用品店走出來，他一手挾著割草機，另一手則拿著個空紙箱，一出店門，他便把手上的紙箱順手扔在一旁，他接著往旁走開，準備去好好整頓一下這北極社區的綠地。

他們到漢堡王借廁所。那兒簡直被滿溢的餐盤堆以及擺滿華堡、可口可樂和薯條的桌椅給淹沒了。店內的地板則因沾滿打翻的番茄醬和汽水而黏膩不堪。

有幾位身著登山裝的男人站在酒品專賣局[4]外。啤酒罐、釣魚竿和背包散落在他們面前的人行道上。在走入野外前的小憩時間，他們讓這商場一角搖身成為男性更衣室。高聲談笑、啐痰聲與嘲弄聲此起彼落。

「我們要去釣魚啦」、「我們要到大自然裡去囉」、「我們要大口大口的喝酒」的叫嚷不絕於耳。

葛莉塔跟斯凡特買好需要的物品，再度啟程。收音機剛好放起碧雅塔最喜歡的歌：謎幻樂團（Imagine Dragons）的《不計代價》（*Whatever It Takes*）。斯凡特想念起碧雅塔，心情低落起來。

3 瑞典位處最北邊的城市。
4 瑞典酒精度超過三．五%的零售酒品皆僅能在公營的酒品專賣局購買。

他希望她也在這裡。

他希望他們可以一起經歷這些。

越過礦區可以瞥見山區，但那些未開發的區域已不再質樸。斯凡特試圖辨識出基努納新的市中心的所在，但還看不太出來，視線所及的右上方是一大片草皮綠地和由建築師拉爾夫・厄斯金（Ralph Erskine）設計的高樓大廈。

「我認為新城區應該是在那座山坡後面，但不確定。」斯凡特說。「這座城市大部分都得搬遷。原因很明顯，這裡不再安全了，無論是教堂、市政廳、還是賣香腸的小亭子都一樣。礦區過度開發，開採大量礦石，導致一切走向崩毀。現在礦業公司還自豪地宣稱，至少整座城市的搬遷費用都會包在他們身上。」

「這只是最基本的吧。」葛莉塔說。

「沒錯，採礦並不是什麼慈善事業。」斯凡特說。他繼續播放娜歐蜜・克萊恩的有聲書，並沿著鐵礦火車支線繼續往西北方開。在幾公里後，他們碰上一群馴鹿，葛莉塔用她舊舊的破手機拍了些照片，之前我們在因阿和島（Ingarö）收容難民家庭時，這支手機充當他們的無線網路路由器整整一年。

他們進入了另一個世界，一個人車仍必須讓道給動物的世界。馴鹿群在他們面前的道路上悠哉漫步，而人類的車輛必須等待，直到得以緩速鑽過牠們之間的縫隙。

斯凡特與葛莉塔繼續前行，穿越平原，朝托訥湖（Torneträsk）駛去。

斯凡特正竭盡所能地思考，整個身體似乎都因而顫動起來。他多麼希望他能夠回答這個問題。他想證明自己是有資格坐在這裡的，有資格和擠滿整間教室的、從其他二十幾個歐洲國家遠道而來的大學生一同坐在阿比斯庫（Abisko）[5]瑞典極地研究中心（Polarforskningssekretariatet）中。

他們的問題是：「太陽能電池的效能如何？」

這題的難度著實不低，儘管這是個與再生能源相關的問題，在場與會者又都是永續性、生態學、生物學或是氣候學的研究者，卻沒有一個人答得出來。斯凡特決定試試看，當他仍思索著關於鹼性物質和溫度的作用關係時，于默奧大學（Umeå University）的演化生態學家基斯・拉森（Keith Larson）一臉訝異地指向斯凡特和葛莉塔的方向。

蘿西睡在葛莉塔椅子下的地板上。斯凡特感到一道電流通過全身。接著，他透過眼角瞥見

5 基努納市管轄範圍內的村莊，坐擁阿比斯庫國家公園。因極光與滑雪活動廣受遊客喜愛。

身旁的葛莉塔舉起了手。他什麼都還來不及反應……

「一六％。」她大聲而清楚地以英文回答道。這是好幾年以來，斯凡特第一次聽到葛莉塔主動開口對家人和老師阿妮塔以外的人說話。

他不曉得為何這麼突如其來，更不曉得葛莉塔是如何得到「一六％」這組數字的。

「沒錯！」站在黑板前的拉森愉快地說道，並把答案重複了一次：「一六％！」

在座來自全歐洲的學生們饒富興味地盯著葛莉塔，課程繼續在投影螢幕上進行中。

後來，他們爬上研究站的屋頂。拉森解釋道，所有的劇烈改變都開始於一九八〇年代末。在那之後，改變的速度加快。

非常快。

在北極這裡，雪、冰以及冰川對這些改變有延緩的功用，但當它們也開始融化，狀況就越發不可收拾了。

拉森是美國人，他常年駐守在這裡的研究站，這裡是當今世界上仍運行中的研究站之中，歷史最悠久的，然而，最一開始，這裡只不過是鐵礦火車建造專案之下的附屬品而已。

目前，研究站正進行一項獨特的計畫：讓一百年前的研究重新來過一次。研究者將沿著諾利亞山（Noulja）的山坡，在與百年前完全相同的地點觀察這些年來的植被變化。

雖然研究結果還未正式出爐，但我們已可以看見很大的變化，甚至以區區肉眼就能看見。當然，這裡發生的事和全世界的景況息息相關，氣溫正在升高，而極區的變化最為劇烈。林木線爬上了山坡，灌木叢的生長界線也跟著移動，高山範圍日漸縮小，當溫度日趨增高，樹木和灌木叢會繼續向高處爬，開始在從前太冷的地方生長。

拉森的話語剛落，一列一公里長的鐵礦列車就在研究站和山峰之間如雷霆般呼嘯而過。

在阿比斯庫這邊，氣候變遷的現象顯現和其他大部分地區不太一樣。這裡的變化非常明顯，就算是沒有這方面研究經驗的人，也都能輕易察覺，單就那叢林帶便可瞧出端倪，跟一百年前比起來，它目前的範圍已經擴張到四倍之大。

拉森解釋道，目前最大的問題可能是高山區域範圍的萎縮。許多物種（包括動植物和昆蟲等）隨著樹木一起往海拔更高的地方遷移，進而威脅到高山區的原生物種。高山原生種必須再往上遷徙，直到無處可去。生態平衡受到破壞，整體的生存條件也改變了。

「請看一下諾利亞山的林木線。你會發現，它已經爬到山坡上了。同樣的現象也發生在世界其他地方。現在那裡還建了一座滑雪纜車，所以馴鹿的放牧活動會避開那裡，但同樣的現象也發生在其他有馴鹿放牧活動的地方。」拉森邊指著那座山邊說道。

然而，這黑色屋頂上實在太熱了，他們決定爬下去，找個陰涼處繼續話題。但是，在他們起身往下走、把山景拋諸身後之前，拉森道出了這些年來最懾人的變化。

「五十年前，林木線的位置還跟一百年前弗里斯做研究時相同，但現在它正在移動，而且速度越來越快。據估計，它已經沿著山坡上行了兩百三十公尺。」

「兩百三十公尺？」斯凡特重複道。

「是的，兩百三十公尺。」拉森回答。「這是緊鄰北極的前線。如我所說，這裡的變化發生得非常快，我很驚訝沒有更多的研究員來瑞典或阿比斯庫，這裡真的是個獨特的環境，且無數的變化正在發生當中。」

第二天早上，葛莉塔、斯凡特和蘿西加入四位德國學生的行列，一起沿著弗里斯在一九一六至一九一九年間的研究路線收集數據。剛好，我們出版商的女兒伊兒莎也同行，她趁著暑期在基斯的團隊打工，擔任公關專員。

「這麼詳盡的研究竟能完好地保留一百年，提供我們研究使用，真是太不可思議了。簡直就像一臺時光機！」那些學生驚嘆。

他們從接近山頂處開始，沿途設置測量儀的腳架，並登錄在他們的 iPad 上。

葛莉塔和斯凡特隔著一小段距離跟著他們，這兒壯麗的景色一覽無遺，令人屏息，托訥湖、綿延的山坡、以及終日繁忙的鐵礦支線都盡收眼底。他們看到火車繼續開往小鎮納爾維克，再進入挪威，前往船舶停駐的海港，再向更遠處望去，是一片無垠海洋，連結向全世界等待著貨品的、各色各樣的產業。

山頂上時值晚冬，海拔往下一些則進入花朵綻放、溪流潺潺的春天，灌木叢區則回到夏日當季。午餐時間一到，蒼蠅們嗡嗡作響，周遭充滿著鮮花與苔癬的氣味。

風靜了下來，大家都把身上的針織衫和絨毛衣脫了下來。

「我猜你們每天都覺得這麼熱。」斯凡特開玩笑道。

「沒有啦！」他們笑著回覆。

葛莉塔坐在離他們幾公尺以外，她把裝著豆子義大利麵的玻璃餐盒和叉子拿出來。接著，她無聲的深吸了一口氣，開動了。

這是她近四年來第一次和陌生人一起進餐。

她把自己調節到強迫症和飲食失調爆發之前的狀態。

或更精確地說，之後的狀態。

89 北歐的熱帶夜晚

「我在這裡住了超過三十年了，」正在準備早餐麥片粥的櫃臺女士說。「我從來沒經歷過這種事。一整個夜晚的溫度都超過二十度？這實在不太尋常。」

「如果一整夜的溫度都超過攝氏二十度，我記得這就叫熱帶夜晚。」斯凡特回答。「這在北極圈可不常發生呢！」他愉快地笑著，開心自己沒有犯下如前一個旅館同樣的錯誤。

這裡的人對環境升溫的反應不像位處較南的呂勒奧那樣興奮而熱切。取而代之，是對極端的夏季熱浪感到的擔憂。服務人員面對旅客諸如「哪裡可以在遮蔭中健行」、「今天高山上有多熱」、「在這麼熱的天氣裡可以上到拉普蘭之門（Lapporten）嗎」的詢問感到無所適從。

斯凡特在盤子裡盛滿麥片粥。他不好意思向服務人員要求燕麥奶[6]，因為他不想讓人覺得他在擺闊，更不想顯得高人一等、過得比較優越。

換句話說，就是他不想被貼上「天龍人」的標籤。

6 喝植物奶在瑞典十分風行，是注重環保及動物權益人士的奶類替代品。然而價格比牛奶高昂。

不過，那條從飯店的小木頭陽臺上的電暖器連到電動車的那條充電電線，早就讓他露餡了。

葛莉塔在最小的房間跟蘿西一起吃早餐，早餐內容一如往常，是兩種超市袋裝切片麵包，但她什麼餡料也不夾。

戶外的陽臺上非常熱。麵包上的奶油融化了。若說斯凡特其實身在義大利或巴塞隆納，好像也不為過，他斟滿第四杯咖啡時，最後一位客人離開了，旅館的員工們走過來坐在他隔壁桌，在陽光下享受早晨小憩。

想當然爾，她們聊的是這炎熱的天氣，還有村里的誰誰誰又說了什麼或做了什麼。這四位婦女之中，有一位是從較南邊的海爾辛蘭（Hälsingland）來的，她好像是所有人中最不能適應這「高溫」的。當然，其他人抓緊著這點開了她一番玩笑。

他們說，她應該要試著習慣、她應該負責指引旅客如何在戶外找尋遮蔭等等。

然而，她不帶一絲反諷地說：「最好的方法就是待在室內。」

時不時，她們的對話就被淹沒在直升機起降的龐大噪音中，空氣中充滿煤油、黑咖啡和浸漬木頭的氣味。

過了一陣子，一個男人走過來，加入了女士的談話，他們顯然彼此熟識，原來他就是直升機的駕駛，也因此，話題轉移到山區那些飯店跟小木屋。

「昨天凱布訥山（Kebnekaise）有二十五度高溫。」男人說。「妳們聽說了嗎？南峰已經不是最高峰了，因為冰川融得太多了。」

這已經不是新聞了。

這位男士的直升機生意做得有聲有色，他卻不甚滿意，他正打著算盤，如何大幅降低收費，同時又能提高所有人的獲利。原則上，他必須投資在燃料與其他直升機相關費用，然而，如果大家都能幫忙分擔一點費用，這意味著他們能運送更多旅客上山。當旅客流量一提高，便意味著所有人的收入都同步加碼。

大家都認為這是個好主意。

斯凡特當然持不同意見，但他忍著沒說。

這裡是瑞典付出最多代價的地區：土地被掘開了、河流被破壞了、森林被撕裂了，然而，錢全都進了南方[7]那些深不見底的口袋。

深到你無法想像。

葛莉塔和斯凡特準備好午餐，並把今天健行所需的一切打包。他們走過旅館前的碎石地，蘿西跑在前頭，每十公尺就回頭確認一下。旅館工作人員的早餐小憩結束了，現在有三位工作人員圍著旅館暖氣機的室外壓縮機，手中傳閱著一本說明書，他們大聲地讀出說明書中的內容，小心地按著面板上的按鈕和數位顯示儀。

「它應該也可以送出冷氣。」櫃檯的那位女士說。「就像冷氣機一樣。」

商店外的溫度計顯示著攝氏三十一．七度，斯凡特和葛莉塔不知道該去哪裡，慌了起來。山上的凍土帶鐵定會陰涼許多，但那裡沒有遮蔭，導致山峰上的積雪在短短三天內已差不多消失殆盡了。

7 意指首都斯德哥爾摩及其他大城市。

他們猜河邊應該比較涼快，答對了！而且河邊還處於低窪的林區，仍有一些遮蔭處。他們時不時到河邊碰碰水，這裡的樹木、土地、草、植物以及沼澤都散發著他們從來沒有聞過的氣味。數日以來的高溫營造出了一個新環境，一個有著新氣味、新色彩、新狀態的環境。有時，他們停下腳步，以膝蓋著地，俯下身，鼻子緊貼著地面和苔蘚，然後一股勁地聞。

他們在白色懸崖下方的河邊停下腳步，眼前的河水綠白摻雜，河面中央到對岸特別湍急。假如蘿西掉了下去，牠將順流而下，並落下約一公里的高度，墜入托訥湖裡，保險起見，他們待在靠近此端河岸的小灣處。

河裡很冷，但不至於無法忍受，他們泡在水裡，並掬起一把山泉水喝下，他們還大吼大叫了一番，然後躺在石頭上讓太陽曬乾，直到熱得受不了，他們就再度跳進河裡。

葛莉塔在河岸上找到一顆心型的黑色石頭，一顆完美的、如碳一般黑的心。

「就像騎士卡托（Riddar Kato）一樣。」她說。「一顆石頭做的心，我們應該也要像他在《我的兒子米歐》（*Mio min Mio*）[8]裡一樣，把石頭丟進水裡。」

「就這麼做！」斯凡特說。

但葛莉塔遲疑了。

「這顆石頭花了幾百萬年才來到這個河岸，你想想看，如果我把它放在原地，可能會有人路過看到它，然後因為這樣心情變好，怎麼辦呢？」

「噢，」斯凡特趕緊說，「我們人類有的是能讓我們心情轉好、滿心感恩的事物。我們不應該貪求更多。」

葛莉塔拾起那顆黑色的石頭，使盡全力把它丟到河中。蘿西衝出去追，但馬上停下腳步，牠呆站在河岸上，看著石頭激起的漣漪消失在洶湧的急流當中。

8 瑞典經典童話故事，騎士卡托為其中角色。

90 必須用力一擊

隔天的天氣涼快多了，早晨帶來輕微的露水，一種截然不同的氣象籠罩著山區。他們朝著托洛湖（Trollsjön）的方向往上走，蘿西在山坡上以之字形上上下下地跑。這裡的風景像是電影《真善美》和《魔戒》的結合，沿著峽谷，兩側是高聳如摩天大樓的山壁，峽谷內則是黃花處處的草地，並有巨型的石塊坐落其間。

葛莉塔的精力一天天恢復中，她談著罷課行動，並一次又一次詢問她該怎麼做。

「不管發生什麼事，妳都必須靠自己。」斯凡特說了不下十次。「妳必須知道所有問題的答案，妳必須有能力提供論述與答案，因為記者們幾乎什麼都會問。」

「他們會問什麼？」

「就像我剛剛說的。」斯凡特回答。

「但多說一點呀！他們可能問什麼？你假裝是記者來問我問題好了。」

「『是你爸媽指使妳這麼做的嗎？』他們鐵定會一直問這個問題。」

「那我會照實回答，我會說是我影響你們的，而不是反過來。」

「就是這樣。」斯凡特回答。

葛莉塔接著說：「他們也可以直接到推特看看我寫了什麼呀！雖然我又害羞又不擅社交，這也不代表我只活在自己的世界呀！我贏過寫作比賽，之前還向出版社爭取改寫我們的課本內容，這些都可以在網路上讀到。」

「很不幸地，他們是不會去看的。只有酸民會特別去挖別人的過去，其他人都不在乎的，而且，對記者來說，這些跟他們的報導方向不特別符合，他們不會想收錄進去。但大眾終究會了解的。無論如何，妳的氣候罷課行動又不是個祕密，而且，電視臺也做了一整集關於妳讓媽媽轉變成環保人士的專題報導。雖然他們做的是他們的方向，不過我蠻確定電視臺的主管們都曾看過。」

葛莉塔思忖著爸爸所說的話。

「所以我現在的行動跟那個節目沒什麼關連囉？」

「是的，沒有關聯。那已經是一年半以前的事了，而且公家電視臺不會碰太多氣候議題。」

「那他們還會問些什麼？」葛莉塔繼續問。

「什麼都有可能。最重要的是，妳必須永遠照實回答，並且強調事實。妳必須掌握所有的事實，妳必須知道自己在說什麼。我們這些大人認為凡事都必須有具體的答案，所以就算答案其實不存在，他們仍可能會一直問：『那我們該做什麼呢？』或是『最重要的事情是什麼呢？』這時，妳『怎麼說』會比妳『說什麼』來得重要。妳必須好好思考這一點。」

「好吧。」葛莉塔慢吞吞地說道。「但是我們的體制裡面沒有解決方案呀！我們所能做的就是『把危機當作危機看待』啊！」

「沒錯！」斯凡特說。「但沒有人會了解的，所以妳必須一再重複——一而再、再而三地重複。」

斯凡特希望葛莉塔放棄她的罷課行動計畫，我也是。如果她放棄，我們就不用擔心了。但是，斯凡特也看到葛莉塔談論及計畫這個行動時，渾身散發出的能量，所以，他總是試著回答她提出的所有問題，無論這是多累人的苦差事。

他們離開小徑，走入巨石堆當中，他們爬到一個能充當屋頂、為他們擋下陣雨侵襲的突出岩盤下方，這是個完美的午餐地點。

斯凡特用手機寄了一張照片給我和碧雅塔。對我們來說，葛莉塔能夠在新的地方進食，是個了不起的成就，更何況還是在戶外。水煮豆子義大利麵加一點鹽，配上幾片黑吐司麵包，這樣的餐食可以很方便地帶到幾乎任何地方，也開啟了許多可能性，例如：在山裡健行。

天空中又慢慢地撥雲見日了，整座岩壁變身成為一座巨大的、臨時生成的瀑布，沿著崖壁高速俯衝而下，綿延數公里之遠。

他們往下眺望幾百公尺深的峽谷，河道在蓊鬱的草原上沖刷出一個小三角洲，數百隻馴鹿如螞蟻般移動著，或也許有數千隻也說不定。

突然間，有幾隻在群聚邊緣跑了起來，其他有些也跟在後頭。跑了一會兒，牠們慢了下來，停下腳步並低頭吃草。

「對於不曉得事態嚴重性的人來說，我的氣候罷課行動會是他們完全無法理解的。」葛莉塔興奮地，甚至或可說狂喜地說道。「而且因為幾乎沒有人了解氣候危機，也幾乎不會有人理解的，很多人會憎恨我。」葛莉塔不禁笑出來。

「也許孩子們會了解的。」斯凡特說。

「不，孩子們只會模仿他們父母的行為。」葛莉塔回答。「我還沒碰到任何一個關心氣候的孩子。大家都說『孩子們是我們的救星』，但我不這麼認為。」

斯凡特靜靜坐著，他多麼希望葛莉塔是錯的。

葛莉塔繼續說：「如果我們離碳排放必須降低的時刻還剩兩年，現在就必須開始行動，明年春天就必須有所建樹，這必須是規模非常龐大且超乎人們預期的一番作為。」

那些馴鹿在河谷裡的綠洲上緩慢移動著，空氣暖了起來。

他們收拾東西，起身繼續健行。他們走到抵達托洛湖前的最後一個山峰。聽說這裡湖水非常清澈，可以直視水下三十至四十公尺的深處，他們看到湖面周圍的岩壁滴著雨水與融化的雪水，周遭事物不斷的變動著，風狂放地在四周竄奔。

只要到小徑頂端的平臺，就可以瞭望托洛湖了。

但葛莉塔看起來累了。

「妳還有力氣嗎？」斯凡特問。「只剩一百公尺，我們就到了。」

「我不知道。」葛莉塔回答。

他們靜靜地站了一會兒，用手機照了張相，然後繼續等待。

「我小時候，總是必須學習不要放棄，必須再堅持一下。」斯凡特說，準備要獨白一番。「我的第一份打工是在一間的洗衣店，我每天早上都要花一個半小時到那，清洗那些長照中心送來的被子和毯子，當時是想放棄了，但我祖母要我堅持下去。我之前一直覺得那是非常好的決定，但是，現在有點不太確定了。有時候我反倒覺得，人類必須要多放棄一點，或至少有時要妥協一下。」

又開始下起毛毛雨了，回程有四公里。他們已經離家十天，很快就要回到斯德哥爾摩了，回程的第一站，他們打算去小村克維克優克（Kvikkjokk）。

「妳知道嗎？」斯凡特說。「我們就到這裡就好。人不需要什麼都看到、什麼都得到。不需要什麼地方都去過。」

91 全家一起看心理醫生

我為我們的故事向大家說抱歉。

儘管如此，我們仍再度來到診間，從頭把所有事情講了一遍。

斯凡特說，我也說，我們乖乖地回答所有問題，女孩們也坐在問診室。葛莉塔檢查著桌子上的骰子和三角形狀拼圖，碧雅塔不安地用椅子滑來滑去，翻了個白眼，她想要回家跳舞，她跟我一樣都快對兒童青少年心理診所失去耐性。會談結束，兩個女孩已經先走一步，醫生嘆氣，搖了搖頭。

「老天啊，」他說，「你們需要幫助！」我們微笑。

他，斯凡特，我，我們都想要做到最好。每個人都盡了全力，有時候甚至付出得多很多。

我們沿著佛萊明嘉坦路走回家。

現在是夏天，鳥在樹上唱歌，仲夏的雲散布在天空，在頭上形成倒掛的群島。

一臺飛機在地平線上畫出一條白色線。

我們都不再需要這條白線。

斯凡特答應帶葛莉塔去五金行買一塊畸零的夾板，她可以把板子塗白，做成看板。她決定在板子上寫：氣候大罷課。雖然我跟斯凡特都知道，她在冒什麼樣的險，也寧可她放棄罷課的想法，但我們還是用一種健康的態度與熱情支持她。新學期即將開始，但是葛莉塔看來似乎沒有要改變主意。正好相反，她在制定計劃的時候，狀況很不錯，她已經幾年來狀況沒這麼好過，也許是她有史以來狀況最好的時候。購物中心的櫥窗裡，一隻大型綠色恐龍布娃娃棲息在此。我們經過時，互相看了一下子，碧雅塔、葛莉塔，斯凡特、恐龍還有我。

如果我們的強迫症和飲食失調沒得到確診，如果斯凡特沒有趕著要去洗手間，我們也許會停下來拍張照片。

以擴張的地質學角度來看，這張照片會是完美的象徵。

但事情就是這樣。

「恐龍有注意力不足過動症嗎？」斯凡特問。

「有啊，」碧雅塔回答。「牠們有亞斯伯格、強迫症、對立反抗症跟注意力不足過動症，就跟我一樣，所以牠們才絕種。牠們腦袋裡裝了太多東西，沒有辦法專心，而且被擾人的噪音弄到崩潰。」

92 有限的地球上，無限的增長

恐龍在地球上生存了兩億年，比起地球四十六億年的歷史，時間不算太長。我們人類出現才二十萬年，卻已經成功製造出看起來像是六千萬年前滅絕的爬行動物的絨毛玩具。我們在中國大量生產這種絨毛玩具，再運送到世界各地，賣給所有出得起錢的人。當然不是大家都有足夠的錢，但是越來越多消耗自然資源的東西出現，資源不會增加，地球每年受到的損害越來越大，很快就要到達極限。

資源可能會快速枯竭，而玩具店裡的恐龍並非全然無辜。我們每個人都承擔一部分的責任，即使程度不同。世界人口中最有錢的一〇％排放的溫室氣體占總體的一半，危害最重要的自然資源之一，就是大氣層。

如果目前排放的標準不變，自然資源很快會消耗殆盡。我們之中只有少數人知道這件事，而這可能就是智人歷史中最大的失敗。

但我們哪裡會曉得危險？畢竟我們從來沒有遇過這樣的事。

世界人口中最貧窮的一半人口，只排放了世界二氧化碳排放量的一〇%，從那裡能找到好榜樣的速度，比從像我這樣的名人中去找快得多。名人還包括那些好萊塢影星，美國的政治人物，他們的每年的里程數遠超過戰鬥機飛行員的平均里程數。

凱文·安德森說，如果世界人口中最富有的一〇%將排放量調整到歐盟平均水準，那地球的二氧化碳排放量可以減少三〇%。有類似這樣的速成措施，我們就可以爭取時間。

93 罷課第一天

老實說，我們以為她午餐前就會回家了，而且是在她有成功出門的前提下。

不過，事情並非如此發展。

二〇一八年八月二十日早上，葛莉塔比平常上學日早一個小時起床。

她吃了早餐，把課本、午餐便當、文具、水壺、坐墊和一件備用的針織衫收進書包。

她印了一百張傳單，其中一面印著氣候與永續危機的相關事實與參考資訊，內容總計有五千三百零三個瑞典字。另一面則以又大又黑的字體寫著：「我們這些孩子常常不照你們的指示去做，我們反倒模仿你們的所作所為，既然你們大人不在乎我的未來，我也要對你們做同樣的事。我叫做葛莉塔，我今年九年級，我要為氣候議題罷課至大選之日。」

她從車庫把她的白色腳踏車牽出來，它看起來像全新的。過去四年來，葛莉塔既沒有欲望也沒有體力自己騎車出去，更別說只是單純為了想騎而騎。

她跨上坐墊，很快的看了一下身後的人行道，接著就沿著國王島（Kungsholm）沿岸騎下去，經過市政廳，再朝著皇后大街（Drottninggatan）的方向騎去。

在磚大道（Tegelbacken）上，站著幾位抽著菸的觀光客，水上的蒸汽船放出碳黑色的煙霧，冉冉升往中央大橋和南島主要幹道上方那湛藍的夏末天空。斯凡特騎在葛莉塔後方幾公尺處，右手臂夾著葛莉塔的標語。

四天之前，葛莉塔已經到國會附近勘查過，也決定好她要靜坐的位置了。

「柱子後方靠著牆的位置不錯。」她說。

斯凡特點頭贊同。

接著，她請他幫忙在橋前方的欄杆旁照相。

她穿著一件黑色T恤，上頭印著一個形似路標的圖案，這圖案是一架被劃掉的飛機，表達「禁止飛行」的意思。

在他們離開之前，葛莉塔在「包著毛毯的狐狸乞丐」雕像[9]前駐足了一會兒。

她望了望皇后大街、大橋、以及一水之隔外的國會。

「以前真的沒有人這樣做過嗎？」她問。

「就我所知，沒有。」斯凡特回答。

「這明明那麼簡單。」她說。

之後，葛莉塔騎車回家，繼續完成她那塊白色纖維板做的標語。那塊看板是她從一間建材行花二十克朗買來的廢料。

這個週一早晨的天氣很不錯，太陽從老城區後方探出臉來，降雨機率也不高，自行車道和人行道上穿梭著上班的人潮。

這只是個平凡的八月底早晨，就同數十年如一日的人行道和自行車道一樣平凡。

這只是個再平凡不過的開學日，只不過，葛莉塔並未前往學校，她騎著腳踏車到國會大樓前，緩速停了下來，並跨下車。

斯凡特用手機幫葛莉塔拍了張照，接著他們把腳踏車鎖上欄杆，把安全帽掛上握把。接著，葛莉塔微微地點頭向爸爸告別，她扛著看板，沿著腳踏車道往街角走，從那裡左轉就通往政府區。

「好啦，去上學吧！」斯凡特以似是而非的玩笑口氣朝她喊道。

葛莉塔沒有回答，只是逕自往前走。

就在那裡，就在皇后大街通往橋上的某處，葛莉塔越過了某道隱形界線。一道再也無法回頭、無法拋下未竟之事而離開的界線。

葛莉塔穿越大橋，從拱頂下走過，沿著前往國會走了幾公尺。接著，葛莉塔停下腳步，把她的標語放下，靠在紅灰色的花崗岩牆上。

然後，她把傳單擺放好，穩穩在旁就坐。

她請一位路人用她的手機幫忙拍了一張照，她把兩張照片上傳到她的社群網站上後，就把手機收進她的紫色小背包裡。

斯凡特站在腳踏車旁目送葛莉塔，直到她的身影消失在視線中。此時，一條大鮭魚從一旁的水面一躍而出，在空中停駐短暫的瞬間後，再度墜下，激起大片水花。

9　威爾斯雕刻家蘿拉．福德（Laura Ford）的作品。位於議會附近的大街旁，狐狸的眼神望向議會的方向。

在他們所在的聖靈島（Helgeandsholmen）[10]上方幾百公尺處，一隻猛禽鳥類盤旋空中，一圈又一圈。

可能是一隻老鷹。

還是一隻魚鷹呢？

斯凡特離開欄杆旁，往咖啡店騎去。他買了一杯燕麥奶拿鐵，接著坐到窗邊，試著工作。但他發現自己很難專注。

幾分鐘之後，出現第一則推特轉發，音樂人史達凡・林德貝（Staffan Lindberg）轉發了葛莉塔的推文。

接著又出現兩則轉發，再出現幾則。

接著是佩爾・霍爾格雷（Pär Holmgren）[11]和歌手史帝凡・孫特朗姆（Stefan Sundström）。也都轉發葛莉塔的貼文，一發不可收拾。葛莉塔在 Instagram 上的追蹤者本來連二十人都不到，推特上也沒多幾個。

但現在情況完全不同了，而且不能反悔退縮了。

另外，有一個紀錄片團隊來了。

這是影像工作者彼得・穆德斯提耶（Peter Modestij）的團隊，他上星期打電話給我，討論他正在創作的電影劇本，因此得知這星期將發生的罷課行動。上一個冬天，我們一家都讀過他的劇本，他很重視我們的意見，因為他從報章中讀到的葛莉塔和他筆下的長片主角非常相似。

現在他有了一間電影公司，他打算連續兩天拍攝葛莉塔的罷課行動，且自負盈虧。彼得的朋友納森・葛羅斯曼（Nathan Grossman）也來了。納森之前跟知名電視人亨瑞克・輝弗

（Henrik Schyffert）一起製作一部關於豬的紀錄片。他向葛莉塔打招呼，並問她介不介意他們進行拍攝。

葛莉塔覺得沒問題，他們便幫她裝上麥克風。

攝影機開拍了起來。從此刻起，葛莉塔的言行都以聲音和影像記錄下來。

不過，葛莉塔其實對他們在場這件事完全不關心，她只是想繼續坐下去，看看會發生什麼事。

所以她繼續堅守崗位。

她繼續孤獨地靠著那道大牆。

但沒有任何人為她停下腳步。

有人對她投以擔憂的眼光，更多的人選擇避開視線。

他們有更重要的事需要做。

他們可不想倘上這渾水。

兩名婦人停了下來，告訴葛莉塔上學的義務和學習的必要性，她們表達對她的未來與之後的學習感到擔憂。

一位名叫英格瑪．連茲哈格（Ingmar Rentzhog）的中年人走了過來，並對葛莉塔自我介紹後，他拍了一段葛莉塔的影片，並詢問他能否放到臉書上。

10 斯德哥爾摩由許多小島組成。聖靈島為其中之一，瑞典國會大樓坐落於此。

11 瑞典綠黨政治人物，並為鑽研氣候領域的氣象學家。

她點頭答應了。

在此同時，葛莉塔的推特和 Instagram 貼文開始發酵廣傳了。斯凡特打來跟我說，《ETC 每日新聞》（*Dagens ETC*）[12]聯絡了他，並說他們已經在路上了。不久之後，《瑞典晚報》（*Aftonbladet*）[13]也將抵達。葛莉塔將很驚訝事態發展竟如此之快，她會既驚訝又開心。

她之前並沒有預期到會這樣。

另一方面，關注環境議題的報紙《Effekt》的攝影師安德斯．海勒貝里（Anders Hellberg）也抵達並開始拍照，他在周圍走動，試著捕捉理想角度。其餘大多數時間，他就直接站在人來人往的街道中央。

他就只是拿著相機，微笑著站在那，一小時接著一小時。

當一些人停下來，站在葛莉塔周圍並就著眼前景象談論起來時，安德斯說：「就是這樣！」他舉起相機面對著葛莉塔和周遭的人們。

「就是這樣！」他一而再、再而三地大喊，同時奉上最爽朗的大笑。

有幾個像他一樣的人來了，那些已為氣候危機奮鬥數十年的人們。來自綠色和平組織的伊凡和芬妮出現了，並詢問葛莉塔是否一切安好。

「我們能幫得上什麼忙嗎？」他們問。

「妳有取得警察許可嗎？」伊凡問。

她沒有，她只是想著罷課，難道這種作法也需要警方許可嗎？答案是肯定的。

「我可以幫妳。」伊凡說，並解釋了一下關於民主政治的權力與可能性。綠色和平並不是唯一提供幫助者，許多人都挺身而出，想盡一己之力。但葛莉塔不需要幫忙，她靠著自己，獨立接受了一家又一家報紙的訪問。對我們父母而言，她能與陌生人溝通無礙便已是莫大的成功了，其他都不重要的了。

斯凡特的手機上收到第一個訪問的連結，他在《ETC每日新聞》上讀完訪問。他再重複讀了一次。

他不清楚這則訪問是如何進行的，但這是他讀過關於氣候議題最棒的訪問了。葛莉塔的答覆清楚而直搗核心，好像她生來就是專職接受訪問的。

不過，葛莉塔那天沒吃午餐，一來她沒時間吃，二來得在許多人面前進食。這個問題蠻大的，但至少她下午回家後就可以吃了。

葛莉塔結束這天的靜坐，終於要跳上腳踏車回家前，有一位新聞的記者上前表明身分，並告訴葛莉塔，她的行動已在社群網站上大大傳開了。

「有意思。」葛莉塔說。

「真的傳得很開。」那位記者繼續說。「我們可以問幾個問題嗎？」

時間早就過了下午三點的放學時間。

「不好意思，」斯凡特說。「我想她已經很累了。」

12 瑞典一份立場偏左、關懷環境議題的日報。

13 瑞典每日發行的小報。發行量在眾多北歐國家日報中名列前茅。

「沒關係的。」葛莉塔插嘴道。

她回家前又接受了最後一個訪問。

葛莉塔很開心，全身洋溢著愉悅的氣息。她跳上腳踏車，騎上回家的路。

94 不再孤軍奮戰

俗話說，當一個人的「行動」有了另一人的加入，一場「運動」便於焉展開。照著這樣的邏輯，這波全球氣候抗爭運動的起點，便可回溯到葛莉塔罷課第二天早上九點鐘。

那時，葛莉塔在阿道夫·弗雷德里克音樂學院的八年級同學麥森，詢問她可否加入靜坐行列，葛莉塔點頭答應了。

自此之後，葛莉塔就不再孤軍奮戰。

接著，又有兩名女學生加入他們的行列，並坐在冰冷的人行磚道上。

隨後，一名斯德哥爾摩大學的學生也加入了。

然後，是一位專程從哥德堡[14]遠道而來的三十多歲法文教師。

「我要被炒魷魚了。」他說。「但是無所謂，我覺得一定要做點什麼，總得有人站出來。」

《每日新聞報》與電視臺也聞聲而至。

14 瑞典全國第二大城，位於西岸，距首都斯德哥爾摩約四百公里，搭乘火車耗時至少三小時。

葛莉塔的老師不但加入了，還接受了新聞節目的採訪。

「理論上，作為老師的我不應該支持罷課運動。」葛莉塔的老師說道。「不過，作為人類的一員，我可以理解她為何這麼做。」

這段訪問有違教師中立原則，這位老師後來幾週遭受職場霸凌，導致她不得不請病假休息。

第一批酸民開始在社群網站上公開嘲諷葛莉塔，都是一些匿名假帳號和極端右派份子的訕笑。接著，她被一些國會議員攻擊，就那麼剛好，這些議員所屬的政黨是我們一些親戚及大多數鄰居所支持的。

那股嘲諷也出現在我們在街上及商店裡遇到的人們眼中。

政治人物狡詐而充滿訕笑意味的言論，就像栽入社群網站肥沃土壤的小種子，迅速開枝散葉，長成了帶著深深憎恨與輕蔑的強壯枝幹。

但這都還在意料之中。

最出乎葛莉塔預料的是，那股恨意與不屑竟可能來自與我們家的社交圈，甚至來自最親密的家人。

「如果你對氣候危機沒有全盤了解，那麼，你當然無法理解我的行動。而且，我知道多數人都不曉得氣候危機是什麼。」她再說了一次。

很多事她都一說再說，簡直成了口頭禪。

「我的氣候罷課行動是獨立於政黨政治之外的，歡迎任何人加入。」她解釋第七十八次，這次對象是一位路人，他詢問這是否跟政治有關。

斯凡特過去看看情況，他每天都會去幾次。

葛莉塔靠著牆站著，她身旁圍著十幾個人，看起來備受壓力。有一位《每日新聞報》的記者詢問能否採訪，斯凡特馬上發現事態不對。

「等等，我確認一下。」斯凡特說。他把葛莉塔帶到一個柱子後方的一座拱頂下。葛莉塔全身緊繃而且呼吸急促，斯凡特告訴她沒有關係，試著安撫她。

「我們現在就回家，」斯凡特說，「好嗎？」

葛莉塔搖搖頭，哭了起來。

「妳沒有必要做這件事。妳已經做得比其他人多太多了。這些我們都可以不要管，回家就好。」斯凡特說。

但葛莉塔不想回家。她就靜靜地站在那幾秒鐘，只是呼吸，她開始繞著小圈圈走路，試著把長久以來背負在身上的驚惶與恐懼都驅逐走。

接著，她堅定的瞪著眼前的空氣。

她的呼吸仍然劇烈，眼淚繼續滑下臉頰。

「不要。」她說。然後發出了一聲嗚咽，像是動物受到驚嚇時會本能發出的嗚咽，她正在衡量去留。

葛莉塔搖擺了一下。

「不要。」她又說了一遍。

「妳想留下來嗎？」斯凡特謹慎的問。「妳真的確定嗎？」

葛莉塔擦乾眼淚，做了個鬼臉。

「我要做下去。」她說。

她轉過身，並且已經冷靜下來了，她向等在對街的記者報以一個輕鬆的微笑。

葛莉塔回到罷課行動現場。斯凡特站在柱子後方半個小時，看照著他的女兒，留意著她的一舉一動。他覺得她可能隨時會逃跑，她可能隨時會被壓力與恐懼淹沒。

但什麼事都沒發生。

她就只是站在那，冷靜地與記者們交談，一個接著一個。

斯凡特以為，葛莉塔內心一定充滿掙扎與痛苦，並想要轉身離開，但她沒有。

她就繼續站在人群的中央。

有時，她的眼神會停駐在國會大樓外，但她現在看起來比第一天平靜多了。如果看得夠仔細，還會發現她其實臉上帶著淺到幾乎看不見的微笑，好似透露著，她知道什麼我們其他人不知道的事。

之後，記者們離開了。葛莉塔坐回她的藍色小坐墊上，讀起書來，以防止自己落後學校的進度。

她讀了瑞典文學史課堂指定的茉亞．馬汀森（Moa Martinson）著作《母親結婚》（*Mor Gifter Sig*）。她讀了社會科的書，研讀瑞典議會的選舉程序以及政府、議會、委員會以及各部門的運作方式。

她讀了生物課的書，認識基因與遺傳。

她只在上傳罷課行動的照片到推特和 Instagram 時使用手機。因為她決定，既然選擇照學校的時間表走，那她便須遵守在學校的規定，上課時間不應該使用手機。

三點一到，葛莉塔便收拾東西，騎車回家。

95 罷課第三天

我們戰戰兢兢地觀察葛莉塔的情緒起伏。然而，無論我們如何解讀，都只看到她心情越來越好，應該說，比好還要更好。她把每天早上的鬧鐘設在六點十五分，起床時總是開心得不得了。她騎車去國會時很開心，下午騎車回家時也同樣開心。

下午時，她會唸書追上學校進度，並瀏覽一下社群網站。

她準時上床睡覺，馬上就入睡，而且安穩地一覺到天明。

然而，進食方面還是沒有改善，至少在罷課行動期間是如此。

「那裡有太多人了，而且我找不到時間，大家總是想要講話。」葛莉塔說。

她雖然帶了煮好的豆子義大利麵，但很難順利用餐，只能靠著回家後多吃一些點心來補償。

「妳必須要吃東西啊！」斯凡特說，「如果妳不吃東西，這行不通的。」

葛莉塔什麼也沒說。

這些年來，葛莉塔的飲食障礙不但敏感，也是最難以解決的問題，而且我們還沒找到真正的解決方法。

但在行動第三天，發生了一件事。

來自綠色和平的伊凡再度來看葛莉塔，他手上拿著一個白色的塑膠盒。

「葛莉塔，妳想吃點東西嗎？這邊有一些泰式炒麵，」他說，「是素的喔！要來一點嗎？」

他手伸進袋子裡，葛莉塔身體前傾，伸手接下那碗食物。

她打開蓋子，來回聞了幾遍，就像是用鼻子掃描食物一樣。

接著，她吃了小小的一口，再一口，沒有人對此有什麼特別反應。為什麼該有反應？一個小孩坐在地上，坐在一群人之中，吃著泰式素食炒麵，這有什麼好驚奇的嗎？

葛莉塔繼續吃，她不只吃了幾口，而是幾乎把整份都吃完了，在人行道上、罷課標語前發生的這一幕，完全改寫了整個情況。

不久之後，有位男士提著滿滿一袋連鎖速食店的食物來了，他把漢堡、薯條、冰淇淋和汽水分送給在場想要的人。

「這些是蛋奶素跟純素的漢堡。」他驕傲地說，並把六七個印有速食店商標的紙盒放在孩子們之間。

「我不覺得這是個好主意。」葛莉塔說，並試著向其他孩子解釋。但葛莉塔說得太小聲了，而且孩子們實在太餓了，她的訊息沒有傳達出去。

所有食物都被吃完了。

當斯凡特到場看看情況時，所有食物都已經被吃完了。那位男士仍在場，正與聚集過來的人開心地交談，斯凡特向他表明身分，並帶他到一旁，試圖向他解釋。

「葛莉塔特別強調過，她不想要任何贊助商，所以麻煩你把那些包裝袋拿走，不要再提供食物給這些罷課的孩子。」

「但他們要吃什麼呢？」那位男士問。

「他們會解決的，」斯凡特說，「但因為這裡現場有許多攝影機，葛莉塔不希望有人來這裡展示他們的商品，因為這感覺不太對。她之前就談過這件事了。」

斯凡特試著解釋葛莉塔訂定的原則：拒絕贊助商、拒絕廣告、拒絕政黨標誌。那位男士有點惱羞成怒，並開始說他的公司投資了多少錢在開發素食產品上，以及他們在東非種了很多樹，所以他們的漢堡並沒有增加氣候負擔。他並說，他已持續在永續議題上耕耘了超過二十年。

「我不否認，但是，此刻你就是在工作時間來到這裡，並代表一間以屠殺牛隻、販賣肉類以獲得收入，進而快速拓展速食事業的公司。這和這些為氣候議題罷課的孩子們沒有關係。」斯凡特說。

「是沒錯，」那位男士說，「但人類總是得吃東西，而且我們都是同一個體系的一分子。」

他指了指斯凡特的鞋子。

「看，你穿著運動鞋，它們可一點也不環保。」他說。

「對，但你不能拿我的一雙慢跑鞋對上一間靠著速食賺了幾個億、急速擴張事業版圖的速食連鎖店吧？」

那位男士拾起他的食物袋和杯子離開。

這次漢堡事件過後，葛莉塔就禁止斯凡特靠近行動現場。她想照著自己意思做，她不想要有人代替她發聲。

葛莉塔坐在罷課行動標語旁，翻閱她的社會科課本裡關於瑞典憲法的章節。有幾位正在服兵役的皇家侍衛兵經過，這些年輕的男女穿著迷彩服，每個人的夾克上都繡著一面小小的瑞典國旗。他們看見葛莉塔，但卻刻意望向另一個方向，好似在宣示，在他們的世界裡，他們才是真正捍衛世界的人。

那天下午，稍早帶漢堡來的那位男士在 Instagram 上詢問葛莉塔，她真的不希望他為罷課的孩子們提供食物嗎？

「我當然很歡迎你支援我們食物，」葛莉塔回答，「但那食物不應從任何你工作的公司而來。」

那位男士回覆，這樣的話，他便比較難幫上忙了。

96 陰謀論

我可以向你保證，任何父母若經歷過孩子多年來無法與人交談，且只能在特定地點吃寥寥幾樣特定食物的痛苦，都會樂於見到這些複雜的問題突然消失無蹤。身為父母，這樣的改變已不只可稱正向，簡直能比擬成童話故事，甚至是魔法。

就算在此同時，某些較年長而保守的人們在社群網站或新聞報導中，寫了關於你的孩子的壞話，都無損於這個事實。

有些人說，有公關公司在背後操控這一切。

當然沒有。

葛莉塔的夏天並不是在神秘的廣告公關公司度過的，更沒有參加厚重隱蔽簾幕後方的一連串祕密會議。她沒有在那捏造她的背景、價值觀與見解，也不是受精明的左翼全球主義者喬治·索羅斯（George Soros）的影響，這一切的指控實在太經典了。

有的人還說，這全是為了增加國家影響力，以提高稅收，進而完成環保法西斯的全球大業。

這些共犯理論真是一個比一個誇張。

葛莉塔四、五年來如地獄般的生活，可不是為了引來各種波及人身安全的威脅，或主導全世界最瘋狂的共謀計畫。

幸好，葛莉塔背後也有無數的支持者，這些人數十年來為越來越迫切的氣候議題奮鬥，迄今不懈。

電視媒體從第一天就守在現場了。不知為何，雖然媒體對葛莉塔的處理方式和過去其他類似的環境行動相同，她就是引起比較多關注。

大家都在葛莉塔身後支持她。

就如同葛莉塔也支持著大家。

所有人互相支持著彼此。

「這個行動之所以引發這麼大的迴響，可能是因為這是人類史上面對過最重大的議題，而且，它已經被忽略超過三十年了。」葛莉塔說。

不過，沒有任何一個懷疑論者願意傾聽葛莉塔真正表達的內容，他們對永續議題漠不關心。

97 瞬間爆發的葛莉塔

葛莉塔的熱忱並非一天一天慢慢增長，而是瞬間劇烈地爆發了。

我們試著把她拉住，但她卻逕自一股勁向前衝，好似沒有極限一般。

在國會大樓前度過塞滿採訪的一整天後，葛莉塔還堅持要去文化中心的研討會。她先回家吃個東西，便馬上騎車到賽格爾廣場（Sergels Torg），然後三步併作兩步，跳上手扶梯到會場。現場很悶，葛莉塔拿到麥克風，步上舞臺。她受到搖滾明星式的歡迎，並在全球注目的聚光燈下站到氣象學家佩爾·霍爾格雷（Pär Holmgren）、名譽教授史達范·拉斯達迪爾斯（Staffan Laestadius）以及瑞典最大的兩個政黨的環境議題專員身旁。

葛莉塔做足準備，並單刀直入、侃侃而談。

我們正處在危機之中，而且我們對這危機毫無作為。

史達范·拉斯達迪爾斯跟葛莉塔說了一樣的內容。

舞臺上傳來的都是當頭棒喝、毫不退讓的話語。

同時之間，整場氣氛變得既充滿希望又嚴肅而慎重。

雖然，講者的用詞與所表達的內容和過去如出一轍，但新的故事篇章開啟了。

「目前情況真的很嚴重，」佩爾．霍爾格雷補充道，「十多年來，我一再強調這一點。老實說，我已經不曉得我們是否有能力解決這個危機。但是，我必須再一次的說，為時未晚，我們永遠可以選擇竭盡所能，做還能做得到的事。」

那位政治人物的反應是震怒，他對在現場所聽到的言論感到無比憤慨而激動。

「我們必須聚焦在給人們希望。」他說道，與今晚其他的言論劃清了界線。

另一位女性政治家的反應則完全不同。她哭了起來。她在摀住臉的雙手後嗚咽著，說不出話，這完全在眾人意料之外。

她拿出一張小紙片，有一小段時間，她只是神情迷惘地站在臺上，坐在觀眾席中的斯凡特覺得，他終於看到真誠而富有人性的反應了。

雖然，研討會的節奏被打亂了，但這真是個充滿希望的時刻。

斯凡特多麼希望她就停駐在那一刻的狀態當中。

他想看看，如果她放下身段，敢於直視真正的危機而不再閃躲，會發生什麼事？

他希望看到，如果她真的停下來認真反思，又會發生什麼事？

如果，我們都願意承認各自的失職呢？

如果大家都能停下來一下呢？

但當然，隨後她便恢復了理智。她放下了手帕，開始談起大家共同的挑戰、關於機會、就業和綠色發展。

綠色的、永續的成長。

在下樓的手扶梯上，葛莉塔轉身對佩爾．霍爾格雷說：「我的天啊，這比我預期的還糟，他們真的一無所知，政治人物真的什麼都不知道耶。」

「對，」佩爾說。他思考了幾秒，再補充：「我覺得他們已經太習慣跟商業代表和說客打交道，那些人看似知道所有問題的答案，他們總是把『所有問題都有解決之道』掛在嘴邊。」

「就像是政治人物總是必須能回答所有問題，他們永遠不能說他們不知道，即使他們真的一點頭緒也沒有。」

「就是這樣囉！」佩爾靜靜地笑道。

「怎麼這麼荒唐啦！」葛莉塔說。

就是這麼荒唐啊！

斯凡特和葛莉塔騎著腳踏車經過百貨公司，並朝著克拉拉港灣大橋騎去。

「每個人都好像沉溺於希望之中。簡直就像被寵壞的小孩。但是，如果我們其實根本沒有希望又該怎麼辦呢？」葛莉塔問。「我們該說謊嗎？然而，只懷抱著希望而沒有實際行動，終究是死路一條。當大家口口聲聲談論的希望落空時，我們又該怎麼辦？等到幾年之後，如果我們還是沒有達成那些大規模的必要改變，而我們的希望不但顯然沒有實現，還瞬間破滅了呢？我們就直接放棄了嗎？直接躺下等死嗎？」

幾輛車從他們身邊開過。一輛空蕩蕩的公車朝著鮑林德廣場（Bolindersplan）和國王大道（Kungsholmsgatan）的方向疾駛而過。

「如果是那樣的話，誰口中的『希望』真的稱得上『希望』呢？」葛莉塔繼續說。「他們說的『希望』，對我來說，可是一點希望也沒有。對我來說，只有等政治人物為了氣候危機召集緊急會議，而且氣候危機出現在全世界媒體頭版上時，那才真正叫作希望。」

他們把腳踏車牽下通往國王島港灣的臺階，接著騎回家。葛莉塔一回家就坐到沙發上，在摩西跟蘿西的陪伴下，她用手機看著各種動物影片。

在她看的 Youtube 影片裡，有幾隻狗跟著單調的旋律跳著舞。葛莉塔看著看著，笑到流淚。

98 碧昂絲與傑斯

「跳舞就像呼吸一樣。」碧雅塔說。她總是在跳舞，有時一天內甚至跳超過十小時。

她不跳舞時就在唱歌，或是演話劇。

當她做自己喜歡的事時，意志力和動力就無比強大。

在國會大選前，碧雅塔的在學校一個小組活動中，用手機錄製了一段影片。在影片中，碧雅塔唱著饒舌歌，並對著鏡頭說話，雖然這只是一個為虛構政黨拍攝的虛構廣告，最後的成品卻令人驚豔。她的演出就像呼吸一樣自然，天分展露無遺。

所有事情看來都上了軌道。

但學校方面卻變得更糟了，每個學期都換新老師，每個月都有新的代課老師及新的教室得適應。

每個禮拜，斯德哥爾摩市的網站上則有新的課程表需要下載，對有電腦以及擁有應用程式

「BankID」[15]的手機用戶來說，這個過程不消十分鐘就完成了，但對我來說，卻難如登天。對碧雅塔來說也是。

這感覺就像學校刻意設下障礙，考驗任何喜歡規律作息的人、不喜歡持續變動的人。

當然，對孩子們來說，他們對變動的適應能力是沒有上限的，所有人事物都處於不間斷的變動當中。

每一週都有新計畫，都需要出去在城市裡探索一番。

旅行、拜訪、變化。

這些變動幫孩子鞍上裝備，隨時準備好面對將來的旅程與變化，孩子們有機會體驗新地方，甚至和其他國家的孩子交流，這真的很好。

但這些機會難道其他歐洲鄰國都沒有嗎？

此外，這一切的進行的前提必須是對的交流、對的地方、對的父母、對的孩子。

不過，最糟的事並不是事情本身。

最糟的，也不是學校其實知道，在追求彈性的、外向的標準之中，所謂成功的學生形象早已既定，但許多其他學生則因為社交技巧的缺乏而處於弱勢。

最糟糕的是，許多學生對學校這刻意的設計其實了然於心。

特別是那些被打擊最重的學生。

他們懂。

他們了解那被背叛的感受。

他們知道自己的短處和失敗，是如何輔助外向的人生勝利組成功。

有一天，碧雅塔也加入葛莉塔在議會前的罷課靜坐行動，但畢竟那是葛莉塔的熱情所在，並非碧雅塔的，更甚者，自己姊姊的巨大成功也不是那麼容易適應的。

碧雅塔目擊了葛莉塔的 Instagram 瞬間擁有數萬追蹤，我們都認為這誇張極了。碧雅塔自己的社交網站頁面也被填滿關於葛莉塔的訊息，或是拜託她向葛莉塔問好的種種請求，每個人關心的都只有葛莉塔、葛莉塔、葛莉塔

但碧雅塔調適得很好，甚至可稱得上非常好。

「這太瘋狂了，」碧雅塔有天下午放學後說，「這就像碧昂絲和傑斯。」她下了一個酸溜溜的結論。

「葛莉塔是碧昂絲，我是傑斯。」

15 瑞典普及的手機應用程式，具有線上轉帳或付款時的密碼防護功能。

99 是誰的罪比較重？

人類正走向衰頹。

每週都有新的數據和報告，口徑一致地指出我們正以最快的速度朝錯誤的方向前進，而且，這些研究透露出的訊息越來越清楚，所有事情都變得越來越黑白分明。

不曉得誰應該擔的罪最重？

是石油和電力公司嗎？是服裝店或速食連鎖店嗎？是伐林公司或人工畜牧產業嗎？是那些在法律的保護之下，盡可能賣出最多商品以創造最大營收和利潤，進而回饋給股東們的企業嗎？

還是一心一意只為了下次選舉的政治人物呢？抑或是掙扎求生，必須迎合讀者口味的報紙新聞業呢？還是我們這些普羅大眾，靠著每天多消費一點，好讓令人心煩意亂的日子得以過得下去？

有沒有可能，根本該歸咎於我呢？我明明有機會投入了解問題，卻選擇了依賴政治人物、企業以及媒體報導呢？

或者，該把責任推給不曉得如何傳遞事實的科學家嗎？他們的所學僅讓他們知道要向大眾傳達：「危機會在二十至三十年內降臨」。然而，現實世界中，危機其實此時此刻已逼近眼前，比任何人所預測的、比任何先前的研究結果都要早得多。

還是該怪罪給財務獨立的公家機關呢？他們理應研究我們社會各層面的現況及其對後代子孫的影響。然而，他們的員工卻正面對來自意識形態敵對方的壓力，而且，他們又因需追求點擊率和觀看次數而可能無法純然客觀。

100

享樂的成本

儘管葛莉塔一直強調，氣候危機只能以民主手段解決，但她卻一再被指控倡導「氣候獨裁」。雖然她不斷說明，人類難以找出氣候危機的解方，是礙於現有的政治和經濟體制，她仍不斷被指控提不出答案。

想當然爾，這種指控都是明顯的算計，因為這些批判者並沒有要傾聽的意思，也無意試著找出可行的解方。

若一個人認為氣候危機根本不存在，他怎麼可能會想試著找出解方？不可能的。因為，若他發覺氣候危機是真實的，豈不就意味他必須推翻自己對世界的一切認知？

若真如相關領域的研究團隊們所宣稱，現今的氣候危機是人類的生存危機，那無非便是指控當前的世界樣貌是造成自然失序、造成人類有史以來最大的威脅的主因？

不，因為對不想改變的人來說，這一切都太天馬行空。

不如花時間談法律和秩序，這還比較容易一些。

或是談安全問題。

要不就是犯罪問題、難民或就業相關議題。

還有談錢。

永遠都是錢、錢、錢。

只要所有事物都變得更好、更大、更強、更快就好，這能有什麼問題呢？

反正不會出什麼嚴重的紕漏吧？

話是沒錯，但孩子們的未來沒被納入考量當中。

根據這些人的邏輯，一個十五歲的小孩仍是沒有能力為自己做決定的，就算他們隨時能透過網路與全球數位化知識同步連線，形同擁有無盡的資訊庫，也是一樣。

根據批判者的說法，相較於現代社會的發展，孩童的能力發展是反其道而行的，但在過去，一名十五歲的青少年可能已是母親、勞工、軍人、獨立的個體，但在當今的社會之中，他們卻無力獨自處理任何事，無一例外。

無論如何，只要孩子們尚無法照某些成人期望的方式思考，就是必須上學，必須在學校學習做人處事的道理。

如果他們真的想拯救世界，他們的首要任務就是按部就班拿到一個稱頭的學位，這才符合正規的程序，接著繼續進修，成為一名工程師或科學家，這樣一來，在十到十五年後，他們就可以投入職場，做出真正的改變。

即便到時可能為時已晚，這些批判者也不打算把這點納入考量。總之，在批判者的認知裡，我們當前面對的、那場急需人們付出行動的氣候危機，壓根並不存在。

然而，這場罷課行動從根本推翻了那些批判者的思維。

它就是這麼簡單明瞭又有具有挑釁意味，正如它所應有的樣子。

時鐘滴答地走，時間不斷流逝，還有什麼比孩子的教育更能彰顯這個問題？

他們為了什麼而學？學習又有什麼用呢？

突然之間，我們能夠展開行動、並對社會造成根本改變的僅存時間，已比學校教育的時間來得短了。

在檯面上沒有任何明顯的改變的情況下，孩子們面對自己最基本的生存權利被奪走，而卻連投票發聲的權利都沒有，更遑論對企業、研究、媒體及政治決策幾無影響力的時候，他們又能怎麼辦？

最受氣候危機影響的一代，反而最沒機會發聲。

我們得到的便利、我們自認的需求，卻對他們的未來不利。

我們的休閒方式是剝奪他們的基本生存條件。

我們的成長，犧牲的是他們的成本。

我們的嗜好是用他們的基本人權換來的。

我們長期以來對地球上較貧窮地區的人們做同樣的事，這真的是一齣無盡的悲劇。

但是，這種說法顯然不怎麼打動人。

因為人們並不在乎，人們習於這樣踐踏他人。

然而，若攸關我們自己的後代，大多數人就沒那麼容易忽視了。

罷課行動看起來似乎起作用了。

在我們自身的富庶與貽害子孫之間的矛盾所引發的衝突，正足以驅動新一輪的激辯與關注，迸發新思潮。

這一切當然都是無意間造就的，不可能事先安排。雖只有百萬分之一（甚至可能是數十億之一）的機率，事情還是就這樣發生了。罷課的孩子們說，解決危機的方法是真正把危機當作危機看待，這個想法其實並不是什麼新觀點。

然而，如我所說，這已不是重點。一直以來，重點都不是在於找出替代性思維、系統調動或新的解決方案。

這一直都是關於大部分人執迷不悟，想照一樣的方式生活下去。這一切都起源於人類對於改變的恐懼，這又恰好對當前得勢者是有利的。這股恐懼對那些享有特權的少數人來說，是非常易於操弄的。

他們竟有辦法藉此吸引許多多憤怒的、苦悶的、薪資低且被剝削的白人男性站在他們那一邊，實在是一個令人無法參透的現象。

這也顯示出，人類之所以會卡在《第二十二條軍規》[16]式的困局當中，也許並不是那麼難以理解的。

因為，如果你在當前的社會體制下是個贏家，你當然會竭盡所能捍衛這個地位，還有什麼比把輸家們拉進來一起奮戰更輕鬆的呢？

畢竟，「失敗」其實是相對的，我們多少都是輸家，端看你從哪個角度來看罷了。

16 美國作家 Joseph Heller 的長篇小說，原文書名為 *Catch-22*。

這股勝利組的勢力完全不缺招募對象，箇中祕訣卻又簡單至極，他們徵人來確保自己的小宇宙完好無虞，這樣的人越多越好。

他們想保住工作、住所、假期旅遊、玩車嗜好、當然還有財產。

他們盡可能讓更多人感受到改變與衰敗的可怕。這些人會不惜用盡手段，以捍衛他們安穩的小世界；他們會為了保住現有的穩定食物供應鏈而向任何威脅宣戰。這些威脅包括了移民、難民、自由主義者、社會主義者、女權主義者、社運份子等等。

他們的手法與目標一樣簡而易懂，看似聰明但實質愚蠢。

葛莉塔站出來抗爭。在某些狀況下，一些平日受人敬重的人物失去冷靜，她不只呼籲所有事情都需要改變，她還有勇氣開誠布公地談論自己患有自閉症。

對那些批判者來說，事情不應該是這樣的。

這完全不符合某些人的意識形態，他們習於有意無意地忽視弱勢者。

這與社會中「強者獲勝」的潛規則相違背。

人們聽見的應是最大聲的那一個，制定規則的則應是最強壯的那一方，這就是所謂的市場機制。

然而，在國會前的石子路上，其他規則也變得可能。

那個曾經隱沒在人群中，默默無聲的女孩，突然成為大家專注聆聽與注視的對象，批判者們被這個現象惹毛了，一定得起身批評。

憎恨每分每秒都在茁壯，編造的故事、謊言與人身攻擊也同步增長。

總歸來說，他們最主要的攻擊手段仍是「斷章取義」。

葛莉塔的背景故事在網路上唾手可得；只消簡單的 Google 一下，便能遍覽與她相關的事實資訊。然而，當假資訊讀起來更具娛樂性，刻意忽略事實可以吸引更多讀者時，又何必那麼認真呢？

101

黑特是不會停止的

時光飛逝，葛莉塔的罷課行動已經進行兩週了。

每天早晨，她騎腳踏車前往國會大樓。然後，把車停在國會大樓前方的欄杆旁。

每天早晨，她與我們這些一副事不關己的人會面。

我們這些生活被其他事情填滿的人。

我們這些坐在車子裡，聽著廣播節目的人。

我們這些站在地鐵上用著手機的人。

我們這些坐在公車上，幻想著逃離這一切的人。

我們這些談論吃過的食物、看過的足球賽的人。

我們這些打掃自己的房子與公寓的人。

我們這些清理自己的窗戶、擺放好自己的枕頭、將書架分門別類的人。

我們這些認為生活會一直維持現狀的人。

《衛報》前來採訪，並發行了第一篇重量級的外國媒體報導，雖然之前也有來自挪威和丹麥的媒體報導，但這又是另一個層次。

葛莉塔向每一個詢問的人分享她的故事，並親自回答每一個問題，其餘時間她則鑽回自己的書本中。

大家都以為葛莉塔是從這次二〇一八年八月二十日國會前的行動，才開始有這不尋常的一面。

但事實並非如此。

遠在更早之前就開始了。

我有一篇得到超過一萬一千個讚的臉書貼文。在留言區，有超過數百個留言盛讚葛莉塔，她給了人們希望，人們似乎都頗能認同她的所言所想，那則貼文早在罷課行動前就貼出了，一點也不新。

那是我在二〇一六年十一月九日早上所寫的，至今未曾修改過。

那天早上，斯德哥爾摩被埋在超過半公尺厚的新雪當中。幾個小時前，斯凡特感覺到有一股冷風吹過整間公寓，他從沙發上爬下來，待在地上避風。就在那時，美國總統大選的民意指向從希拉蕊．柯林頓轉向了唐納．川普。

那一晚，美國有了新總統。那位新總統名叫唐納．川普。

我在貼文中寫道：「很多人今早都感到無比恐懼，我也是其中之一，但我們不應向恐懼屈服。無論左翼或右翼我們必須突破隔閡，團結一致。我們必須此時此刻便起身反抗，我們必須團結起來，在這極度分裂的世界，對抗黑暗與仇恨勢力的崛起。我們永遠不應以同樣的憎恨與霸凌手段對抗仇恨、種族主義與欺凌。我們永遠不要自甘墮落成為仇恨的一份子。反之，我們必須試著減少彼此的隔閡，我們必須團結一致，為人道主義與『人生而平等』的價值奮鬥。當他們自甘墮落，我們反而要逆風飛翔。

現在不是哀嘆或害怕的時候。

現在是我們團結起來的時候。

註：我的大女兒對環境議題很有熱忱。她所讀所知遠遠超越了我。她總是這樣說：『當氣候危機已經這麼病入膏肓之時，唯一的解藥就是讓唐納·川普贏得大選，唯有這樣，大家才會意識到事情有多嚴重。當川普這樣一個否認氣候危機的瘋子贏得選舉成為世界上最有權勢的人時，人們可能才會終於覺醒。這才能夠真正撼動大眾，及時啟動大規模的反抗運動，讓真正的改變發生。』她的想法今天看來特別珍貴而予人希望，我等一下就要帶著我的希望去叫醒她了。時候到了，我們必須挺身而戰了，為了葛莉塔，也為了所有孩子！」

那天早晨，葛莉塔帶著笑容醒來，她揉了揉眼睛，抬頭看著床上方貼著的元素週期表海報。平常，她會先瀏覽一輪元素週期。但是，她卻先說道：「這大選結果當然很糟，今天若是希拉蕊或歐巴馬繼續當總統，所有事情都會一如往常。然而，川普卻是一記警鐘。」

我本來想在葛莉塔罷課期間再次分享這則貼文，但我沒有。

我想，每件事都有它適當的時機點。

那些批判者想恨，就該死地讓他們去恨吧！這樣一來，大家就會看清他們是什麼檔次的人。

我們一家老早就知道那些人的真面目了。

我們在社群網站上收到死亡威脅，有人甚至寄糞便給我們。

社會局寄信通知我們，他們收到大量的投訴，控訴我跟斯凡特是不稱職的父母。然而，在信件中，社會局以大寫字母強調，他們不會對此採取任何行動，我們把那幾個大寫字母看作是國王島區公所一位匿名職員的善意，這溫暖了我們的心。

然而，我卻無法對那些恨意無動於衷，無法完全擺脫它們的糾纏。因為，有時我會開始擔憂，他們可能會把我的孩子從我身邊帶走，我們可能沒辦法留住她。

起而發聲會招致憎恨。

挺身而出會招致憎恨。

所有事情都會引發可怕的、大量的仇恨。

仇恨是不知分寸的。

黑特（haters）是永遠不會停止憎恨的。

102 制定策略

葛莉塔在國會前的靜坐活動有越來越多人加入。孩童、成人、教師、退休人員都名列其中。

攝影師安德斯・海勒貝里（Anders Hellberg）每天都來報到。他協助拍照並提供照片讓需要的人使用，且分文不取。

「想要的人都可以用這些照片，這是我表達支持的方式。」

有一天，有一整個小學的班級來訪，他們想和葛莉塔說說話，葛莉塔卻表示她必須離開一下。

她慌了。

她退到一旁，忍不住哭了起來。

過了一會兒，她平靜了下來，並走回去向孩子們打招呼。

之後，她解釋道，有時她覺得跟孩子們很難相處，因為她過去有過很不好的經驗。

「我從沒有遇過哪群小孩不刻薄的。不管我在哪裡，總是有人要因為我的與眾不同而欺負我。」

連續三個禮拜，葛莉塔每天在國會前靜坐七個小時。

很多人來跟葛莉塔說話，大多數都是一些友善而想表達支持的人，他們告訴葛莉塔，他們聽進了她所說的話。每天都有人說，因為葛莉塔，他們放棄了飛行、停止開車或成為了純素主義者。

在這麼短的時間內就能發揮如此巨大的影響力，是非常震撼人心而帶有正面意義的。當然，這也招來一些敵意。大家都搶著發表己見。

「最困難的是哪個部分呢？」我問葛莉塔。

星期天我們全家都放假，一大早，我們散坐在客廳地板上。

「有好幾個不同的部份。」葛莉塔回答，「例如，那些說根本原因是人口太多的人。如果人口太多，就勢必得想辦法縮減人口，事實就是這樣。接著，就有人把問題指向我們這些孩子，或是開發中國家的人。因為很多人認為，我們根本不應該生更多孩子，或者說印度、非洲或中國的人口太多。實情是，地球上大多數人並非單靠個人的資源過活。就像我們瑞典人，我們生活的方式必須要四個地球才撐得起來，我們卻認為問題是人口過剩。如果世上所有人都像我們一樣的生活，那『控制增溫在攝氏兩度以內』這個目標早就已是無稽之談，什麼『未來』更是談都不用談。」

葛莉塔坐在地毯上，摩西在她跟前。牠睡在我們近十年前在網路上競標來的、印著紅色圖樣的地毯上。那條地毯無論積聚了多少髒汙和狗毛，看起來仍十分乾淨，常年如新。

「另外就是談核能的那些人。」葛莉塔繼續說。「除了核能，他們一概不談，就好像氣候危機、生態危機都不存在一樣，他們就只想討論核能，什麼事實都一概不知，甚至對最基本的概念都摸不著頭緒。他們只會問：『妳對核能的看法是什麼呢？』接著他們臉上就會掛起微笑，一副他們靠自己解決了整個世界的問題似的。不過，最可怕的是，政治人物也跟他們一樣，政治人物明明知道核能已不再是個解方，卻還是重複同樣的做法。」

「那科學家又怎麼說？」我問。

「政府間氣候變遷專門委員會（IPCC）宣稱，核能可算是整體解決方案的一小部分。」斯凡特接著答道。「但是，他們也說，再生能源才是能源問題的終極解方。不過，這也不是科學家可以決定的，他們只是提出理論上可行的方案，但沒有納入任何政治或現實方面的考量。這就好比，我們今天蓋一座新的核電廠明明需花費十到十五年，明天卻馬上需要好幾千座蓋好的核電廠，完全只是空談。」

蘿西跑到葛莉塔和摩西身旁，在地毯上趴了下來。牠舔了舔腳掌，伸展了一下，就像摩西一樣。

兩秒鐘之後，牠馬上睡著了。

「好，所以說，我們現在需要大量新的、不使用石化產品的能源。而且，現在就需要。」葛莉塔說。「我們必須投資在最好、最便宜又最快可得的替代方案。這樣說來，我們為什麼要捨棄幾個月就可以完成的風力或太陽能設施，偏要投資在需要花上十年建造的核電廠呢？為什麼當風力和太陽能設施不但比較便宜，且每分每秒價格都持續下探時，卻非得要投資在一種貴到沒有公司想要投資的建設上呢？為什麼要捨棄零風險的能源方案，反而選擇風險很高的呢？再怎麼說，我們連現存的核廢料如何處置，都還沒找出終極的解決方案呢！而且，如果我們想要以核能取代所有石化能源建設，我們必須從今天就開始蓋第一型的核電廠，而且一天得蓋完一座。光光訓練能夠蓋核電廠的工程人員就得花上好幾十年了，所以核電完全不是個選項。這大家都曉得，但為什麼大家還是繼續討論？」葛莉塔重複說道。「不管政治人物到底是真的愚蠢到不知道事實，還是就只是想浪費時間，都讓我很害怕。我說不出哪一種比較糟糕。」

「我認為，核能議題對很多人來說，是個重要的象徵。」斯凡特說。他坐上從廚房延伸到客廳的吧檯旁的高腳椅上。「如果一個人想躲避談論氣候危機，轉而討論核能就是個好選擇，因為這樣一來，討論就會陷入膠著，核能絕對是氣候變遷否定者最好的朋友。我會知道，就是因為我以前就是其中一員。我以前覺得，使用核能是個非常好的解決方案；我認為那些老是想把核電廠關掉的環保主義者，實在有夠無聊而且跟不上時代。我那時覺得，核能是有未來的，前景樂觀。我想相信人類可以解決一切。一直以來，我們總是能夠找出各種問題的解決方法。只要我們成功找出解方，我們自己就不用改變了，我們毋須改變現存的世界秩序，仍然可以隨心所欲的前往任何想去的地方。而且，我也可以買我偷偷夢想著的豪華休旅車，我也可以想吃什麼，就吃什麼。人類主宰自然，沒什麼需要改變的，也許只是需要變得更有秩序罷了。」

斯凡特抓抓頭髮，伸展了一下，在椅子上轉了半圈，繼續說道：「我覺得妳應該完全避談核能，單純專注在整體解決方案上較能引起大家的興趣。五到十年前的狀況跟現在不同，那時，核能的拓展還可算是解決方案的其中一部份，但我們現在面對的危機，早就跟兩、三年前大相逕庭了。」

「為什麼有些政治人物那麼反對風力跟太陽能發電？」我問，「是因為太便宜？太簡單？還是如果各國可以自力完成，那麼每個國家都可以真正獨立而不必依附其他國家？」

蘿西又醒來了，牠起身在葛莉塔和摩西周圍聞聞嗅嗅，然後再度趴下來。這次，牠把頭枕在摩西的後腿上。

我們維持靜默地坐了一陣子，看著蘿西這隻拉不拉多的小心臟在胸部下方跳動。葛莉塔摸著牠身上的黑毛說道：「回到靜坐行動。我覺得最困擾的其實是那些想來賣東西的人。那些人對我說：『嗨！我有一間公司，不曉得妳想不想跟我們合作呢？』要不就是那些想邀請我去參加會議、寫書、拍紀錄片的人，每個人都想分一杯羹。我們這些靜坐者強調，每個人都應該後退一步自省，因為這是唯一能拯救氣候的辦法。然而，我們碰到的卻都是想要更多的人、想要借題發揮的人。盡是那些想要投資在自己身上，讓自己升級的人。」

我認為，全世界七十億人都應該享有過好生活的權利，但事實並非如此。只有一小部分人過著超過環境負荷的富裕生活。

問題是，我們就屬於那一小部分人。

同時，我們這些已經生活無虞的人，還被繼續鼓吹要得更多。買得更多、吃得更多、做得更多、造訪更多地方。

有時候，我們會想起以前的樣子。那時的我們，怎麼會沒料想到我們今天面對的危機呢？如果不是因為我們的女兒，我們的生活還會像今天一樣嗎？過去三四年，要不是因為她們，我們的生活還會一樣嗎？如果我們在互相爭辯的盡頭，沒有承認自己的失職，我們的日常生活又會是怎麼樣的呢？

至少，我希望我們不管如何，仍採取了行動，改變了我們的生活。

但我懷疑。

我不禁試想，人們可能會想起，國會大樓外突然有個十五歲的女孩正進行「為氣候而罷課」的行動。

我們應該做出什麼反應呢？

我們選擇忽視她嗎？

我們是否閉上了雙眼？

我們是否選擇相信那些模稜兩可的共犯說？

我們把過錯怪罪給中國嗎？

我們是否試圖打擊那位罷課的女孩？就算只是單純憎恨她？

我們是否別開了頭，試著假裝一切如常？

老實說，我們是否願意自發性的按下暫停鍵，反思自己的生活？

103 什麼都沒有改變

罷課行動的聲勢越加茁壯，且隨著時間過去，情勢升溫的速度越來越快。罷課行動趨近結束之時，葛莉塔身後已跟著英國廣播公司（BBC）、德國公共廣播聯盟（ARD）及丹麥公共電視臺的團隊。

我那天晚上有彩排。馬上就是音樂劇《宛如天堂》（*Så Som i Himmelen*）的首演日了。在劇院的工作日十分漫長，我回到家時，葛莉塔已經睡了；我早上睡覺時，她則已經出門了。我根本沒注意到電視記者在公寓附近出沒，試圖拍攝葛莉塔的早晨生活。

最後一個星期五到來時，全瑞典已有超過一百個地方加入抗爭。在德國、芬蘭和英國也有些人加入抗爭行列，在荷蘭有百位孩童在位於海牙的國會外進行罷課運動，挪威則有數千名抗爭者。

規模驚人地大。

珍寧・歐基芙（Janine OKeeffe）是抗爭者之一，她是澳洲人，且與一小部分的抗爭者已有多年交情。她試著協助安排所有事情。瑞典自然與青年協會（Fältbiologerna）與綠色和平組織也都試著幫忙。當然還有許多其他組織也試著出一份力：氣候瑞典組織（Klimatsverige）、大自然保護協會（Naturskydds-föreningen）、科技公司「我們沒有時間了」（We don't have time）、風暴警告組織（Stormvarning）、父母吶喊組織（Föräldravrålet）以及環境藝術家組織（Artister för miljön）全都嘗試協助。

所有氣候與環境鬥士都以自己的方式來幫忙，全部人都盡了一己之力。靜坐行動最後一天，總計一千名孩童與成人加入葛莉塔的靜坐行列，而來自許多不同國家的媒體都來到錢幣廣場（Mynttorget）進行現場連線直播。

她成功了。

葛莉塔完成了她的計畫。

她成功在瑞典國會外進行了三星期的罷課行動。

她成功讓氣候議題得到更多一點關注。

或應該說，多了非常多關注。

很多人說，她一人在氣候議題上所達到的成就，已遠超過數年來政治人物和媒體的作為。

但葛莉塔不同意。

「什麼都沒有改變啊！」她說，「碳排放量還是一直增長，我們沒有看到任何變化。」

三點一到，斯凡特來接葛莉塔。他們走過拱廊下，來到國會大樓外的停車處。

「妳滿意了嗎？」斯凡特問。

葛莉塔沒有出聲。

他重複問了一次，但葛莉塔還是沒有回答。

他們把腳踏車解鎖，騎上回家之途。

「不，」葛莉塔說。她回頭直視著通往舊城區的大橋。

「我想要繼續。」

104 未來星期五

罷課行動結束的隔天，是二〇一八年九月八日星期六，也是瑞典國會大選前一天，葛莉塔將在斯德哥爾摩的全民氣候遊行（People's Climate March）演講。在世界其他地方也有數以萬計的人們，將在這天為氣候議題走上街頭，很多人都盼望著這次的全球示威行動可以達到前所未見的規模，但顯然得到的迴響還是與理想有所落差。

就算許多人仍滿懷希望，然而，即便在夏季森林大火連連、世界各地極端氣候急遽升溫的情勢下，國際間的氣候與環境運動仍舊龜速發展。

葛莉塔將在遊行行列到達終點時，在皇宮前進行演說。葛莉塔為此計畫已久，她打算誦讀她為報紙《ETC》撰寫的文章。

但是現在，她想在遊行即將開始時，大家邁出步伐之前，再加一場演說。斯凡特問葛莉塔，她真的認為這是一個好主意嗎？

在此之前，她只公開演講過一次，那是在一間餐廳外。那時，有幾位藝術家和我們的朋友們被邀請來參加「支持葛莉塔」的演唱會。

在那之前，葛莉塔從未向多於一個班級的人發表演說，而且在那些場合上，她看起來並不開心。

不過，這次她卻非常堅持。於是，斯凡特打電話給綠色和平的伊凡。伊凡表示，在示威活動開始前有非常多複雜的程序要安排，但還是答應會想辦法。

「只是看用什麼形式罷了。」伊凡說。

活動現場有很多人聚集。將近兩千人來到公園中的舞臺前，舞臺就在面對西橋（Västerbron）的小丘後方。在場的人數不但已達平時氣候抗爭活動的兩倍，且還有更多人正在路上。

今天天氣十分舒爽。風在樹木、三角旗子與橫幅標語之間流竄。

雖然大家都心知肚明，這樣的規模還不足以讓氣候議題成為眾人關注的核心，但至少這一天的遊行活動感覺不太一樣。

跟平常很不一樣。

感覺有什麼事即將發生。

很快就要發生了。

這也許是因為現場群眾的組合已不再只是那些熟面孔了，不再只是那些以往就常上街的倡議人士，也不只有那些穿著北極熊裝的綠色和平志工。

一夕之間，各形各色、各行各業、各種政治立場的人都站出來了。

「這是我第一次參加示威遊行。」一位衣冠楚楚、四十來歲的中年男子表示。

「也是我的第一次！」他身旁的女士附和道。

主持人介紹葛莉塔上臺。葛莉塔緩步但堅定地走上環形舞臺中央。另外三名過去兩週跟著葛莉塔靜坐的女孩伊迪特、米娜和摩莉根，也陪著她一起上臺。

群眾歡呼。

然而，另一方面，斯凡特卻極度緊張，不曉得接下來事情會如何開展？

葛莉塔說得出話嗎？她會開始哭嗎？還是她會逃離現場？

他覺得自己是個很糟的父親，沒有一開始便清楚而堅定地說「不」。事態發展至此，規模變得太大，甚至有些脫離現實了。

幸好，葛莉塔很冷靜。

她從口袋裡拿出預先準備的講稿，看向扇形的觀眾席，眼神在人群之間游移。

接著，她抓住麥克風，開始說話。

「大家好，我叫作葛莉塔，」她說，「我接下來會用英文演講。我希望你們能夠拿起手機，把我說的話錄下來，並上傳到你們的社群網站上。」

觀眾驚訝地笑了。大家照著她的話，拿出手機，準備開始錄影，只消幾秒鐘的時間，幾乎有手機的觀眾都拿著手機對準臺上這四位女孩。

「我的名字是葛莉塔．通貝里。我今年十五歲。這是米娜、摩莉根以及伊迪特。過去三個星期，我們為了氣候議題而發起罷課行動，昨天是我們行動的最後一天，但是……」

葛莉塔停頓了一下。

「我們要繼續這場行動。從現在開始，每個星期五，我們會坐在瑞典國會外，直到瑞典達成《巴黎協議》的目標。」

群眾喧騰。

很多人跟葛莉塔說過，她的抗議行動應該要有明確的訴求清單，或類似宣言之類的東西，以便於傳達給政治人物。

但是，葛莉塔拒絕提出任何具體訴求。

「如果我們提出許多具體的解決方案，那麼大家都會覺得這樣就夠了。然而，事實並非如此，我們需要的是系統性的改變以及嶄新的思維模式，我們真正需要的改變其實潛藏在各種協定與研究報告的字裡行間，不是任何形式的『宣言』所能包含。」葛莉塔一次又一次的解釋道。「我們唯一能做的整件就是把決定權交到科學家手中。我們只是孩子，我們只能照著專家所說的行事。」

夏末的暖風在公園上方的樹梢玩耍，群眾歡呼起來。葛莉塔接續著說道：「我們央求你們一同加入。坐在你家鄉的國會或地方政府門外，或其他任何地方，直到你的國家達成『維持增溫兩度以內』的目標。我們擁有的時間非常稀少。假如我們失敗了，便要大難臨頭了。」

葛莉塔右手握著麥克風，左手則拿著那張講稿。她的聲音十分沉穩，絲毫沒有半分緊張，她看起來很自在，有時甚至露出微笑，身在觀眾席中的斯凡特也放鬆下來了。

「我們需要大規模的改變。我們必須把改變實踐在日常生活中的每個面向。當其他國家做得不夠時，生活在富裕國度的我們更必須以身作則，大人們讓我們失望透頂，且既然媒體、政治人物等等都不斷忽略當前危急的情勢，我們就必須自己負起重任，並且就從今天開始。歡迎每一個人的加入，我們需要每一個人，懇請大家加入我們。謝謝！」

觀眾們站了起來，鼓掌叫好。

「你一定感到很驕傲。」站在斯凡特身旁的女士對他說道，她認出他是葛莉塔的爸爸。

「驕傲？」斯凡特重複她的話，為了蓋過群眾的歡呼而提高了音量。「不，我並不感到驕傲，我只要看到她很高興，就感到無與倫比地開心了。」

大家的掌聲持續不斷。葛莉塔轉向伊迪特，在她耳邊悄聲說了幾句。接著，她們互相點了點頭。

接著，葛莉塔臉上掛上前所未見的美麗笑容。

這一切，我都是在奧斯卡劇院（Oscarsteatern）透過手機直播看到的。

我的眼淚止不住地掉。

105 希望需要積極的行動

我們希望自己在別人的記憶裡是什麼樣子？
我們處在四處著火的時代會留下什麼？
從生態的角度看，我們目前為止做的每一點都失敗了。
然而，我們能改變它甚至可以快速改變。
我們還有機會將一切導回正軌，因為只要我們願意，我們人類可以達成所有事。
希望無所不在，但它是有前提的。
如果我們不去滿足這個前提，希望就只是空泛的承諾，阻礙我們急切需要的巨大變革。
我有希望，因為我相信我們的善意以及承認自身的不完美。
前進的道路不會導致抹黑或獵巫行動，也不會阻礙我們個人的競爭。
不過，我的希望需要我們極端的行動。
我的希望不在於十年內有能力做什麼，因為再等十年恐怕就太遲了。
我的希望存在於當下，我堅信，為澈底的變革而努力不懈的人正在期待一個驚喜。

只要他們願意以身作則。

人類史上留在記憶之中的最大領頭狼王，都有一個共同點：他們在正確的時間點決定用當下來改變未來。

如果我們的命運真掌握在媒體的手上，那真的是再好不過。媒體早就清楚自己肩上的責任，他們了解過去做出的決定，也了解要怎麼做才能修復事情。他們也知道如何在危險中取得信任。

每個單一行動都是集體行動的一部分，集體行動一天比一天強大。在我們等待著模範、新聞編輯或是政治人物採取行動之時，我們也應該竭盡所能。

既使超出我們的能力之外的事，我們也該努力去做。

我們必須跳脫原本的框架，踏向未知的領域。

我們必須開始傾聽長久以來一直忽視的聲音。

我們必須往前行，但讓身後的門敞開給所有晚點才會到達的人。

因為每個人都受到歡迎，每個人都被需要。

106 恐音症

深夜裡，我的手機突然震動。家裡已經一片漆黑，葛莉塔、斯凡特跟狗狗們已經入睡，碧雅塔從樓上發了訊息給我。

「這完全說中我。」她寫。

她傳給我一個 Youtube 影片連結，還有一個網站的螢幕截圖，恐音症，三個字出現在上面。

「我在找病徵，」碧雅塔繼續打，「這裡寫的狀況完全描述了我的感受。」

我讀著，往下滑，繼續讀下去。

那是另一條死路嗎？難道又是另一個鐵軌終點，吸引著貪婪的禿鷹，伺機從別人患上的疾病大撈一筆？

不是的。

恐音症似乎真的存在。我馬上在《紐約時報》、《南瑞典日報》（*Sydsvenska Dagbladet*）還有好幾家報紙上找到相關文章。而這些文章提到的狀況都符合碧雅塔的情形。全都命中。

恐音症是一種神經學症候群，特色是對於特定噪音有負面反應，日常噪音、呼吸聲、嘖嘖聲、低聲細語，或是餐具放到瓷盤上的聲音。

我們大部分的人當然也會對特定聲音敏感，但是對於有恐音症的人來說，所謂的觸發噪音會帶來強烈的干擾，以至於他們在某些情況下完全招架不住，症狀就會以憤怒或充滿壓力的狀態來表現。

碧雅塔總是告訴我們，如果有人在她周圍輕聲講話，她就不能專心。

「我不能控制，如果有人吸鼻子，我會像癱瘓了一樣，我就會非常火大。」

恐音症的概念還很新，但真的存在，這方面也有豐富的研究。

阿姆斯特丹大學的一項研究要求，立即承認恐音症能作為獨立的診斷項目，因為患者有明顯的障礙，自己無法控制。

「恐音症會為患者及其家人帶來嚴重後果，而我們現在對於恐音症的潛在機制幾乎一無所知，」新堡大學二〇一七年一份豐富研究指出。

此外似乎注意力不足過動症、自閉症譜系障礙和壓力也與恐音症相關。

我是第一次聽到這個名詞，即使我讀了上千頁關於障礙的文章，即使接受了所有咨詢跟治療會談。

「我們對於恐音症的態度，會讓人想到幾十年前我們對注意力不足過動症的反應。」一位美國心理學家如此寫著。

有輔助工具，有預防措施。但沒有指南。只有沒研究過的區域。也就是說：一切回到原點。

107

給我們一個機會

很多人宣稱，我們早就知道氣候跟永續發展危機的後果，我們只是沒說。

這不是事實。

因為世界上大部分的人對於氣候變遷的意義完全一無所知。

而這正是我們做出改變的機會。

如果我們真的從一開始就知道所有事！

我們所做的一切就是蓄意、出自惡意的行為！

我們還會繼續像現在這樣，就算我們早就知道氣候危機的後果！

那就是蓄意為惡。

但這一切我們無法想像，因為太令人難以置信。

每一種社會正義、每一次壓迫、每一種心理疾病、每一次倦怠崩潰都是枉然。

但不是這樣的。

這本書告訴我們，我們還可以改變事情。

這本書讓我們知道，我們擁有一種政治系統可能可以修復我們曾破壞過東西，還能創造新的、公平的、更好的事物，這本書告訴我們，還有工具可用，這種工具名叫「教育」。

氣候危機是快撐不住的世界的眾多症狀之一。

永續發展危機提供我們一個選擇。

給予我們機會，將一切帶回正軌。

我們的機會就在這。

108 現在是上場的時候

生命是有意義的，我確信這點，就像我相信，我們必須立刻改變想法一樣。
居住過地球的所有人類之中，今天有七%的人類此時此刻住在這裡。
那就是我們。
我們屬於一體，是整體中的一部分，可以延伸過去，也可以觸及未來，我們之中七%的人現在有責任去確保未來。
這就是我們歷史性的任務，為了要完成它，我們需要彼此。
比以往任何時候都更需要彼此。
我們需要科技、永續發展的森林、農業；我們需要企業、經濟學家、政治人物、記者和學者；我們需要特殊的適應能力和改變能力。
最重要的，我們要相信自己的善意。
我們早握有氣候問題的答案，我們知道接下來該做什麼。
我們只是需要決定：經濟還是生態？

二選一。

至少直到我們安全站穩為止。

只將我們存亡危機的挑戰繼續限縮在政黨政治就太荒謬了，搶救有限的資源，並以此來保障未來的生活，應該是理所當然的事，就如同我們應該意識到，要往前進，有時需要我們先後退幾步。

人類的性別平等與平權也應是理所當然的事，就像政治人物宣稱的那樣。

但是現實卻不是這樣。

非常不一樣。

這就是為什麼必須將這些問題擺在政治上最優先的位置。

這些問題互相關聯。

問題之間有著千絲萬縷的連結。

一旦我們該死的男權社會所產生的二氧化碳到達大氣層最頂端，氣候就真的沒救了。我們不得不做出決定：要繼續不惜一切代價繼續增長、變得更快、產出更多？還是要生存下去？新的世界即將來臨，從來沒像現在這麼近過。

一個有節制的世界。

從來不曾那麼遙遠。

在這個世界裡，一個小女孩用 Instagram 帳號和北極熊的圖片捍衛我們集體安全的效力如同世界上的所有軍隊。

我們的極限漸漸顯現，無限開始有了輪廓，並非一切皆有可能，而這樣也很好。節制能帶來更多不同的自由。

為環境抗爭是否是歷史上最大的女權運動？不是因為它排除了男人，而是因為它挑戰了造成這些危機的結構與價值觀。

在幕後，大地母親已經準備好。

隨時布幕會掀開。

我們必須開始談談我們的實際情況。

因世界需要我們。

走過黑暗。

一個人接著一個人，一個城市接著一個城市，一個國家接著一個國家。

團結起來！

展開行動！

讓事情有所改變！現在是上場的時候了。

國家圖書館出版品預行編目資料

我是葛莉塔：環保鬥士葛莉塔與母親合著的唯一傳記
/ 葛莉塔．通貝里 (Greta Thunberg) 等著；陳蘊柔，
黃舞樵，謝孟達譯 . -- 臺北市：三采文化，2020.01
面； 公分 . -- (Mind Map；199)
譯自：Scener ur hjärtat
ISBN 978-957-658-281-3(平裝)

1. 通貝里 (Thunberg, Greta) 2. 傳記 3. 環境保護

784.4758 108020380

suncolor 三采文化集團

MindMap 199

我是葛莉塔

環保鬥士葛莉塔與母親合著的唯一傳記

作者｜葛莉塔．通貝里（Greta Thunberg）、瑪蓮娜．恩曼（Malena Ernman）、
斯凡特．通貝里（Svante Thunberg）、碧雅塔．恩曼（Beata Ernman）
譯者｜陳蘊柔、黃舞樵、謝孟達
責任編輯｜朱紫綾
美術主編｜藍秀婷 封面設計｜鄭婷之 美術編輯｜高郁雯 內頁排版｜菩薩蠻數位文化公司

發行人｜張輝明 總編輯｜曾雅青 發行所｜三采文化股份有限公司
地址｜台北市內湖區瑞光路 513 巷 33 號 8 樓
傳訊｜TEL:8797-1234 FAX:8797-1688 網址｜www.suncolor.com.tw
郵政劃撥｜帳號：14319060 戶名：三采文化股份有限公司
本版發行｜2020 年 01 月 10 日 定價｜NT$380

每個人
都能有影響力

葛莉塔・通貝里
演講集

No One is
Too Small to Make
a Difference

目錄

前言　每個人都有影響力

葛莉塔．通貝里（Greta Thunberg）生於 2003 年。2018 年 8 月，她決定去瑞典國會前罷課，最終觸發一場全球運動，要求人們以實際行動因應氣候變遷危機，數百萬名青年受其感召，一起加入守護地球的罷課行列。她也因此獲頒享有盛名的法國青年自由獎（Prix Liberté），並且獲得諾貝爾和平獎提名。帶有亞斯伯格人格，葛莉塔認為這是上天帶給她的禮物，讓她得以用「黑白分明」的眼光看待氣候危機議題。

《每個人都有影響力》是葛莉塔用英文撰寫的第一本書，收錄她在歐美各地集會、聯合國、世界經濟論壇、英國國會、法國國會，以及美國國會發表過的演說。

2018.09.08
氣候遊行演說／斯德哥爾摩

我們的命運掌握在你們手中

去年夏天，氣候科學家約翰・羅克斯特倫（Johan Rockström）等人在一篇文章中提到，我們最多只剩下三年能夠逆轉溫室氣體的成長，以達成《巴黎協議》當初設定的目標。

如今，一年又兩個月過去了，期間又有許多科學家說過類似的話，但整體情況只是變得更糟，溫室氣體排放量持續攀升。換言之，我們所剩的時間，可能連羅克斯特倫說的一年又十個月都不到。

如果大家清楚這個事實的話，就不需要問我為什麼我「對氣候變遷如此充滿熱情」。

如果大家了解到科學家所說的，只有 5%的機率能夠達成《巴黎協議》的目標，又了解到如果不能阻止全球氣溫上升超過攝氏 2 度的話，我們將會面臨什麼樣子的惡夢時，就不需要問我為什麼我要來到國會外面罷課。

因為一旦所有人明白現況多麼嚴重，大家所做的事卻又多麼地少，就會加入我們靜坐的行列。

在瑞典，大家過著彷彿擁有 4.2 顆地球資源的生活模式。瑞典人的碳足跡名列世界前十大。意思是說，瑞典每一年都從下一代身上偷走 3.2 年份的天然資源。身為下一代的我們，希望瑞典就此住手。

立刻住手。

這不是政治聲明，我們的罷課與黨派政治無關。

因為氣候與生物圈絲毫不會在意人類的政治，也不會在乎我們的空洞言語。

它們只在意我們實際做了些什麼。

我們請求協助。

請求的對象包括至今不寫、也不報導氣候變遷議題的媒體，儘管今年夏天的瑞典森林大火讓他們都說氣候是「這個時代必須面對的重大問題」。

對象包括從來不把危機當危機看待的你們。

對象包括什麼事都願意挺身而出，偏偏不為氣候與環境挺身而出的意見領袖。

對象包括裝作有在認真看待氣候議題的各個政黨。

對象包括在社群媒體上揶揄我們的政客，提到我又汙辱我，讓我被人們稱作智障、妓女、恐怖分子……等等。

對象包括從來不願意正視問題的你們，因為明明可以藉由改變來防止發生氣候變遷災難，你們卻害怕做出這樣子的改變，而且害怕程度似乎更甚於氣候變遷災難本身。

最糟糕的是你們默不作聲。

因為你們承擔後續世世代代的未來。

目前還是孩子的我們，等到大到可以採取行動的時候，屆時已無法改變你們現在所做的一切。

很多人說，瑞典是個小國，我們做什麼都無濟於事。但我認為，如果連幾個女孩子幾週不去上學，都上得了世界各地的頭條新聞，想像一下，只要大家有心合作，我們可以達成什麼樣子的成就。

每個人都很重要，缺一不可，

就像每一丁點的排放一樣，

每一公斤，

都很重要。

所以我請求你們，把氣候危機當作迫切危機來看待，給我們未來一線生機。

我們的性命掌握在你們手中。

Speech at Climate March in Stockholm
2018.09.08

Last summer, climate scientist Johan Rockström and some other people wrote that we have at most three years to reverse growth in greenhouse-gas emissions if we're going to reach the goals set in the Paris Agreement.

Over a year and two months have now passed, and in that time many other scientists have said the same thing and a lot of things have got worse and greenhouse-gas emissions continue to increase. So maybe we have even less time than the one year and ten months Johan Rockström said we have left.

If people knew this they wouldn't need to ask me why I'm so "passionate about climate change."

If people knew that the scientists say that we have a five percent chance of meeting the Paris target, and if people knew what a nightmare scenario we will face if we don't keep global warming below 2 °C, they wouldn't need to ask me why I'm on school strike outside parliament.

Because if everyone knew how serious the situation is and how little is actually being done, everyone would come and sit down beside us.

In Sweden, we live our lives as if we had the resources of 4.2 planets. Our carbon footprint is one of the ten worst in the world. This means that Sweden steals 3.2 years of natural resources from future generations every year. Those of us who are part of these future generations would like Sweden to stop doing that.

Right now.

This is not a political text. Our school strike has nothing to do with party politics.

Because the climate and the biosphere don't care about our politics and our empty words for a single second.

They only care about what we actually do.

This is a cry for help.

To all the newspapers who still don't write about and report on climate change even though they said that the climate was "the critical question of our time" when the Swedish forests were burning this Summer.

To all of you who have never treated this crisis as a crisis.

To all the influencers who stand up for everything except the climate and the environment.

To all the political parties that pretend to take the climate question seriously.

To all the politicians that ridicule us on social media, and have named and shamed me so that people tell me that I'm retarded, a bitch and a terrorist, and many other things.

To all of you who choose to look the other way every day because you seem more frightened of the changes that can prevent catastrophic climate change than the catastrophic climate change itself.

Your silence is almost worst of all.

The future of all the coming generations rests on your shoulder.

Those of us who are still children can't change what you do now once we're old enough to do something about it.

A lot of people say that Sweden is a small country, that it doesn't matter what we do. But I think that if a few girls can get headlines all over the world just by not going to school for a few weeks, imagine what we could do together if we wanted to.

Every single person counts.

Just like every single emission counts.

Every single kilo.

Everything counts.

So please, treat the climate crisis like the acute crisis it is and give us a future.

Our lives are in your hands.

2018.10.06
比利時演說／布魯塞爾

大家一起響應罷課

（法語開場）大家好，我的名字叫做葛莉塔．通貝里，現年十五歲，來自瑞典斯德哥爾摩。在瑞典國會外發動罷課的人，就是我。

我這麼做是為了讓大眾開始關注氣候危機。

除非瑞典能夠達到《巴黎協議》的相關要求，否則每週五我們都會在瑞典國會外面靜坐。

我們呼籲大家不分地區，一同響應罷課，到你們國家的國會外或是政府機關外面靜坐，直到你們的國家能夠達到不超出攝氏 2 度的暖化目標為止。

根據瑞典烏普薩拉大學的研究，若計入航空業、海運業及進口品的碳排放量，加上《巴黎協議》與《京都議定書》又都明確要求必須以實質平等對待較為貧窮的國家，因此瑞典或比利時這一類富有的國家，必須現在就開始每一年減少至少 15%的碳排放量，才能夠讓發展中國家有機會打造基礎建設，像是道路、學校、醫院、乾淨飲用水，以及電力等，以提升其人民的生活水平。

有人認為我們不應該靜坐，應該去上學才對。但是如果未來很快就要毀滅，而且沒有人要伸出援手拯救的話，現在為未來讀書又有什麼意義？再者，如果政治人物和整個社會，都對出自學校體系的頂尖科學所創造的最重要學問充耳不聞，那在同一套學校體系追求學問的意義又何在？

現在世界上每天都消耗一億桶的石油。政治改變不了這個事實，也沒有法律規定石油得留在地底下。

所以拯救世界是不能按照遊戲規則走的。因為遊戲規則必須要被改變。

所有事情都得改變。

改變必須從今天開始。

不用跑太遠才能抗議氣候危機，因為到處都可以感受得到氣候變遷。站在（或坐在）世界上任何一個政府機關的外面抗爭也很好，或者可以去石油公司或者能源公司外頭抗議。也可以去超市、報社、機場、加油站、肉商，或是電視台表達不滿。

大家做的卻實在太少。

所有事情和所有人都必須有所改變。

上個月聯合國祕書長已經說過，人類最晚要在 2020 年以前改弦易轍，碳排放曲線也必須要大幅向下彎折，才能符合《巴黎協議》設定的目標。否則，全世界將「直接面臨存亡威脅」。

如果大家了解到科學家所說的，目前只有不到 5%的機率能夠達成《巴黎協議》的目標，又了解到如果不能阻止全球氣溫上升超過攝氏 2 度的話，我們將會面臨什麼樣子的惡夢情境時，就不需要問我為什麼我要來到國會外面罷課。

因為一旦所有人明白現況多麼嚴重，大家所做的事卻又多麼地少，就會加入我們靜坐的行列。

在瑞典，大家過著彷彿擁有 4.2 顆地球資源的生活模式，你們比利時人則是 4.3 顆地球資源，兩國的碳足跡在世界上最糟糕的國家榜上有名。意思是說，瑞典和比利時每一年都從下一代身上偷走超過 3 年份的天然資源。身為下一代的我們，要求瑞典與比利時，以及其他所有國家就此住手，請貴國人民的生活模式不要超出地球限度。

我們請求協助。

請求的對象包括從來不認真看待這場危機的新聞媒體。

對象包括什麼事都願意挺身而出，偏偏不為氣候與環境挺身而出的意見領袖。

對象包括裝作有在認真看待氣候議題的各個政黨。

對象包括從來不願意正視問題的你們，因為明明可以藉由改變來防止發生氣候變遷災難，你們卻害怕做出這樣子的改變，而且害怕程度似乎更甚於氣候變遷災難本身。

最糟糕的是你們默不作聲。

你們承擔後續世世代代的未來。

目前還是孩子的我們，等到大到可以採取行動的時候，屆時已無法改變你們現在所做的一切。

很多人說，瑞典和比利時都是小國，我們做什麼都無濟於事，但我認為，如果連幾個女孩子幾週不去上學都上得了世界各地的頭條新聞，想像一下，只要大家有心合作，我們可以達成什麼樣子的成就。

每個人都很重要，缺一不可。

就像每一丁點的排放一樣。

每一公斤。

都很重要。

所以我請求你們，把氣候危機當作迫切危機來看待，給我們未來一線生機。

我們的性命掌握在你們手中。

Speech in Bruxelles
2018.10.06

Bonjour, je m´appelle Greta Thunberg, j´ai quinze ans et je viens de Stockholm, en Suède.

Je fais la grève de l´école devant le parlement suédois.

Je le fais pour faire attention à la crise cli-matique.

Every Friday we sit outside the Swedish parliament until Sweden is in line with the Paris Agreement.

We urge everyone to do the same, wherever you are: sit outside your parliament or local government building until your nation is on a safe pathway to a below 2 degree warming target.

If we include all of Sweden's and Belgium's current emissions - including aviation, shipping and imported goods - and if we take into account the aspect of equity to poorer countries, clearly stated in the Paris Agreement and the Kyoto Protocol - rich countries like Sweden or Belgium need to start reducing emissions by at least 15% every year, according to Uppsala University.

By doing so we enable a chance for developing countries to highten their standard of living by building some of the infrastructure that we have already built, such as roads, schools, hospitals, clean drinking water, electricity etc.

Some people say that we should be in school instead. But why should we be studying for a future that soon will be no more, when no one is doing anything whatsoever to save that future? And what is the point of learning facts within the school system when the most important facts given by the finest science of that same school system clearly means nothing to our politicians and our society?

Today we use 100 million barrels of oil every day. There are no politics

to change that. There are no rules to keep that oil in the ground.

So we can't save the world by playing by the rules. Because the rules have to be changed.

Everything needs to change.

And it has to start today.

You don't have to go anywhere to protest against the climate crisis. Because climate change is everywhere. You can stand or sit outside any government building anywhere in the world and do just as much good. You can stand outside any oil or energy company. Any food store, any newspaper, any airport, any gas station, any meat producer or any tv station in the world.

No one is doing nearly enough.

Everything and everyone needs to change.

Last month the Secretary General of the United Nations said that we have until 2020 to change course and bend the emission curves steep downwards to stay within reach of the Paris Agreement or the world is facing "a direct existential threat".

If people knew that the scientists say that we right now have less than a five percent chance of meeting the Paris target, and if people knew what a nightmare scenario we will face if we don't keep global warming below 2°C, they wouldn't need to ask me why I'm on school strike outside the Swedish parliament.

Because if everyone knew how serious the situation is and how little actually is being done, everyone would come and sit down beside us.

In Sweden, we live our lives as if we had the resources of 4.2 planets. In Belgium you need 4.3 planets. Both our carbon footprints are among the top ten worst in the world. This means that Sweden and Belgium steal over

3 years of natural resources from future generations every year. Those of us who belong to those future generations demand Sweden and Belgium, and all other countries, to stop doing that and start living within the planetary boundaries.

This is a cry for help.

To all the newspapers who have never treated this crisis as a crisis.

To all the influencers who stand up for everything except the climate and the environment.

To all the political parties that pretend to take the climate question seriously.

To all of you who know but choose to look the other way every day because you seem more frightened of the changes that can prevent catastrophic climate change than the catastrophic climate change itself.

Your silence is almost worst of all.

The future of all the coming generations rests on your shoulders.

What you do now we children can´t undo in the future.

A lot of people say that Sweden or Belgium are just small countries, and that it doesn't matter what we do. But I think that if a few children can get headlines all over the world just by not going to school for a few weeks, imagine what we could do together if we wanted to.

Every single person counts.

Just like every single emission counts.

Every single kilogram.

So please, treat the climate crisis like the acute crisis it is and give us a future.

Our lives are in your hands.

2018.10.20
芬蘭演說／赫爾辛基

不需要跑太遠才能抗議氣候危機

（芬蘭語開場）我的名字叫做葛莉塔·通貝里，現年十五歲，我家住在斯德哥爾摩，正在為氣候罷課。

除非瑞典能夠達到《巴黎協議》的相關要求，否則每週五我們都會在瑞典國會外面靜坐。

我們呼籲大家不分地區，一同響應罷課，到你們國家的國會外或是政府機關外面靜坐，直到你們的國家能夠安全不超出攝氏 2 度的暖化目標為止。

根據瑞典烏普薩拉大學的研究，若計入航空業、海運業及進口品的碳排放量，加上《巴黎協議》與《京都議定書》又都明確要求必須以實質平等對待較為貧窮的國家，因此瑞典或芬蘭這一類富有的國家，必須現在就開始每一年減少至少 15%的碳排放量，才能夠讓發展中國家有機會打造基礎建設，像是道路、學校、醫院、乾淨飲用水，以及電力等，以提升其人民的生活水平。

有人認為我們不應該靜坐，應該去上學才對；有些人認為我應該先好好讀書，以後成為氣候科學家，就能「解決氣候危機」，但是氣候危機早就已經被解決了。事實與解決方法早就已經擺在我們眼前，我們唯一要做的，就是覺醒並做出改變。

更何況，如果未來很快就要毀滅，而且沒有人要伸出援手拯救的話，現在為未來讀書又有什麼意義？再者，如果政治人物和整個社會，都對出自學校體系的頂尖科學所創造的最重要學問充耳不聞，那在同一套學校體系追求學問的意義又何在？

現在世界上每天都消耗一億桶的石油，政治改變不了這個事實，也沒有法律規定石油得留在地底下。

所以拯救世界是不能按照遊戲規則走的，因為遊戲規則必須要被改變，所有事情都得改變。

改變必須從今天開始。

不需要跑太遠才能抗議氣候危機，因為到處都可以感受得到氣候變遷。站在（或坐在）世界上任何一個政府機關的外面抗爭也很好，或者可以去石油公司或者能源公司外頭抗議，也可以去超市、報社、機場、加油站、肉商，或是電視台表達不滿。

大家做的卻實在太少。

所有事情和所有人都必須有所改變。

上個月聯合國祕書長已經說過，人類最晚要在 2020 年以前改弦易轍，碳排放曲線也必須要大幅向下彎折，才能符合《巴黎協議》設定的目標。否則，全世界將「直接面臨存亡威脅」。

如果大家了解到科學家所說的，目前只有不到 5%的機率能夠達成《巴黎協議》的目標，又了解到如果不能阻止全球氣溫上升超過攝氏 2 度的話，我們將會面臨什麼樣子的惡夢情境時，就不需要問我為什麼我要來到國會外面罷課。

因為一旦所有人明白現況多麼嚴重，大家所做的事卻又多麼地少，就會加入我們靜坐的行列。

在瑞典，大家過著彷彿擁有 4.2 顆地球資源的生活模式，你們芬蘭人則是 3.7 顆地球資源。很遺憾，瑞典贏了。

儘管如此，兩國的碳足跡在世界上最糟糕的前十大國家卻都榜上有名。意思是說，瑞典和芬蘭每一年都從下一代身上偷走將近三年份的天然資源。身為下一代的我們，要求瑞典與芬蘭，以及其他所有國家就此住手，請貴國人民的生活模式不要超出地球限度。

我們請求協助。

請求的對象包括從來不認真看待這場危機的新聞媒體。

對象包括什麼事都願意挺身而出，偏偏不為氣候與環境挺身而出的意見領袖。

對象包括裝作有在認真看待氣候議題的各個政黨。

對象包括從來不願意正視問題的你們，因為明明可以藉由改變來防止發生氣候變遷災難，你們卻害怕做出這樣子的改變，而且害怕程度似乎更甚於氣候變遷災難本身。

最糟糕的是你們默不作聲。

你們承擔後續世世代代的未來。

目前還是孩子的我們，等到大到可以採取行動的時候，屆時已無法改變你們現在所做的一切。

很多人說，瑞典和芬蘭都是小國，我們做什麼都無濟於事。但我認為，如果連幾個女孩子幾週不去上學都上得了世界各地的頭條新聞，想像一下，只要大家有心合作，我們可以達成什麼樣子的成就。

每個人都很重要，缺一不可。

就像每一丁點的排放一樣。

每一公斤。

所以我請求你們，把氣候危機當作迫切危機來看待，給我們未來一線生機。

我們的性命掌握在你們手中。

Speech in Helsinki
2018.10.20

Nimeni on Greta Thunberg.

Olen viisitoista vuotias. Asun Tukholmassa.

Olen koululakossa ilmaston puolesta.

Every Friday we sit outside the Swedish parlia-ment until Sweden is in line with the Paris Agreement.

We urge everyone to do the same, wherever you are: sit outside your parliament or local government building until your nation is on a safe pathway to a below 2 degree warming target.

If we include all of Sweden's and Finland's current emissions - including aviation, shipping and imported goods - and if we take into account the aspect of equity to poorer countries, clearly stated in the Paris Agreement and the Kyoto Protocol - rich countries like Sweden or Finland need to start reducing emissions by at least 15% every year, according to Uppsala University.

By doing so we enable a chance for developing countries to highten their standard of living by building some of the infrastructure that we have already built, such as roads, schools, hospitals, clean drinking water, electricity etc.

Some people say that we should be in school instead. Some people say we should study to become climate scientists and then "solve the climate crisis". But the climate crisis has already been solved. We already have all the facts and solutions. All we have to do is to wake up and change.

And why should we be studying for a future that soon will be no more, when no one is doing anything whatsoever to save that future?

And what is the point of learning facts within the school system when the most important facts given by the finest science of that same school system clearly means nothing to our politicians and our society?

Today we use 100 million barrels of oil every day. There are no politics to change that. There are no rules to keep that oil in the ground.

So we can't save the world by playing by the rules. Because the rules have to be changed.

Everything needs to change.

And it has to start today.

You don't have to go anywhere to protest against the climate crisis. Because climate change is everywhere. You can stand or sit outside a government building anywhere in the world and do just as much good. You can stand outside any oil or energy company. Any food store, any newspaper, any airport, any gas station, any meat producer or any tv station in the world.

No one is doing nearly enough.

Everything and everyone needs to change.

Last month the Secretary General of the United Nations said that we have until 2020 to change course and bend the emission curves steep downwards to stay within reach of the Paris Agreement or the world is facing "a direct existential threat".

If people knew that the scientists say that we right now have less than a five percent chance of meeting the Paris target, and if people knew what a nightmare scenario we will face if we don't keep global warming below 2 °C, they wouldn't need to ask me why I'm on school strike outside the Swedish parliament.

Because if everyone knew how serious the situation is and how little is actually being done, everyone would come and sit down beside us.

In Sweden, we live our lives as if we had the re-sources of 4.2 planets. In Finland you need 3.7 planets. So Sweden wins. Unfortunately.

But both our carbon footprints are among the highest in the world. That means that we steal almost 3 years of natural resources from future generations every year. Those of us who be-long to those future generations demand Sweden and Finland, and all other countries, to stop do-ing that and start living within the planetary boundaries.

This is a cry for help.

To all the newspapers who have never treated this crisis as a crisis.

To all the influencers who stand up for everything except the climate and the environment.

To all the political parties that pretend to take the climate question seriously.

To all of you who know but choose to look the other way every day because you seem more frightened of the changes that can prevent catastrophic climate change than the catastrophic climate change itself.

Your silence is almost worst of all.

The future of all the coming generations rests on your shoulders.

What you do now, we, the children, can't undo in the future.

A lot of people say that Sweden or Finland are just small countries, and that it doesn't matter what we do. But I think that if a few children can get headlines all over the world just by not going to school for a few weeks, imagine what we could do together if we wanted to.

Every single person counts.

Just like every single emission counts.

Every single kilogram.

So please, treat the climate crisis like the acute crisis it is and give us a future.

Our lives are in your hands.

2018.10.31
反抗宣言演說／倫敦國會廣場

公民不服從已經來了

我大約是在八歲的時候第一次聽說氣候變遷這件事，又稱作全球暖化。很明顯，這件事是人類生活型態所造成的。大家叫我要關燈節能，也要做紙類回收以節約資源。

印象中當時就覺得這件事有點奇怪，人類明明只是一種動物，卻能夠改變地球的氣候。奇怪的原因在於，如果我們真的能夠改變氣候，氣候也真的在改變的話，不就應該人人會不停地談論這件事？每次打開電視，電視上都要聽到這件事，它應該會上新聞頭條，廣播會談，報紙會寫，彷彿世界大戰正在開打。不可能會聽得到或看得到別的新聞。

但是，沒有人在談這件事，從來沒有。

如果燃燒石化燃料很糟糕，糟糕到威脅人類的生存，大家怎麼還能夠繼續老樣子過日子？為什麼沒有限制它？為什麼沒有讓它變成非法？

我覺得這實在說不通，實在是太不真實了。

我有亞斯伯格人格，在我眼中，幾乎什麼事都是黑白分明，不是對，就是錯。

從許多方面來看，我覺得患有自閉症的我們才是正常人，其餘人類都滿奇怪。他們不斷說氣候變遷威脅人類生存，說是至關重要的議題，結果還不是因循苟且。如果必須停止排放，就必須停止排放，我認為這是黑白分明的一件事。凡是攸關人類存亡的事，就沒有灰色地帶，我們要選擇人類文明能夠存活下來，或者不要。

我們必須做出改變。

如果不想讓攝氏 2 度的暖化目標破功，瑞典和英國等這類國家就

必須開始每年減少至少 15%的碳排放量。

如今，政府間氣候變遷專門委員會（IPCC）指出我們必須朝攝氏 1.5 度的目標努力，背後的意義可想而知。照理來說，每一位領袖及媒體都應該只談論這件事，然而從來沒有人談。大家也從來沒有在談大氣層裡無法消散的溫室氣體，也不提空氣汙染背後其實隱藏暖化，只要停止燃燒石化燃料，氣溫就確定能夠再降低攝氏 0.5 到 1.1 度。

從來也幾乎沒有人提到，人類現在處於第六次物種大滅絕的階段，每天大約有二百個物種從此滅絕。

此外，為什麼從來沒有聽見有人在談實質公平性[1]，或是在談氣候正義？《巴黎協議》及《京都議定書》的內文到處都在談這兩個面向，而且《巴黎協議》要能夠全球落實，這兩個面向完全不可或缺。也就是富有國家必須在未來六到十二年內達到零排放，讓比較貧窮的國家替自己打造基礎建設，像是道路、醫院、電力、學校，以及乾淨飲用水，以提升其人民的生活水平。如果衣食無缺的我們都毫不在乎氣候危機，也毫不在意要認真遵守《巴黎協議》的話，又怎麼能夠期望印度或奈及利亞這類國家會在乎氣候危機？

那為什麼我們沒有降低排放？為什麼排放量反而增加？難道我們是故意要讓大滅絕發生嗎？我們是邪惡的嗎？不是，當然不是。大家之所以因循苟且，都是因為絕大多數人設想不到這樣會對日常生活帶來什麼樣的後果，而且不知道須要快速改變。也因為沒有人在談這件事，這件事不會上新聞頭條，不會讓政府召開緊急會議，也不會是突發新聞。大家的行為不像是處於危機，連最綠的政治人物及氣候科學家，也還是照樣飛行世界各地，吃肉食及乳製品。

如果我活到一百歲，那一年將是 2103 年。當你們今天思考「未

1 例如，「共同但有區別的責任」就是實質公平（equity）的一項原則。

來」，最遠不會超過 2050 年。屆時如果我還活著的話，年紀都沒半百呢。接著呢，會發生什麼事？

2078 年我會度過七十五歲生日。

現在大家所做的事，或不做的事，都會影響我整個人生，也會影響我的孩子，以及我的孫子的人生。

今年八月開學時，我覺得受夠了，所以到瑞典國會外靜坐，我罷課是為了氣候。

有些人認為我應該去上學；有些人認為我應該先好好讀書，以後成為氣候科學家，就能「解決氣候危機」。但是氣候危機早就被解決了，事實與解決方法早就已經攤在我們眼前，我們唯一要做的，就是覺醒並做出改變。

更何況，如果未來很快就要毀滅，而且沒有人要伸出援手拯救的話，現在讀書又有什麼意義？再者，如果政治人物和整個社會，都對出自學校體系的頂尖科學所創造的最重要學問充耳不聞，那在同一套學校體系追求學問的意義又何在？

很多人說，瑞典是個小國，我們做什麼都無濟於事。但我認為，如果連幾個女孩子幾週不去上學都上得了世界各地的頭條新聞，想像一下，只要大家有心合作，我們可以達成什麼樣子的成就。

現在世界上每天都消耗一億桶的石油，政治改變不了這個事實，也沒有法律規定石油得留在地底下，所以拯救世界是不能按照遊戲規則走的，因為遊戲規則必須要被改變。所有事情都得改變，改變必須從今天開始。

天底下的所有人，請聽著：公民不服從的時刻已經來臨，反抗從現在開始。

Speech at Parliament Square London at Declaration of rebellion XR
2018.10.31

When I was about eight years old, I first heard about something called climate change, or global warming. Apparently that was something humans had created by our way of living. I was told to turn off the lights to save energy, and to recycle paper to save resources.

I remember thinking that it was very strange, that humans who are an animal species among others, could be capable of changing the earth's climate. Because, if we were and if it was really happening, we wouldn't be talking about anything else. As soon as you turned on the TV, everything would be about that. Headlines, radio, newspapers. You would never read or hear about anything else. As if there was a world war going on.

But. No one talked about it. Ever.

If burning fossil fuels was so bad, that it threatened our very existence, how could we just continue like before? Why were there no restrictions? Why wasn't it made illegal?

To me, that did not add up. It was too unreal.

I have Aspergers syndrome, and to me, almost everything is black or white.

I think in many ways that we autistic are the normal ones and the rest of the people are pretty strange. They keep saying that climate change is an existential threat and the most important issue of all. And yet they just carry on like before. If the emissions have to stop, then we must stop the emissions. To me that is black or white. There are no grey areas when it comes to survival. Either we go on as a civilization or we don't.

We have to change.

Countries like Sweden and the UK need to start reducing emissions by at least 15% every year. To stay below a 2 degree warming target.

Now the IPCC say that we have to aim for 1.5 degrees. So we can only imagine what that means. You would think everyone of our leaders and the media would be talking about nothing else - but no one ever mentions it.

Nor does anyone ever mention anything about the greenhouse gases already locked in the system, nor that air pollution is hiding a warming, so when we stop burning fossil fuels, we already have an extra 0.5 to 1.1 degrees celsius guaranteed. Nor does hardly anyone ever mention that we are in the midst of the sixth mass extinction, with about 200 species going extinct every single day.

Furthermore does no one ever speak about the aspect of equity, or climate justice, clearly stated everywhere in the Paris Agreement and the Kyoto Protocol, which is absolutely necessary to make the Paris Agreement work, on a global scale. That means that rich countries need to get down to zero emissions, within 6-12 years, so that people in poorer countries can highten their standard of living by building some of the infrastructure that we have already built. Such as roads, hospitals, electricity, schools and clean drinking water. Because how can we expect countries like India or Nigeria to care about the climate crisis if we, who already have everything, don't care even a second about it or our actual commitments to the Paris Agreement?

So, why are we not reducing our emissions? Why are they, in fact, still increasing? Are we knowingly causing a mass extinction? Are we evil? No, of course not. People keep doing what they do because the vast majority doesn't have a clue about the consequences of our everyday life. And they don't know the rapid changes required. Since, as I said before, no one talks about it. There are no headlines, no emergency meetings, no breaking news.

No one is acting as if we were in a crisis. Even most green politicians and climate scientists go on flying around the world, eating meat and dairy.

If I live to be 100 I will be alive in the year 2103. When you think about "the future" today, you don't think beyond the year 2050. By then I will, in the best case, not even have lived half of my life. What happens next?

The year 2078 I will celebrate my 75th birthday.

What we do or don't do, right now, will affect my entire life, and the lives of my children and grandchildren.

When school started in August this year I decided that this was enough. I sat myself down on the ground outside the Swedish parliament. I school striked for the climate.

Some people say that I should be in school instead. Some people say that I should study to become a climate scientist so that I can "solve the climate crisis." But the climate crisis has already been solved. We already have all the facts and solutions. All we have to do is to wake up and change.

And why should I be studying for a future that soon will be no more, when no one is doing anything whatsoever to save that future? And what is the point of learning facts within the school system when the most important facts given by the finest science of that same school system clearly means nothing to our politicians and our society?

A lot of people say that Sweden is just a small country, and that it doesn't matter what we do. But I think that if a few children can get headlines all over the world just by not going to school for a few weeks, imagine what we all could do together if we wanted to.

Today we use 100 million barrels of oil every day. There are no politics to change that. There are no rules to keep that oil in the ground. So we can't

save the world by playing by the rules. Because the rules have to be changed. Everything needs to change. And it has to start today.

So everyone out there, it is now time for civil disobedience, it is time to rebel.

2018.12.02
聯合國第 24 次氣候變遷大會演說

真正的權力屬於人民

我的名字叫做葛莉塔・通貝里，現年十五歲，來自瑞典。謹代表「氣候正義，現在就要！」（Climate Justice Now!）團體發言。

很多人說，瑞典是個小國，我們做什麼都無濟於事。但我學到的一件事情是，不應該妄自菲薄，誰都可以帶來改變。如果連幾個女孩子幾週不去上學，都上得了世界各地的頭條新聞，想像一下，只要大家有心合作的話，我們可以達成什麼樣子的成就。

但要達到成就之前，必須先將事情說清楚，講明白，即便聽起來再怎麼逆耳。你們之所以會談綠色、談永續經濟成長，還不是因為深怕不得民心。你們說要向前進，卻只是用同一套讓我們淪落至此的糟糕方法，帶領我們向前進，即便擺在面前唯一的合理對策是急踩煞車，但你們依然故我。

你們根本不夠成熟，不懂得說真話，甚至還把重擔丟給未來世代。我呢，我不在乎不討人喜歡，我只在乎氣候正義與地球的生息。

人類即將要犧牲全體文明，讓一小撮人能夠繼續賺大錢；人類即將要犧牲整個生物圈，讓像瑞典的有錢人能夠奢華度日，少數人的奢華卻是用多數人的痛苦換來的。

2078 年，我將度過七十五歲生日。如果我有小孩，說不定那天他們會和我一起共度生日，說不定他們會問起你們的事。

說不定他們會問，為什麼當年還有時間採取行動，你們卻什麼事也沒做。你們都說，孩子是你們的摯愛，然而你們卻正在偷走他們的未來。

直到開始專注在真正該做的事，而非政治的事以前，談何希望。如果不把危機當作危機看待，危機就不可能解決。我們必須把石化燃

料留在地底，也必須注重實質的公平。

萬一在這套體系內找不到解決之道，說不定該改變的，就是這套體系？

我們來到這裡，不是想乞求各國領袖的關注。過去你們忽視我們，肯定也會再次忽視我們，你們沒有多少理由可以繼續找了，我們所剩的時間也不多。我們只是要來告訴你們，不論你們喜不喜歡，改變即將來臨。

真正的權力屬於人民。

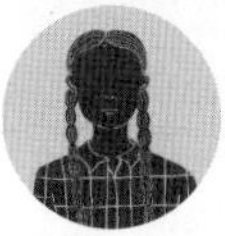

Speech at UN COP24
2018.12.02

My name is Greta Thunberg, I am 15 years old and I'm from Sweden. I speak on behalf of Climate Justice Now.

Many people say that Sweden is just a small country and it doesn't matter what we do. But I've learnt that no one is too small to make a difference. And if a few children can get headlines all over the world just by not going to school - then imagine what we all could do together if we really wanted to.

But to do that we have to speak clearly. No matter how uncomfortable that may be. You only speak of green eternal economic growth because you are too scared of being unpopular.

You only talk about moving forward with the same bad ideas that got us in to this mess. Even when the only sensible thing to do is to pull the emergency break. You are not mature enough to tell it like it is. Even that burden you leave to your children. But I don't care about being popular, I care about climate justice and the living planet.

We are about to sacrifice our civilisation for the opportunity of a very small number of people to continue to make enormous amounts of money. We are about to sacrifice the biosphere so that rich people in countries like mine can live in luxury. But it is the sufferings of the many which pay for the luxuries of the few.

The year 2078 I will celebrate my 75th birthday. If I have children, then maybe they will spend that day with me. Maybe they will ask about you.

Maybe they will ask why you didn't do anything, while there still was time to act? You say that you love your children above everything else. And yet you are stealing their future.

Until you start focusing on what needs to be done rather than what is politically possible there's no hope. We can not solve a crisis without treating it as a crisis. We need to keep the fossil fuels in the ground and we need to focus on equity.

And if solutions within this system are so impossible to find than maybe we should change the system itself?

We have not come here to beg world leaders to care. You have ignored us in the past and you will ignore us again. You've run out of excuses and we're running out of time. We've come here to let you know that change is coming whether you like it or not.

The real power belongs to the people.

2018.12.03
聯合國氣候變化綱要公約第 24 屆締約方大會青年非政府組織會議（YOUNGO meeting）致聯合國祕書長演說／波蘭卡托維茲

我們會承擔政治領袖早就該負起的責任

二十五年來，已經有太多人在聯合國的氣候會議上呼籲各國領袖停止排放溫室氣體，但顯然都失敗了，因為溫室氣體排放量依舊持續上升。

所以我不會對政治領袖做任何呼籲。

我要呼籲的對象是媒體，請媒體開始正視這場危機。

我要呼籲的對象是世界各地的人民，請人民了解到政治人物令人失望。

如今大家面臨攸關存亡的威脅，沒道理繼續這樣瘋狂下去。

瑞典這一類富有的國家，必須現在就開始每一年減少至少 15%的碳排放量，才不會讓攝氏 2 度的暖化目標破功。照理來說，媒體和所有政治領袖都只會去談這一件事，實際上卻從來連提都沒提過。

從來也幾乎沒有人提到人類現在處於第六次物種大滅絕的階段，每天大約有二百個物種從此滅絕，也沒有人在談《巴黎協議》中處處著墨的實質公平性，這個面向是全球落實《巴黎協議》所不可或缺。

意思是像瑞典這類富有的國家，如果按照目前的排放速度，必須在未來六到十二年內達到零排放，才能讓比較貧窮的國家替自己打造基礎建設，像是道路、醫院、電力、學校，以及乾淨飲用水，以提升其人民的生活水平。如果衣食無缺的我們都毫不注重遵守《巴黎協議》的話，又怎麼能夠期望印度、哥倫比亞或奈及利亞這類國家會在乎氣候危機？

因此今年八月開學時，我到瑞典國會外面靜坐，為氣候罷課。

有人認為我們不應該靜坐，應該去上學才對；有人認為我應該先好好讀書，以後成為氣候科學家，就能「解決氣候危機」。但是氣候危機早就已經被解決了。事實與解決方法早就已經攤在我們眼前。

更何況，如果未來很快就要毀滅，而且沒有人要伸出援手拯救的話，現在為未來讀書又有什麼意義？再者，如果政治人物和整個社會，都對出自學校體系的頂尖科學所創造的最重要學問充耳不聞，那在同一套學校體系追求學問的意義又何在？

現在世界上每天都消耗一億桶的石油。政治改變不了這個事實，也沒有法律規定石油得留在地底下。所以拯救世界是不能按照遊戲規則走的。因為遊戲規則必須要被改變。

我們來到這裡，不是想乞求各國領袖的關注。過去他們忽視我們，肯定也會再次忽視我們。

我們來到這裡，用意是要告訴這些領袖，不論他們喜不喜歡，改變即將來臨。人民會勇於面對挑戰。各國領袖的行為像是小孩子一樣不負責任，只好由我們承擔他們早就該負起的責任。

Speech to Secretary General of UN at YOUNGO meeting COP24 in Katowice
2018.12.03

For 25 years countless of people have stood in front of the United Nations climate conferences, asking our nation's leaders to stop the emissions. But, clearly this has not worked since the emis-sions just continue to rise.

So I will not ask them anything.

Instead I will ask the media to start treating the crisis as a crisis.

Instead I will ask the people around the world to realize that our political leaders have failed us.

Because we are facing an existential threat and there is no time to continue down this road of madness.

Rich countries like Sweden need to start reducing emissions by at least 15% every year to reach the 2 degree warming target. You would think the media and everyone of our leaders would be talking about nothing else - but no one ever even mentions it.

Nor does hardly anyone ever talk about that we are in the midst of the sixth mass extinction, with up to 200 species going extinct every single day.

Furthermore does no one ever speak about the aspect of equity clearly stated everywhere in the Paris Agreement, which is absolutely necessary to make it work on a global scale.

That means that rich countries like mine need to get down to zero emissions, within 6-12 years with today's emission speed, so that people in poorer countries can highten their standard of living by building some of the infrastructure that we have already built. Such as hospitals, electricity and clean drinking water. Because how can we expect countries like India, Colombia or Nigeria to care about the climate crisis if we, who already have everything, don't care even a second about our actual commitments to the

Paris Agreement?

So when school started in August this year I sat myself down on the ground outside the Swedish parliament. I school striked for the climate.

Some people say that I should be in school instead. Some people say that I should study to become a climate scientist so that I can "solve the climate crisis". But the climate crisis has already been solved. We already have all the facts and solutions.

And why should I be studying for a future that soon may be no more, when no one is doing anything to save that future? And what is the point of learning facts when the most important facts clearly mean nothing to our society?

Today we use 100 million barrels of oil every single day. There are no politics to change that. There are no rules to keep that oil in the ground.

So we can't save the world by playing by the rules. Because the rules have to be changed.

So we have not come here to beg the world leaders to care for our future. They have ignored us in the past and they will ignore us again.

We have come here to let them know that change is coming whether they like it or not. The people will rise to the challenge. And since our leaders are behaving like children, we will have to take the responsibility they should have taken long ago.

2019.01.22
世界經濟論壇演說／達沃斯

請證明我看走眼

有人說，人類在對抗氣候變遷這件事情上做得不夠多。

但這不是事實。

因為「做得不夠多」的前提是，你有做些什麼。

事實表明人類根本什麼事都沒做。雖然有些人很努力在做事，但人數實在太少，或者離權力太過遙遠，以至於當下很難帶來改變。

有人認為，氣候危機是人類集體造成的。

但這不過又是一個藉口謊言。

因為如果每個人都有罪過，就表示沒有人可以怪罪。

但這件事有人可以怪罪。

有些人（特別是某些公司和某些決策者）向來清楚需要犧牲多少無價的價值，才能繼續賺進天文數字的大錢。

我要向這種公司和這種決策者下戰書，看你們敢不敢採取實際又大膽的行動，將經濟目標放一邊，改為維護人類未來生存條件而努力。

雖然我完全不相信你們會願意接受挑戰，但還是想提出來。希望你們能證明我看走眼。為你們的孩子著想；為你們的孫子著想；也為人類生命及我們美麗的地球著想。希望你們站在歷史正確的一邊。

希望你們宣誓將盡己所能，讓自己的企業或政府符合攝氏 1.5 度的情境規範。

可以立下這樣的誓言嗎？

能不能請你們宣誓加入我和世界各地人民的行列，盡一切可能去達成目標？

World Economic Forum Davos
2019.01.22

Some people say that we are not doing enough to fight climate change.

But that is not true.

Because to "not do enough" you have to do something.

And the truth is we are really not doing anything. Yes, some people are doing more than they can but they are too few or too far away from power to make a difference today.

Some people say that the climate crisis is something that we all have created.

But that is just another convenient lie.

Because if everyone is guilty then no one is to blame.

And someone is to blame. Some people - some companies and decision makers in particular - has known exactly what priceless values they have been sacrificing in order to continuing making unimaginable amounts of money.

I want to challenge those companies and those decision makers into real and bold climate action.

To set their economic goals aside to safeguard the future living conditions for human kind.

I dont believe for one second that you will rise to that challenge. But I want to ask you all the same. I ask you to prove me wrong. For the sake of your children, for the sake of your grand children. For sake of life and this beautiful living planet. I ask you to stand on the correct side of history.

I ask you to pledge to do everything in your power to push your own business or government in line with a 1.5 degree world. Will you pledge to do that? Will you pledge to join me, and the people all over the world in doing whatever it takes.

2019.01.25
達沃斯

我們的房子失火了

我們的房子失火了。

我來到這裡就是要說，我們的房子失火了。

根據政府間氣候變遷專門委員會（IPCC），再過不到十二年的時間，人類將無法彌補錯誤。在那之前，社會各界都必須進行前所未有的調整，包括至少減少 50%的二氧化碳排放量[1]。

請注意，這個數字並未計入實質公平的面向。《巴黎協議》要能夠全球落實，實質公平的面向絕對不可或缺。這個數字也未計入像是北極圈永凍層融解所釋放的甲烷威力氣體，所將觸發的臨界點或反饋迴圈。

在達沃斯這樣子的地方，大家都喜歡談成功的故事，但是財富上的成功，代價卻難以想像，就氣候變遷這一點來看，必須承認大家失敗了，所有當前形式的政治運動，都失敗了。媒體也失敗了，因為未能夠提高公眾意識。但是人類做為一個物種，還不算失敗。

確實，我們正在邁向失敗，但還是有時間能夠扭轉劣勢；還是有時間去解決問題；還是能夠控制住局面。但前提是必須先承認當前的這些體系，整體上已經失敗，否則都辦不到。無數人民已經在默默承受苦難，這就是現在所面臨的災難。所以說話別再客氣，別再在意哪些事情可以說，哪些不可以。現在要做的，就是清楚明白地說出來。

1 譯注：雖然原文寫二氧化碳排放量（CO2 emissions），但精確而言應該是二氧化碳排放當量（Carbon dioxide equivalent，CO2e），也就是各種溫室氣體換算成二氧化碳的排放量加總。計算方式為各個溫室氣體質量乘以各該溫室氣體的全球暖化潛勢(GWP)，加總得出。除了二氧化碳，聯合國氣候變遷綱要公約規範的其餘六種溫室氣體為：甲烷、氧化亞氮、全氟碳化物、氫氟碳化物、六氟化硫，以及三氟化氮。

將氣候危機化險為夷，可以說是人類有史以來面對最大且最複雜的挑戰，然而最主要的解決方案，卻簡單到連小孩都能理解，那就是停止排放溫室氣體。

做或不做，就這麼簡單。

你們會說，生命中沒有一件事是黑白分明。

但這是謊言，非常危險的謊言。

我們可以阻止溫度上升 1.5 度，或不做；

我們可以阻止觸發一連串無法逆轉的連鎖反應，或不做；

我們可以讓人類文明共存下去，或不做。

夠黑白分明了吧，凡是攸關人類存亡的事，就沒有灰色地帶。

如今，選擇在我們手上，人類可以採取轉型行動，保衛未來世代的生存條件，或者繼續因循苟且，一敗塗地，決定權在你我的手中。

有人認為小孩不應該參與社會運動，應該要讓政治人物來處理所有事情，要用選票帶來改變，但萬一檯面上的人物缺乏這樣的政治意願，該怎麼辦？萬一政治介入遙遙無期，難道我們該坐以待斃嗎？

在達沃斯，大家嘴上都掛著金錢，彷彿唯一該在意的只有金錢和經濟成長。

就是因為從來沒有人把氣候危機當作危機，才會沒有人能理解到後果。沒有人會意識到有一種東西叫做碳預算，更不會有人知道如今預算餘額少得可憐，這一點必須今天有所改變。

當前最重要的挑戰，就是要廣泛促進大眾能夠意識並且理解到碳預算餘額迅速消失。而碳預算應該、也必須成為新型的全球貨幣，成為未來與當前經濟的基礎。

現在這個時刻，任何人只要是能夠對危害人類文明與生物圈的氣候危機有所洞見，都有義務公開表達洞見。

用清楚明白的語言表達出來。

不論會讓人多麼不安、多麼損害利潤。
必須改變當前社會各界。
碳足跡越大的人，道德義務就越重。
舞台越大的人，責任就越大。
大人總是說：「我們欠年輕人一個希望。」
但我不要你們的希望，我不要你們對未來充滿希望。
我要你們開始恐慌，
我要你們去感受我每天的恐懼。
然後我要你們採取行動，
像面對危機那樣子行動。
像看見家裡失火那樣子行動。
因為我們的家真的失火了。

Davos
2019.01.25

Our house is on fire. I am here to say, our house is on fire.

According to the IPCC we are less than 12 years away from not being able to undo our mistakes. In that time, unprecedented changes in all aspects of society needs to have taken place - including a reduction of our CO2 emissions by at least 50%.

And please note that those numbers do not include the aspect of equity, which is absolutely necessary to make the Paris Agreement work on a global scale. Nor does it include tipping points or feedback loops like the extremely powerful methane gas released from the thawing arctic permafrost.

At places like Davos, people like to tell success stories. But their financial success has come with an unthinkable price-tag. And on climate change, we have to acknowledge that we have failed. All political movements in their present form have done so. And the media has failed to create broad public awareness. But homo sapiens have not yet failed.

Yes, we are failing but there is still time to turn everything around. We can still fix this. We still have everything in our own hands. But unless we recognize the overall failures of our current systems we most probably don't stand a chance.

We are facing a disaster of unspoken sufferings for enormous amounts of people. And now is not the time for speaking politely or focusing on what we can or cannot say. Now is the time to speak clearly.

Solving the climate crisis is the greatest and most complex challenge that homo sapiens have ever faced. The main solution, however, is so simple that even a small child can understand it. We have to stop our emissions of greenhouse gases.

And either we do that or we don't.

You say that nothing in life is black or white.

But that is a lie. A very dangerous lie.

Either we prevent a 1.5 degree of warming or we don't.

Either we avoid setting off that irreversible chain reaction beyond human control - or we don't.

Either we choose to go on as a civilization or we don't.

That is as black or white as it gets.

There are no grey areas when it comes to survival.

Now we all have a choice.

We can create transformational action that will safeguard the living conditions for future generations.

Or we can continue with our business as usual and fail.

That is up to you and me.

Some say that we should not engage in activism. Instead we should leave everything to our politicians and just vote for a change instead. But what do we do when there is no political will? What do we do when the politics needed are nowhere in sight?

Here in Davos - just like everywhere else - everyone is talking about money. It seems that money and growth are our only main concerns.

And since the climate crisis is a crisis that has never once has been treated as a crisis people are simply not aware of the full consequences from our everyday life. People are not aware that there is such a thing as a carbon budget and just how incredibly small that remaining carbon budget is. And that needs to change today.

No other current challenge can match the importance of establishing a wide, public awareness and understanding of our rapidly disappearing

carbon budget, that should and must become our new global currency and the very heart of our future and present economics.

We are now at a time in history where everyone with any insight of the climate crisis that threatens our civilization and the entire biosphere must speak out.

In clear language.

No matter how uncomfortable and unprofitable that may be.

We must change almost everything in our current societies.

The bigger your carbon footprint - the bigger your moral duty.

The bigger your platform - the bigger your responsibility.

Adults keep saying: "We owe it to the young people to give them hope." But I don't want your hope. I don't want you to be hopeful.

I want you to panic.

I want you to feel the fear I feel every day.

And then I want you to act.

I want you to act as you would in a crisis.

I want you to act as if our house is on fire. Because it is.

2019.02.02
臉書貼文

我的年紀還太小，不應該這麼做

近來外界流傳許多關於我的流言，以及大量的仇恨言論，一點也不意外，因為大多數人都還沒意識到氣候危機的真正意義（可以理解，畢竟從來就沒被當作危機看待過），才會對氣候罷課這件事感到奇怪。就讓我藉此好好澄清一下罷課行動。

2018 年 5 月的時候，我贏得《瑞典日報》所舉辦的環境寫作比賽。文章見報後，開始有人連絡我，包括達爾斯蘭零石化（Fossil Free Dalsland）團體的博．索倫。他底下有一群人（而且是一群年輕人）想要在氣候危機這方面做些事。

於是我和其他社會運動人士在電話上開了幾次會，目的在於發想新的計畫，讓外界關注氣候危機。博拋出幾個想法，包括遊行，乃至於發起某種形式的罷課粗略想法（要讓學生在操場上或教室裡罷課）。罷課的想法源自於美國帕克蘭市的那群學生，他們在發生校園槍擊之後拒絕上學。

我覺得罷課的主意挺不錯，於是一邊研究，一邊說服其他年輕人一起罷課，不過不太有人感興趣，他們覺得瑞典版本的零時（Zero Hour）遊行比較會有影響力，所以我就一個人規劃罷課行動，也沒再繼續和他們開會。

當我把計畫告訴爸媽時，他們不是很贊同罷課的想法。他們說，如果我要罷課的話，就自己去罷課，他們不會提供任何協助。

8 月 20 日，我走到瑞典國會外，坐了下來，開始發放傳單給民眾，上面詳述氣候危機的事實，也說明罷課理由。我也在推特和

Instagram 上發文，告訴大家我在做什麼，沒多久就吸引記者前來採訪，其中的還包括一位叫做英格瑪·連茲哈格（Ingmar Rentzhog）的瑞典企業家，他很常參與氣候運動，和我聊了一下，拍幾張照片後上傳臉書。這是我第一次見到他，也是第一次和他說話。先前都沒聊過，也沒遇過。

很多人愛散播謠言，說有人「在背後」操控我，或者有人「付我錢」或「利用我」做這件事。但其實沒有人「在背後」操控我，只有我操控我自己。至於我的爸媽，在還沒被我教育到產生氣候危機意識以前，可以說是和氣候運動人士沾不上邊。

我不屬於任何組織團體，以前支持過一些在氣候與環境方面做事的非政府組織，也會偶而和他們合作，但是我完完全全獨立，不代表任何人，只代表自己。我做的一切事情都完全免費，從來沒有拿過一毛錢，也沒有人承諾以後會給我錢，任何形式都沒有，和我有關的人士或者家人也是如此。

我當然會繼續堅持下去，從來沒有見過有哪位氣候運動人士，是為了錢才替氣候而戰，簡直荒謬至極。

此外，未經學校允許，我是不會到國內外各地遠行。遠行的交通費和住宿費都是由父母支付。

我們全家人一起寫了一本書，內容是關於我和妹妹碧雅塔如何去影響父母看待這個世界的方式，尤其是氣候這個議題。書中也談到我和妹妹被診斷出來的問題。這本書本來要在 2018 年 5 月出版，但因為和出版社發生重大意見分歧，於是換了一家新的出版社，書在同年 8 月上市。

這本書叫做《我是葛莉塔》，書在出版前，父母明確表示過所有利潤都會捐贈給八家注重環境、兒童相關症候群，以及動物權的慈善機構。

還有，我的講稿都是自己寫的。但因為深知自己的言論將會傳遍千里，因此經常會請教別人的意見。我也會經常向固定幾位科學家尋求協助，請他們針對特定的複雜議題，提供建議。我要確保一切完全正確，避免散播出去的事實不正確，或者會導致誤解。

有些人嘲笑我有亞斯伯格，可是亞斯伯格不是病，是個天賦。又有人說，有亞斯伯格症的人怎麼可能會走到像你現在這個地步，但沒錯，這就是原因。因為如果我是個「正常」人，而且會社交的話，我早就會加入或者成立組織。正因為我不擅長社交，才會這樣做。氣候危機一直被放任不管，讓我很苦惱，覺得該做些什麼。有些時候，沉默的作為反而會比做什麼更有影響力，像是在國會外靜坐。正如輕聲細語有時候會比大吼大叫更能讓人家聽得進去。

還有人抱怨我「說話寫作都像大人」。我只能說：你以為十六歲的小孩就沒有獨立思考的能力嗎？還有人說我過度簡化事情，像是我所說的：「氣候危機黑白分明」、「必須停止溫室氣體排放」，以及「我要你們恐慌」。我會這樣說，是因為這些都是事實。雖然氣候危機是人類有史以來面對最複雜的議題，必須要盡一切努力才能「阻止危機」，但是解決危機的方法沒有模糊地帶，必須黑白分明，也就是必須停止排放溫室氣體。

我們可以將暖化限制在前工業時期為基準的增溫幅度攝氏 1.5 度以內，不然不做；或者達到碳排放的臨界點，觸發一連串人類掌控不了的連鎖反應，不然就阻止；或者讓人類的文明存續下去，也可以不要。凡是攸關人類存亡的事，沒有灰色地帶。

至於我說要你們恐慌，用意是要你們將正視危機。當你們家中失火時，總不會坐下來談論火被撲滅之後，可以把房子蓋得多美輪美奐吧，而是拔腿就跑，確保大家都安全撤離，同時呼叫消防隊來滅火。這得靠某種程度的慌張才能辦到。

還有一種論點實在讓我無可奈何，就是說我「只是小孩子，不要聽小孩的話」。不聽我的，無所謂。那就去聽聽確鑿的科學研究怎麼說吧。因為只要所有人都去聽科學家的話，聽進去我引用科學家調查出來的事實時，那就完全不用去聽我在說些什麼，也不用去聽世界各地數十萬為氣候罷課的學生在說些什麼。這樣我們就全部會回去學校上課。我只不過是個使者，卻得承受這麼多的仇恨辱罵。我所說的早就有人說過了，我只不過是在陳述科學家數十年以來說過一遍又一遍的事情。我同意你們的看法，我的年紀還太小，不應該這麼做。沒有孩子應該要這麼做。但是因為大家幾乎都在袖手旁觀，而我們的未來陷入危機，只好繼續這樣幹下去。

如果想要進一步了解我，或者對我有任何疑慮的話，可以去看我的 TED 演說影片，我在裡面有談到當初是怎樣開始對氣候與環境產生興趣。

謝謝大家的善心支持！讓我充滿希望。

Facebook
2019.02.02

Recently I've seen many rumors circulating about me and enormous amounts of hate. This is no surprise to me. I know that since most people are not aware of the full meaning of the climate crisis (which is understandable since it has never been treated as a crisis) a school strike for the climate would seem very strange to people in general. So let me make some things clear about my school strike.

In May 2018 I was one of the winners in a writing competition about the environment held by Svenska Dagbladet, a Swedish newspaper. I got my article published and some people contacted me, among others was Bo Thorén from Fossil Free Dalsland. He had some kind of group with people, especially youth, who wanted to do something about the climate crisis.

I had a few phone meetings with other activists. The purpose was to come up with ideas of new projects that would bring attention to the climate crisis. Bo had a few ideas of things we could do. Everything from marches to a loose idea of some kind of a school strike (that school children would do something on the schoolyards or in the classrooms). That idea was inspired by the Parkland Students, who had refused to go to school after the school shootings.

I liked the idea of a school strike. So I developed that idea and tried to get the other young people to join me, but no one was really interested. They thought that a Swedish version of the Zero Hour march was going to have a bigger impact. So I went on planning the school strike all by myself and after that I didn't participate in any more meetings.

When I told my parents about my plans they weren't very fond of it. They did not support the idea of school striking and they said that if I were to do this I would have to do it completely by myself and with no support from them.

On the 20 of August I sat down outside the Swedish Parliament. I

handed out fliers with a long list of facts about the climate crisis and explanations on why I was striking. The first thing I did was to post on Twitter and Instagram what I was doing and it soon went viral. Then journalists and newspapers started to come. A Swedish entrepreneur and business man active in the climate movement, Ingmar Rentzhog, was among the first to arrive. He spoke with me and took pictures that he posted on Facebook. That was the first time I had ever met or spoken with him. I had not communicated or encountered with him ever before.

Many people love to spread rumors saying that I have people "behind me" or that I'm being "paid" or "used" to do what I'm doing. But there is no one "behind" me except for myself. My parents were as far from climate activists as possible before I made them aware of the situation.

I am not part of any organization. I sometimes supported and cooperates with several NGOs that work with the climate and environment. But I am absolutely independent and I only represent myself. And I do what I do completely for free, I have not received any money or any promise of future payments in any form at all. And nor has anyone linked to me or my family done so.

And of course it will stay this way. I have not met one single climate activist who is fighting for the climate for money. That idea is completely absurd.

Furthermore I only travel with permission from my school and my parents pay for tickets and accommodations.

My family has written a book together about our family and how me and my sister Beata have influenced my parents way of thinking and seeing the world, especially when it comes to the climate. And about our diagnoses. That book was due to be released in May 2018. But since there was a major

disagreement with the book company, we ended up changing to a new publisher and so the book was released in August the same year instead.

Before the book was released my parents made it clear that their possible profits from the book Scener ur hjärtat, "Scenes from the heart", will be going to 8 different charities working with environment, children with diagnoses and animal rights.

And yes, I write my own speeches. But since I know that what I say is going to reach many, many people I often ask for input. I also have a few scientists that I frequently ask for help on how to express certain complicated matters. I want everything to be absolutely correct so that I don't spread incorrect facts, or things that can be misunderstood.

Some people mock me for my diagnosis. But Asperger is not a disease, it's a gift. People also say that since I have Asperger I couldn't possibly have put myself in this position. But that's exactly why I did this. Because if I would have been "normal" and social I would have organized myself in an organization, or started an organization by myself. But since I am not that good at socializing I did this instead. I was so frustrated that nothing was being done about the climate crisis and I felt like I had to do something, anything. And sometimes NOT doing things - like just sitting down outside the parliament - speaks much louder than doing things. Just like a whisper sometimes is louder than shouting.

Also there is one complaint that I "sound and write like an adult". And to that I can only say: Don't you think that a 16-year old can speak for herself? There's also some people who say that I oversimplify things. For example when I say that "the climate crisis is a black and white issue", "we need to stop the emissions of greenhouse gases" and "I want you to panic".

But that I only say because it's true. Yes, the climate crisis is the most complex issue that we have ever faced and it's going to take everything from our part to "stop it". But the solution is black and white; we need to stop the emissions of greenhouse gases.

Because either we limit the warming to 1.5 degrees celsius over pre-industrial levels, or we don't. Either we reach a tipping point where we start a chain reaction with events way beyond human control, or we don't. Either we go on as a civilization, or we don't. There are no grey areas when it comes to survival.

And when I say that I want you to panic, I mean that we need to treat the crisis as a crisis. When your house is on fire you don't sit down and talk about how nice you can rebuild it once you put out the fire. If your house is on fire you run outside and make sure that everyone is out while you call the fire department. That requires some level of panic.

There is one other argument that I can't do anything about. And that is the fact that I'm "just a child and we shouldn't be listening to children". But that is easily fixed - just start to listen to the rock solid science instead. Because if everyone listened to the scientists and the facts that I constantly refer to - then no one would have to listen to me or any of the other hundreds of thousands of school children on strike for the climate across the world. Then we could all go back to school. I am just a messenger, and yet I get all this hate. I am not saying anything new, I am just saying what scientists have repeatedly said for decades. And I agree with you, I'm too young to do this.

We children shouldn't have to do this. But since almost no one is doing anything, and our very future is at risk, we feel like we have to continue.

And if you have any other concern or doubt about me, then you can listen to my TED talk, in which I talk about how my interest for the climate and environment began. And thank you everyone for you kind support! It brings me hope.

2019.02.21
「歐洲復興公民社會」活動演說／布魯塞爾

希望不會自己來敲門

我的名字叫做葛莉塔・通貝里，我是瑞典的氣候運動人士。在我身邊的這幾位是安努娜・德維福、艾黛蕾德・夏里耶、吉拉・甘托瓦、吉爾・凡戴爾、德里斯・孔納利森、吞恩・藍布列特，以及路易莎・諾伊鮑爾。

現在布魯塞爾大街小巷有數以萬計的學生參與罷課，世界各地則有數十萬人一同響應。我們之所以罷課，是因為有做好我們的功課，這就是為什麼我們八個人今天來到現場。

大家都一直很樂觀，樂觀於年輕一輩的人會拯救世界，但我們並不樂觀，時間根本不夠讓我們慢慢長大成為能夠主宰事情的大人。因為到了 2020 年，排放曲線就必須要大幅向下折，也就是明年。

大部分的政治人物都不想和我們對話。好啊，反正我們也不想和他們對話，我們想要對話的對象是科學家，想要傾聽他們怎麼說，因為我們所要做的，就是去重複他們數十年來說過一遍又一遍的事實。請你們遵守《巴黎協議》，遵守政府間氣候變遷專門委員會（IPCC）所提出的報告。我們沒有要發表其他宣言，或是提出其他訴求，只是要求大家和科學站在同一陣線。這才是我們的訴求。

許多政治人物在談氣候罷課這件事時，偏偏不談氣候，而是將重點放在氣候罷課是否助長逃學，以及我們這些罷課的學生是否該回去上學。這些政治人物對我們的動機有諸多揣測，直指我們是不會獨立思考的傀儡。他們用盡手段，想轉移氣候危機的焦點，想轉換話題。之所以如此，正是因為他們清楚打不贏我們，心虛自己沒做好功課。而我們，則有做好功課。

如果你們有做好功課，就會發覺到社會需要新型態的政治模式；

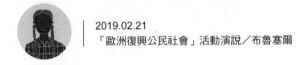

需要新型態的經濟模式，也就是要將迅速減少、所剩無幾的碳預算餘額當作經濟運作的新準則，但光是這樣還是不夠，更需要一套嶄新的思維模式。當前政治體系的主軸，說穿了就是競爭，為了勝出、為了權力，可以無所不用其極去作弊。我們不能再這樣繼續下去了，必須停止彼此競爭，必須開始合作，公平共享地球資源。人類的生活模式必須不能超出地球負荷，必須注重實質的公平，而且要為萬物的生息退讓一步，必須保護好生物圈，空氣、海洋、森林、土壤。聽起來或許很天真，不過，假如你們有做好功課，就會明白我們別無選擇。人類活著的每分每秒，都必須要努力阻止氣候變遷，如果不這麼做，所有過去的人類成就與進步都將會是徒勞，而政治人物遺留下來的唯一政績，將會是史上的最大挫敗。政治人物如果繼續充耳不聞、不採取行動的話，將會遺臭萬年。不過一切都還是有轉圜的餘地，我們還有一些時間。

根據政府間氣候變遷專門委員會提出的報告，再過大約十一年的時間，人類恐怕將會觸發一連串超出人類所能掌控的連鎖反應，而且無法逆轉。如果要阻止這件事發生，就必須社會各界得在未來十年之內進行前所未有的變革，包括在 2030 年以前減少至少 50%的二氧化碳排放量。

請注意，這個數字並未計入實質公平的面向。《巴黎協議》要能夠全球落實，實質公平的面向絕對不可或缺。這個數字也未計入像是北極圈永凍層融解所釋放的甲烷威力氣體，所將觸發的臨界點或反饋迴圈。倒是尚未被發明出來的全球規模負排放技術（negative emissions techniques），則已經被算進減排數字。許多科學家擔心這種技術會來不及派上用場，也不可能以所設想的規模予以實現。

歐盟表示將會提高會員國的減排目標，將新目標設定為 2030 年為止，減少相對於 1990 年排放水準的 45%排放量。該目標被稱作是好的

目標，被稱作是有雄心的目標。

但事實是，新目標依舊不足以控制全球氣溫升幅在攝氏 1.5 度內；依舊不足以保障現在還小的孩子們的未來。歐盟若是真的要公平做出減排貢獻，讓全球氣溫維持在攝氏 2 度以下的話，就必須在 2030 年為止至少減少 80%的排放，包括航空與海運業在內，也就是比起目前的規畫要增加一倍的企圖心，而達到目的所需的相關行動，不是光靠政治宣示或是黨派政治就能辦到。

我們再度看見這些政客無視自己捅出的摟子，硬是要留給我們年輕世代來收拾。有人說，我們是在為自己的未來奮戰，並非如此。我們不是在為自己的未來奮戰，而是為所有人的未來奮戰。如果你們還是認為我們應該回去學校上學的話，那麼請你們代替我們上街抗爭吧，請你們去罷工，更好的作法是一起加入我們的行列，讓事情得以加快腳步進行。

很抱歉，光是嘴巴上說一切都會沒事，卻沒有付出實際行動，如何能夠讓人們樂觀得起來，反而只會更加悲觀。我們一而再、再而三看到事實就是如此。希望是不會自己來敲門，枯坐著等待希望上門，是被寵壞、不負責任的孩子才會做的事。大概你們還不能夠了解，希望是必須積極爭取才能換來。如果你們還硬是要說我們在「浪費寶貴的上學時間」，那就容許我提醒你們：政客數十年來的不作為與不願正視真相，就是在浪費時間。我們時間所剩不多，只好採取行動，而且已經開始在收拾你們的爛攤子，直到收拾完畢才肯放手。

European Economic and Social Committee
'Civil Society for rEUnaissance' Brussels
2019.02.21

My name is Greta Thunberg. I'm a climate activist from Sweden. And this is Anuna De Wever, Adéleïde Charlier, Kyra Gantois, Gilles Vandaele, Dries Cornelissens, Toon Lambrecht and Luisa Neubauer.

Tens of thousands of children are school striking on the streets of Brussels. Hundreds of thousands are doing the same all over the world. We are school striking because we have done our homework. Eight of us are here today.

People always tell us that they are so hopeful. They are hopeful that the young people are going to save the world. But we are not. There is simply not enough time to wait for us to grow up and become the ones who are in charge. Because by the year 2020 we need to have bended the emission curve steep downwards. That's next year.

We know that most politicians don't want to talk to us. Good, we don't want to talk to them either. We want them to talk to the scientists instead, listen to them. Because we are just repeating what they are saying and have been saying for decades. We want you to follow the Paris Agreement and the IPCC report. We don't have any other manifestos or demands - just unite behind the science. That is our demand.

When many politicians talk about the school strikes for the climate they talk about almost anything except from the climate crisis. Many people are trying to make the school strikes a question of whether we are promoting truancy or whether we should be in school or not. They make up all sorts of conspiracies and call us puppets who can not think for ourselves. They are desperately trying to remove the focus away from the climate crisis and change the subject. They don't want to talk about it because they know they can not win this fight. Because they know that they have not done their

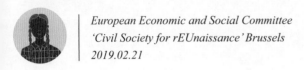

homework. But we have.

Once you have done your homework you realize that we need new politics. We need new economics where everything is based on our rapidly declining and extremely limited remaining carbon budget. But that is not enough. We need a whole new way of thinking. The political system that you have created is all about competition. You cheat when you can because all that matters is to win. To get power. That must come to an end. We must stop competing with each other. We need to start to cooperate and to share the remaining resources of this planet in a fair way. We need to start living within the planetary boundaries, focus on equity and take a few steps back for the sake of all living species. We need to protect the biosphere. The air. The oceans. The forests. The soil. This may sound very naive. But if you have done your homework then you know that we don't have any other choice. We need to focus every inch of our being on climate change. Because if we fail to do so then all our achievements and progress have been for nothing and all that will remain of our political leaders legacy will be the greatest failure in human history. And they will be remembered as the greatest villains of all time because they have chosen not to listen and not to act. But this does not have to be. There is still time.

According to the IPCC report we are about 11 years away from being in a position where we set off an irreversible chain reaction way beyond human control. To avoid that, unprecedented changes in all aspects of society needs to have taken place within this coming decade - including a reduction of our CO_2 emissions by at least 50% by the year 2030.

And please note that the those numbers do not include the aspect of equity, which is absolutely necessary to make the Paris agreement work on a

global scale. Nor do they include tipping points or feedback loops like the extremely powerful methane gas released from the thawing arctic permafrost. They do however include negative emission techniques on a huge planetary scale that is yet to be invented. And that many scientist fear never will be ready in time and will anyway be impossible to deliver at the scale assumed.

We have been told that the EU intends improve its emissions reduction target. In the new target, the EU is proposing to reduce its climate changing emissions to 45% below 1990 levels by 2030. Some people say this is good, or this is ambitious. But this new target is still not enough to keep global warming to 1.5C. This target is not sufficient to protect the future for children growing up today. If the EU is to make its fair contribution to staying within the carbon budget for 2°C limit, then it needs a minimum 80% reduction by 2030 - and that includes aviation and shipping. So around twice as ambitious as the current proposal. The actions required are beyond any manifesto or any party politics.

Once again they sweep their mess under the carpet for our generation to clean up and solve. Some people say that we are fighting for our future but that its not true. We are not fighting for our future. We are fighting for everyone's future. And if you think that we should be in school instead - then we suggest that you take our place out in the streets, striking from your work. Or better yet, join us so we can speed up the process.

And I am sorry, but saying everything will be all right while continuing doing nothing is just not hopeful to us. In fact it's the opposite of hope. And yet this is exactly what you keep doing. You can't just sit around waiting for hope to come. Then you are acting like spoiled, irresponsible children. You

don't seem to understand that hope is something you've got to earn. And if you still say that we are "wasting valuable lesson time" - then let me remind you that our political leaders have wasted decades through denial and inaction. And since our time is running out we have decided to take action. We have started to clean up your mess. And we will not stop until we are done.

2019.03.30
德國金攝影機影視獎受獎演說／柏林

世界真奇怪

這個世界真奇怪，所有科學證據都已經明白指出，再過十一年左右，人類就會觸發一連串超乎人類所能掌控的連鎖反應，絲毫不可逆，而且可能將導致文明滅絕。

這個世界真奇怪，一群孩子得犧牲上學的時光去抗爭阻止自己的未來免遭毀滅。

奇怪的地方還在於，有些人明明最不應該被歸咎，卻是這場危機受害最深的人。

奇怪的地方還在於，政客口口聲稱說拯救世界要花太多錢，卻願意補貼石化業數兆歐元。

奇怪的地方在於，大家明明知道當前的政治運作模式提供不了問題的解決方法，卻依舊固守這種模式。

奇怪的地方在於，有些人似乎更在意小孩子有沒有去上學。

奇怪的地方還在於，人人可以選擇想要相信哪一種事實，而且只去相信自己想要相信的。

奇怪的地方在於，明明碳預算所剩無幾，而且迅速消失中，這件事關係到人類的存亡，卻幾乎沒有人聽過碳預算。

這個世界真奇怪，人們以為市場經濟模式既然促成氣候危機，那麼也能用來解決氣候危機。

一場球賽或一場電影盛會所得到的媒體關注，竟然大過於人類史上面對的最大危機。

在這個奇怪的世界上，願意為不公不義發聲的名人、影星，與流行藝人，卻偏偏不願意替環境及氣候正義發聲，因為一旦那樣發聲，就沒辦法繼續飛到世界各地吃好料、去海灘度假，或是來趟瑜伽靜心

旅遊。

如果要避免氣候出現崩潰災難，就必須去做看似做不到的事，必須如此。

但我也必須說：今晚在場的各位嘉賓，沒有你們的幫忙，儘憑我們的力量將無法達成。

因為你們在別人的眼中像是神一般的地位，能夠影響數十億的人。所以我們需要你們的幫忙。

你們可以透過發聲的方式，提高人們對這場全球性危機的意識；你們可以協助集結數以萬計的個人，組織一場又一場的運動；你們可以幫助喚醒各國領袖，讓他們了解到我們的家已經失火了。

這個世界很奇怪。但沒辦法，大人留給我們這一代的世界就是那麼奇怪。

而且也沒有留給我們其他的世界了。

如今，我們站在十字路口。

要往哪裡走，由我們決定。

Goldene Kamera Film and TV Awards, Berlin
2019.03.30

We live in a strange world. Where all the united science tells us that we are about 11 years away from setting off an irreversible chain reaction way beyond human control that will probably be the end of our civilization as we know it.

We live in a strange world where children must sacrifice their own education in order to protest against the destruction of their future.

Where the people who have contributed the least to this crisis are the ones who are going to be affected the most.

Where the politicians say it's too expensive to save the world, while spending trillions of euros subsidizing fossil fuels.

We live in a strange world where no one dares to look beyond our current political systems even though its clear that the answers we seek will not be found within the politics of today.

Where some people seem to be more concerned about the presence in school of some children than the future of humankind.

Where everyone can choose their own reality and buy their own truth.

Where survival is depending on a small, rapidly disappearing carbon budget. And hardly anyone even knows it exists.

We live in a strange world. Where we think we can buy or build our way out of a crisis that has been created by buying and building things.

Where a football game or a film gala gets more media attention that the biggest crisis humanity has ever faced.

Where celebrities, film and pop-stars who have stood up against all injustices will not stand up for our environment and for climate justice because that would inflict on their right to fly around the world visiting their favorite restaurants, beaches and yoga retreats.

Avoiding catastrophic climate breakdown is to do the seemingly impossible. And that is what have to do.

But here is the truth: we can't do it without you in the audience here tonight.

People see you celebrities as Gods. You influence billions of people. We need you.

You can use your voice to raise awareness about this global crisis. You can help turn individuals into movements. You can help us wake up our leaders – and let them know that our house is on fire.

We live in a strange world. But it's the world that my generation has been handed. It's the only world we've got.

We are now standing at a crossroads.

It's up to us.

2019.04.16
歐洲議會演說／史特拉斯堡

思維要像蓋教堂，膽大心細有遠見

我的名字叫做葛莉塔．通貝里，現年十六歲，來自瑞典。

我要你們慌張失措。

我要你們像家中失火那樣採取行動。

這句話我曾經在別的地方說過。

很多人告訴我為什麼他們不認同這種想法。

很多政客說，恐慌不會帶來好結果，這一點我同意。

人本來就不應該在不該慌張的時候行動。

但是房子起火時，如果不慌張，房子將很難避免毀於一旦。

人類的文明是很脆弱的，宛如一座沙堡。

外表看起來美麗動人，基礎卻不堪一擊。

許多時候，人類實在太過便宜行事。

昨天巴黎聖母院就在世人哀號與難過中遭到大火吞噬。

有些建築物的意義非凡，但聖母院將能夠再度重建。

大家只能盼望聖母院的基礎夠堅固。

我也希望人類的文明基礎更加堅固。

不過恐怕事與願違。

再過 10 年 259 天又 10 個小時，時間將來到 2030 年，那一年人類恐怕將會觸發一連串超出人類所能掌控的連鎖反應，最終導致人類文明的滅絕。

除非我們能夠在這段期間要求社會各界都進行永久且前所未有的調整，包括減少至少 50%的二氧化碳排放。請注意，這個數字是取決

於尚未問世的二氧化碳清除技術。

而且，數字也未計入像是北極圈永凍層融解所釋放的甲烷威力氣體，所將觸發的臨界點或反饋迴圈。

數字也未計入早已因為空汙緣故而被困在地球表層的溫室氣體；也未計入實質公平，或是氣候正義，這兩個面向的要求在《巴黎協議》內文隨處可見，是全球落實協定內容所不可或缺。

而且不要忘了，這些數字可能不是那麼精準，只是粗估。也就是說，恐怕不用到 2030 年就會踏上「不歸路」，沒有人有肯定的答案。

但不論怎麼說，踏上不歸路的時間，不會差太遠。

因為這是經過計算的，並不是隨便說說，也不是亂猜的。

都是有科學證據佐證的，並且是經過各國在政府間氣候變遷專門委員會會議（IPCC）上背書的。

幾乎所有世界上各大國家級科學機構，都認同 IPCC 的研究與發現。

人類現在處於第六次物種大滅絕的階段，滅絕的速度比起正常速度快了一萬倍，每天最多二百個物種從此滅絕。

肥沃表土流失、茂盛森林砍伐、空汙毒害、昆蟲和野生動植物消失、海洋酸化等等，之所以會加速趨向這些災難，全都是因為有幸能夠生活富足的我們，卻理直氣壯認為可以繼續老樣子過日子。

非常少人聽說過這些災難，也不了解到這些災難還只是氣候與生態崩潰的初始症狀而已。

他們又怎麼會了解呢？沒人告訴他們呀，更重要的是因為沒有正確的人，告訴他們正確的事。

我們家就要毀滅了。

各國領袖必須立刻採取行動。

因為現在看不到他們有任何作為。

如果人類的家就要毀滅了，照理來說各國領袖不會繼續消極下

去，應該會大幅改變自己的行為，把這件事當成危機來看待。

如果人類的家就要毀滅了，照理來說各國領袖不會繼續搭乘商務艙飛來飛去，而且明明市場機制只能針對具體個案提出小規模的解決方案，這些領袖卻硬是要繼續主張交給市場來解決所有問題。照理來說，市場經濟模式既然促成氣候危機，就不應該用同一套經濟模式解決氣候危機。

如果人類的家就要毀滅了，照理來說不會舉行三次英國脫歐峰會，卻連一次氣候生態崩潰的緊急會議都召開不成。照理來說，不會還停留在爭論要十五年後或是十一年後才停止使用煤炭。

如果我們的家就要毀滅了，照理來說不會去慶祝像愛爾蘭這樣單一國家可望從石化燃料撤資，也不會去慶祝挪威決定停止在羅浮敦群島美景勝地外海繼續探勘石油，因為他們未來數十年還是會繼續在別的地方探勘。若是三十年前這麼做的話，可以慶祝。現在慶祝已經太遲了。

如果我們的家就要毀滅了，照理來說媒體就不會報導別的題材，每天的頭條新聞，都會是當前的氣候與生態危機。

如果我們的家就要毀滅了，照理來說你們就不會宣稱已經控制住局面，更不會將後續世代的生存希望押注在尚未問世的科技新發明。也不會把時間都耗在辯論課稅，或者耗在英國脫歐議題。

萬一我們的家真的毀了，你們肯定會拋開成見，開始合作。

如今，我們的家真的要毀了。

也快要沒有時間了。

卻看不到有什麼太大作為。

既然人人都要改變，每一件事也都要改變，那為什麼要繼續浪費寶貴的時間爭論誰要先改變、哪一件事要先改變？

人人都必須改變，可是舞臺越大的人，責任就越大。

碳足跡越大的人，道德義務就越大。

每次要政治人物立即行動，他們最常回我一句話，說改變不能太劇烈，因為選民不會喜歡。

不是沒有道理，但那是因為多數選民未能意識到為什麼需要改變，這就是為什麼我不斷呼籲你們要和科學站在同一陣線，好好利用科學知識，當作政治與民主的核心。

再過不久，歐盟選舉就要登場，但是這場危機受害最深的許多人，像是我，卻沒有投票權。我們也影響不了企業、政治、工程、媒體、教育，或是科學界的決策。我們也不再有那麼多的時間能夠慢慢接受教育，好讓哪一天可以輪到我們去做決策。

這就是為什麼上百萬的學生走上街頭為氣候罷課，這樣才能引起大眾關注氣候危機。

你們必須要聽我們的意見，聽沒有投票權的人想說什麼。你們必須為我們投票，也為你們的孩子，以及你們的孫子投票。

人類即將錯失彌補錯誤的機會。

這場選舉即將決定人類未來的存亡。

雖然理想的政治模式尚未出現，現存的模式還是有優劣之別。我在報紙上看到某些政黨反對我今天出席議會，還不是因為他們極度排斥氣候崩潰議題。

我們的家就要毀滅了。

人類的未來與過去的成就，如今掌握在各位的手中，改變尚未太遲。

這需要遠見、需要勇氣、需要堅定且立即的行動決心，即使教堂的穹頂藍圖未明，也要立即著手打好基礎，也就是說，思維要「像蓋大教堂般，膽大心細有遠見」。

請各位現在覺醒吧，讓改變成真。

光說會盡力已經不夠。我們必須將不可能化為可能。

如果我的話你們聽不進去，沒關係，我不介意。畢竟我只是十六歲的瑞典學生。

但是科學家的話你們必須聽進去。必須重視科學。也必須重視上街抗爭的數百萬名學生的聲音，他們罷課是為了爭取能夠好好生存的未來。

Speech to EU Parliament, Strasbourg
2019.04.16

My name is Greta Thunberg. I am 16 years old. I come from from Sweden and I want you to panic. I want you to act as if your house was on fire. I have said those words before and a lot of people has explained why that is a bad idea. A great number of politicians have told me that panic never leads to anything good. And I agree.

To panic unless you have to is a terrible idea. But when your house is on fire and you want to keep your house from burning to the ground, then that does require some level of panic.

Our civilization is so fragile. It is almost like a castle built in the sand. The facade is so beautiful. But the foundations are far from solid. We have been cutting so many corners. Yesterday the world watched with despair and enormous sorrow how the Notre Dame burnt in Paris. Some buildings are much more than just buildings. But the Notre Dame will be rebuilt. I hope that it's foundations are strong. I hope that our foundations are even stronger. But I fear that they are not.

Around the year 2030. 10 years 259 days and 10 hours way from now. We will be in a position where we set off an irreversible chain reaction beyond human control, that will most likely lead to the end of our civilization as we know it.

That is unless in that time, permanent and unprecedented changes in all aspects of society have taken place. Including a reduction of $CO2$ emissions by at least 50%. And please note that these calculations are depending on inventions that have not yet been invented at scale, inventions that are supposed to clear our atmosphere of astronomical amounts of carbon dioxide.

Furthermore do these calculations not include unforeseen tipping

points and feed back loops like the extremely powerful methane gas escaping from rapidly thawing arctic permafrost.

Nor do they include already locked in warming hidden by air pollution. Nor the aspect of equity - or climate justice - clearly stated throughout the Paris Agreement, which is absolutely necessary to make it work on a global scale.

We must also bear in mind that these are just calculations. Estimations. That means that these "points of no return" may occur a bit sooner or later than 2030. No one can know for sure. We can however be certain that they will occur approximately in these time frames. Because these calculations are not opinions or wild guesses. These projections are backed up by scientific facts, concluded by all nations through the IPCC. Nearly every major national scientific body around the world unreservedly supports the work and findings of the IPCC.

We are in the midst of the sixth mass extinction and the extinction rate is up to ten thousand times faster than what is considered normal, with up to 200 species becoming extinct every single day.

Erosion of fertile topsoil, deforestation of our great forests, toxic air pollution, loss of insects and wildlife, the acidification of our oceans - these are all disastrous trends being accelerated by a way of life that we, here in our financially-fortunate part of the world, see as our right to simply carry on.

But hardly anyone knows about these catastrophes - or understand how they are just the first few symptoms of climate- and ecological breakdown. Because how could they? They have not been told. Or more importantly: they have not been told by the right people - and in the right way.

Our house is falling apart. And our leaders need to start acting accordingly. Because at the moment they are not.

If our house was falling apart our leaders wouldn't go on like you do today. You would change almost every part of your behavior. As you do in an emergency.

If our house was falling apart you wouldn't fly around the world in business class chatting about how the market will solve everything with clever small solutions to specific isolated problems. You wouldn't talk about buying and building your way out of a crisis that has been created by buying and building things.

If our house was falling apart you wouldn't hold 3 emergency Brexit summits and no emergency summit regarding the breakdown of the climate and eco systems. You wouldn't be arguing about phasing out coal in 15 or 11 years.

If our house was falling apart you wouldn't be celebrating that one single nation like Ireland may soon divest from fossil fuels. You wouldn't celebrate that Norway has decided to stop drilling for oil outside the scenic resort of Lofoten Island, but will continue to drill everywhere else for decades. It's 30 years too late for that kind of celebrations

If our house was falling apart the media wouldn't be writing about anything else. The ongoing climate- and ecological crises would make up all the headlines.

If our house was falling apart you wouldn't say that you have the situation under control and place the future living conditions for all living species in the hands of inventions that are yet to be invented. And you would not spend all your time as politicians arguing over taxes or Brexit. If the

walls of our house truly came tumbling down, surely you would set your differences aside and start cooperating.

Well, our house is falling apart. And we are rapidly running out of time. And, yet basically nothing is happening. Who needs to change first?

Everyone and everything has to change. But the bigger your platform the bigger your responsibility.

The bigger your carbon footprint the bigger your moral duty.

When I tell politicians to act now the most common answer is that they can't do anything drastic, because that would be too unpopular among voters.

And they are right of course. Since most people are not even aware of why those changes are required. That is why I keep telling you to unite behind the science - make the best available science the heart of politics and democracy.

The EU elections are coming up soon. And many of us who will be affected the most by this crisis, people like me, are not allowed to vote. Nor are we in a position to shape the decisions of business, politics, engineering, media, education or science. Because the time it takes for us to educate ourselves to do that simply does no longer exists.

And that is why millions of children are taking it to the streets, school striking for the climate to create attention for the climate crisis.

You need to listen to us - we who cannot vote. You need to vote for us, for your children and grandchildren.

What we are doing now can soon no longer be undone.

In this election you vote for the future living conditions of human kind.

And though the politics needed do not exist today, some alternatives

are certainly less worse than others. And I have read in newspapers that some parties do not even want me standing here today because they so desperate do not to talk about climate breakdown.

Our house is falling part.

The future - as well as all that we have achieved in the past - is literally in your hands now. But it is not too late to act.

It will take a far-reaching vision. It will take courage. It will take a fierce determination to act now to lay the foundations when we may not know all of the details about how to shape the ceiling. In other words, it will take 'cathedral thinking'.

I ask you to please wake up and make the required changes possible.

To do your best is no longer good enough. We must all do the seemingly impossible.

And it's okay if you refuse to listen to me. I am after all just a 16 year-old schoolgirl from from Sweden.

But you can not ignore the scientists. Or the science. Or the millions of schoolchildren school striking for the right to a future.

2019.04.23
反抗滅絕運動造勢演說／倫敦大理石拱門

只要同心協力，一定能帶來改變

很榮幸今天能夠來到這裡，我想和各位說的是，只要同心協力，一定能帶來改變。

我來自瑞典，我的國家面臨的問題，也是英國與其他地方面臨的問題，就是徒有美麗的承諾，說會去防止氣候與生態危機的發生，實際上卻毫無作為。

人類正面臨存亡危機：氣候危機、生態危機，而且危機未曾被當作危機看待。

人類已經忽視這樣的危機長達數十年之久，我們也太常放過在氣候與生態危機方面毫無作為的政客和掌權者。如今，我們要確保不會再放過他們。

人類文明現在處於十字路口，必須現在決定下一步要往哪裡走，究竟想要給所有物種什麼樣子的未來生存條件？

今天大家來到這場集會，如同倫敦其他地方和世界各地的集會，就是因為我們已選定要走的路，並且等待其餘人民追隨我們。

我們才是帶來改變的人，反抗滅絕運動的夥伴們，以及罷課的所有人，正在帶來改變。照理來說，不應該是由我們帶來改變，可是因為其他人都在袖手旁觀，只好當仁不讓。

我們將持續奮戰，永不停歇，將永遠為地球、為我們自己、為未來，還有為後續世世代代奮戰下去。

謝謝。

Extinction Rebellion Rally Marble Arch, London
2019.04.23

It's an honour for me to be here with you today. Together we are making a difference.

I come from Sweden, and back there it's almost the same problem as here, as everywhere, that nothing is being done to stop the climate and ecological crisis, despite all the beautiful words and promises.

We are now facing an existential crisis – the climate crisis, the ecological crisis – which has never been treated as a crisis before.

They have been ignored for decades. And for way too long the politicians and the people in power have gotten away with not doing anything at all to fight the climate crisis and the ecological crisis. But we will make sure that they do not get away with it any longer.

Humanity is now standing at a crossroads. We must now decide which path we want to take. What do we want the future living conditions for all species to be like?

We have gathered here today and in many other places around London and the world, because we have chosen the path we want to take, and now we are waiting for others to follow our example.

We are the ones making a difference. We, the people in Extinction Rebellion, and those striking school for the climate, we are making a difference. It shouldn't be like that, but since no one else is doing anything, we will have to do so.

And we will never stop fighting, we will never stop fighting for this planet, and for ourselves, our futures, and for the futures of our children and our grandchildren.

Thank you.

2019.04.23
英國國會演說／倫敦

有聽到我說什麼嗎？

我的名字叫做葛莉塔．通貝里，現年十六歲，來自瑞典。我要代表未來世代發言。

我知道在座的各位，有許多人不願意聽我們的想法，說我們只是孩子，但我們只是在重複科學界一致的呼籲。

不少人關切我們在浪費寶貴的上學時間，但我可以保證，只要你們開始聽進去科學家的意見，還給我們一個未來的話，我們就會回去上學。這樣的請求，會很過分嗎？

2030 年我將滿二十六歲。我的妹妹碧雅塔將滿二十三歲。跟許多你們的孩子、你們的孫子一樣年紀。

大人告訴我們，說這個年紀會是黃金歲月，迎接我們的是大好前程。可是，我不是那麼確定前程會那樣地美好。

我有幸出生在能夠讓我放膽追夢、能夠做自己的年代與國家，也能夠想住在哪裡，就住在哪裡，許多像我這樣的人已經衣食無缺，得到的甚至超出所需。這是祖父母那一代人很難想像得到的，想要什麼，就有什麼。但事到如今，恐怕會失去一切，如今，恐怕我們沒有未來。

因為我們的未來已經被賣給一小撮人，讓他們能夠賺進天文數字的金錢。每當你們說成功沒有極限，又說要活在當下時，你們就是在偷走我們的未來。

你們欺騙我們，騙我們要對未來抱持希望，告訴我們說未來是值得盼望期待的。最悲哀的是，多數孩子都還沒有意識到未來的命運，等到恍然大悟時，為時已晚，而我們算是幸運的少數。受到這場危機衝擊最大的人，早就已經在承受苦難，他們的聲音卻無法被聽見。

我的麥克風有開嗎？聽得到我說什麼嗎？

再過 10 年 252 天又 10 個小時，時間將來到 2030 年。那一年，人類恐怕將觸發一連串超出所能掌控的連鎖反應，最終導致人類文明的滅絕。

除非，我們能夠在這段期間要求社會各界進行永久且前所未有的調整，包括減少至少 50%的二氧化碳排放。請注意，這個數字是取決於尚未問世的二氧化碳大規模清除技術能夠實現。

而且，數字也未計入像是北極圈永凍層融解所釋放的甲烷威力氣體，所將會觸發的臨界點或反饋迴圈。數字也未計入早已因為空汙緣故而被困在地球表層的溫室氣體；也未計入實質公平或是氣候正義，這兩個面向的要求在《巴黎協議》內文隨處可見，是全球落實協定內容所不可或缺。

而且不要忘了，這些數字可能不是那麼精準，只是粗估，也就是說，恐怕不用到 2030 年就會踏上「不歸路」。沒有人有肯定的答案。

但不論怎麼說，踏上不歸路的時間，不會差太遠。

因為這是經過計算的，並不是隨便說說，也不是亂猜的。

預測都是經過科學證據佐證的，並且是經過各國在政府間氣候變遷專門委員會會議（IPCC）上背書的。幾乎所有世界上各大國家級科學機構，都毫無保留地認同 IPCC 的研究與發現。

有聽到我剛才說什麼嗎？聽得懂我說的話吧？麥克風有開嗎？因為我開始有點懷疑。

這六個月以來，我搭乘上百個小時的火車、電動車和電動客運勤走歐洲各地，不斷重複這些警世良言。

但似乎還是沒有引起討論，事情依舊沒有改變。事實上，排放量仍然持續增加。

每到不同國家，經常會遇到別人提議要幫我撰寫特定國家的氣候

政策，但其實沒有這個必要。因為不論到哪裡，根本的問題如出一轍，也就是根本沒有國家採取行動去阻止，甚至只是去減緩氣候與生態崩潰。我們唯一聽到的，只是華而不實的空洞承諾。

然而，英國是個特別的國家，特別的地方不光是經年累月下來，累積龐大可觀的碳債，還包括目前所實施的這套有巧思的碳會計制度。

根據全球碳計畫（Global Carbon Project）的報告，從 1990 年以來，英國已經減少境內 36%的二氧化碳排放量。

聽起來確實很可觀。

但這個數字卻不包含航空業、海運業的排放量，也未納入進出口的相關排放。根據廷道爾氣候變遷研究中心（Tyndall Centre for Climate Change Research），如果這些都算進去的話，實際減量只有 1990 年排放水準的 10%左右，也就是平均一年減排 0.4%。

而且不是氣候政策促成減排，主要還是因為 2001 年歐盟通過的空氣品質指令，迫使英國關閉老舊骯髒的燃煤電廠，以較不骯髒的燃氣電廠取而代之。從一個災難性的發電方式，改成比較不那麼災難性的發電方式，當然會減少二氧化碳排放量。

但是對於氣候危機最危險的誤解，恐怕是所謂的要「減少」排放這件事，因為光是減少並不夠，排放必須要完全停止，才不會讓攝氏 1.5 度或攝氏 2 度的暖化目標破功。「減少排放」當然有其必要，但這只是第一步，後續整個過程必須快速減少排放，最終在未來數十年內完全停止排放。所謂「停止」，就是指達到零淨排放[1]，但之後更要快速達到負排放，靠現今多數的政治模式，是達不到這個目標。

1 Net zero，零淨排放，即可以用負排放量（吸收二氧化碳）的方式，抵銷正排放量。

之所以人類繼續老樣子過日子，最大的原因也許是因為被「減少排放」這句話所蒙蔽，人類需要的是「停止排放」。

綜觀英國當前支持石化燃料的決定，像是：用壓裂法開採頁岩氣、擴大開採北海油氣田、擴建機場，以及批准開發新煤礦……等等，實在荒謬至極。

這般不負責任的行為，將被歷史記上一筆，列入人類最大的敗筆。

總是有人要我替自己所做的事感到自豪，也要上百萬名罷課的學生替自己自豪，但唯一該在意的，只有排放曲線。很抱歉，曲線仍然在上升，這條曲線是大家唯一該在意的事。每次做決策之前，請問問自己：這項決策會對這條曲線產生什麼影響？我們不應該繼續用經濟成長的圖表來衡量各國的財力與成功，而應該用溫室氣體排放圖表來表現；不應該只是繼續問：錢夠不夠做這件事？也要問：碳預算夠不夠做這件事？

碳預算應該、也必須成為人類新貨幣的核心。

許多人認為氣候危機沒有解決方法，沒有錯。

我們怎麼會有解決方法？

怎麼去「解決」人類有史以來面臨的最大危機？

怎麼去「解決」一場戰爭？

怎麼去「解決」人類首次登陸月球？

怎麼去「解決」發明新事物？

氣候危機可以說是人類有史以來所面臨的最簡單、卻也是最困難的問題。之所以是最簡單，是因為該怎麼做，大家心知肚明：必須停止溫室氣體排放。之所以是最困難，是因為目前各國經濟都完全倚賴燃燒石化燃料，為了創造持續不斷的經濟成長，從而摧毀生態體系。

「那到底該怎麼『解決』這個問題？」你們會問我們，問我們這

些罷課的學生。

我們會說：「沒有人有肯定的答案，不過必須停止燃燒石化燃料、必須恢復自然樣貌，還必須採取種種尚未想出來的辦法。」

你們接著會說：「這不算是答案！」

於是我們只好說：「人類必須開始把危機當成危機看待，要趕在解決方法尚未全部出爐之前就先行動！」

你們還是會說：「這也不算是答案。」

於是我們開始談循環經濟，談野化（rewild）自然，談公平轉型的必要性，這時，你們就聽不懂我們在說什麼。

既然還沒有人曉得解決方法是什麼，於是我們主張大家要相信科學，邊走邊找答案。

但你們也聽不進去。

我們這樣的回答，都是著眼於解決危機，解決一場連你們都未能徹底理解的危機，或者你們故意不想去理解的危機。

你們把科學當作耳邊風，只有能夠繼續老樣子讓你們繼續過日子，這種答案你們才聽得進去，就像是現在這樣，毫無作為。

能夠讓你們因循苟且下去的機會已不復存在，因為你們沒有及時採取行動。

如果要避免氣候崩潰，就必須採取像蓋大教堂的思維，膽大心細有遠見。即使教堂的穹頂藍圖未明，也要立即著手打好基礎。

路是人走出來的，只要有決心完成一件事，就能夠做得到；只要大家開始當作是大難臨頭，採取行動，那麼將能夠避免氣候與生態災難發生，這一點我很確定。人類很會調適，還有機會化解這場危機，不過機會之窗就快關上了，必須現在馬上行動，沒有藉口。

我們這群孩子犧牲自己的教育，犧牲成長的時光，不是為了要聽你們廢話哪些事是政治上可行，哪些事是不可行；或者要聽你們拿自

己創造的社會當作推諉的藉口。

我們走上街頭，不是要讓你們和我們玩自拍，不是要聽你們讚美欽佩我們。

我們這群孩子所作所為，都是為了讓你們大人覺醒；

所作所為都是希望能拋開成見，開始像面臨危機那樣行動。

所作所為都是要你們還給我們希望與夢想。

希望我的麥克風有開著。

希望你們有聽到我說什麼。

Houses of Parliament London
2019.04.23

My name is Greta Thunberg. I am 16 years old. I come from from Sweden. And I speak on behalf of future generations.

I know many of you don't want to listen to us, you say we are just children. But we're only repeating the message of the united climate science.

Many of you appear concerned that we are wasting valuable lesson time, but I assure you we will go back to school the moment you start listening to science and give us a future. Is that really too much to ask?

In the year 2030 I will be 26 years old. My little sister Beata will be 23. Just like many of your own children or grandchildren.

That is a great age we have been told. When you have all of your life ahead of you. But I am not so sure it will be that great for us.

I was fortunate to be born in a time and place where everyone told us to dream big, I could become whatever I wanted to. I could live wherever I wanted to. People like me had everything we needed and more. Things our grandparents could not even dream of. We had everything we could ever wish for and yet now we may have nothing. Now we probably don't even have a future anymore.

Because that future was sold so that a small number of people could make unimaginable amounts of money. It was stolen from us every time you said that the sky was the limit, and that you only live once.

You lied to us. You gave us false hope. You told us that the future was something to look forward to. And the saddest thing is that most children are not even aware of the fate that awaits us. We will not understand it until it's too late. And yet, we are the lucky ones. Those who will be affected the hardest are already suffering the consequences. But their voices are not heard.

Is my microphone on..? Can you hear me?

Around the year 2030, 10 years 252 days and 10 hours away from now. We will be in a position where we set off an irreversible chain reaction beyond human control, that will most likely lead to the end of our civilization as we know it. That is unless in that time, permanent and unprecedented changes in all aspects of society have taken place. Including a reduction of CO_2 emissions by at least 50%. And please note that these calculations are depending on inventions that have not yet been invented at scale, inventions that are supposed to clear the atmosphere of astronomical amounts of carbon dioxide.

Furthermore these calculations do not include unforeseen tipping points and feed back loops like the extremely powerful methane gas escaping from rapidly thawing arctic permafrost.

Nor do these scientific calculations include already locked in warming hidden by toxic air pollution. Nor the aspect of equity - or climate justice - clearly stated throughout the Paris Agreement, which is absolutely necessary to make it work on a global scale.

We must also bear in mind that these are just calculations. Estimations. That means that these "points of no return" may occur a bit sooner or later than 2030. No one can know for sure.

We can however be certain that they will occur approximately in these time frames.

Because these calculations are not opinions or wild guesses.

These projections are backed up by scientific facts, concluded by all nations through the IPCC. Nearly every single major national scientific body around the world unreservedly support the work and findings of the IPCC.

Did you hear what I just said? Is my English OK? Is the microphone

on? Because I'm beginning to wonder.

During the last six months i have travelled around Europe for hundreds of hours in trains, electric cars and buses repeating these life changing words over and over again.

But no one seems to be talking about it, and nothing has changed. In fact, the emissions are still rising.

When I have been traveling around to speak in different countries I am always offered help to write about the specific climate policies in specific countries. But that is not really necessary. Because the basic problem is the same everywhere. And the basic problem is that basically nothings is being done to to halt - or even slow - climate and ecological breakdown. Despite all the beautiful words and promises.

The UK is however very special. Not only for its mind blowing historical carbon debt. But also for its current, very creative carbon accounting.

Since 1990 the UK has achieved a 36% reduction of it's territorial CO2 emissions, according to Global Carbon Project.

And that does sound very impressive.

But these numbers do not include emissions from aviation, shipping and those associated with imports and exports. If these numbers are included the reduction is around 10% since 1990 - or an an average of 0.4% a year, according to Tyndall Manchester.

And the main reason for this reduction is not a consequence of climate policies. But rather a 2001 EU directive on air quality that essentially forced the UK to close down it's very old and extremely dirty coal power plant and replace them with less dirty gas power stations. And switching from one disastrous energy source to a slightly less disastrous one will of course result

in a lowering of emissions.

But perhaps the most dangerous misconception about the climate crisis is that we have to "lower" our emissions. Because that is far from enough. Our emissions have to stop if we are to stay below a 1.5 or 2 degree of warming. The "lowering of emissions" is of course necessary but it is only the beginning of a fast process that must lead to a stop within a couple of decades, or less. And by "stop" I mean net zero - and then quickly on to negative figures. That rules out most of today's politics.

The fact that we are speaking of "lowering" instead of "stopping" emissions is perhaps the greatest force behind the continuing business as usual.

The UK's active current support of new exploitation of fossil fuels, like for example the UK shale gas fracking industry, the expansion of its North Sea oil and gas fields, the expansion of airports as well as the planning permission for a brand new coal mine - is beyond absurd.

This ongoing irresponsible behavior will no doubt be remembered in history as one of the greatest failures of human kind.

People always tell me and the other millions of school strikers that we should be proud of ourselves for what we have accomplished. But the only thing that we need to look at is the emission curve. And I'm sorry but it's still rising. That curve is the only thing we should look at. Every time we make a decision we should ask ourselves; how will this decision affect that curve? We should no longer measure our wealth and success in the graph which shows the economic growth, but in the curve which shows the emissions of greenhouse gases. We should no longer only ask; have we got enough money to go through with this, but also; have we got enough of the carbon budget to spare to go through with this?

That should and must become the centre of our new currency.

Many people say that we don't have any solutions to the climate crisis. And they are right.

Because how could we?

How do you "solve" the greatest crisis that humanity has ever faced?

How do you "solve" a war?

How do you "solve" going to the moon for the first time?

How do you "solve" inventing new inventions?

The climate crisis is both the easiest and the hardest issue we have ever faced. The easiest because we know what we must do. We must stop the emissions of greenhouse gases. The hardest because our current economics are still totally dependent on burning fossil fuels, and thereby destroying the eco systems in order to create ever lasting economic growth.

"So, exactly how do we solve that?" You ask us - the children school striking for the climate.

And we say, "No one knows for sure. But we have to stop burning fossil fuels and restore nature and many other things that we may not have quite figured out yet."

Then you say, "That's not an answer!"

So we say, "We have to start treating the crisis like a crisis - and act even if we don't have all the solutions!"

"That's still not an answer," you say.

Then we start talking about circular economy and re-wilding nature and the need for a just transition. Then you don't understand what we are talking about

We say that all those solutions needed are not known to anyone and

therefore we must unite behind the science and find them together along the way.

But you do not listen to that.

Because those answers are for solving a crisis that most of you don't even fully understand. Or don't want to understand.

You don't listen to the science because you are only interested in solutions that will enable you to carry on like before. Like now.

And those answers don't exist anymore. Because you did not act in time.

Avoiding climate breakdown will require cathedral thinking. We must lay the foundation while we may not know exactly how to build the ceiling.

Sometimes we just simply have to find a way. The moment we decide to fulfill something we can do anything. And I'm sure that the moment we start behaving as if we were in an emergency, we can avoid climate and ecological catastrophe. Humans are very adaptable, we can still fix this. But the opportunity to do so will not last for long. We must start today. We have no more excuses.

We children are not sacrificing our education and our childhood for you to tell us what you consider is politically possible in the society that you have created.

We have not taken to the streets for you to take selfies with us, and tell us that you really admire what we do.

We children are doing this to wake the adults up. We children are doing this for you to put your differences aside and start acting as you would in a crisis.

We children are doing this because we want our hopes and dreams back.

I hope my microphone was on.

I hope you could all hear me.

2019.05.25
哥本哈根氣候遊行演說

請替沒有投票權的我們投票

過去幾個月以來，我們看到上百萬名學生為了氣候罷課，而昨天的抗爭行動，是截至目前為止最大規模。事情演變至今，孩子覺得必須要靠犧牲上學才能彌補各國領袖和多數大人所未採取的行動。實在是有夠瘋狂。

再過大約兩週，丹麥就要舉行大選。

明天歐洲各地也將舉行歐洲議會選舉，歐盟有 5.08 億人口，消耗全世界 20%、折合地球五分之一的資源。歐盟地區人民的所作所為，都將深深影響下一代在地球上生存的條件。我們正面臨存亡的威脅，時間所剩不多。

如果無法在未來 10 年 220 天又 10 小時內將溫室氣體排放量至少減半，將很可能會觸發一連串超乎人類所能掌控且不可逆的連鎖反應。

請注意，這個數字並未計入臨界點、反饋迴圈、潛藏在有毒空汙背後的暖化，也未考量《巴黎協議》所要求必須重視的實質公平，倒是尚未被發明出來的全球規模減排技術，則已經被算進上述數字。

科學家一致認為，社會各界必須做出史無前例的改變，而且改變必須從今天開始。

如果歐盟有打算認真面對這場氣候危機，也有試著要用必要措施因應的話，將會產生無遠弗屆的全球影響力。

你們大概會覺得氣候議題就是明天這場選舉的主軸。

並不是。

你們大概也會覺得人類會設法停止排放溫室氣體。

並沒有，事實上，排放量持續在增加。

想當初，政客和領袖說了多麼美麗動聽的話與承諾，像是 2025 年無碳哥本哈根。

聽起來很棒。

但如果碳中和（carbon neutral）不計入交通運輸、購物、食物，或是航空與海運，那麼意義不大。

事實上，這種會讓外界誤以為有在認真做事的訊息，恐怕弊大於利。

減少排放遠遠不夠。

因為如果要達到《巴黎協議》設定的目標，就必須停止排放。

不能再繼續採取這種有侷限性且只針對個案的行動。

不能只見樹，要見整片林。

必須把緊急狀態當作緊急狀態看待。

因此需要一套嶄新的思維。

如果所有人的生活模式都像瑞典人、丹麥人或是歐盟人民的話，攝氏 1.5 度或 2 度的目標早就破功；如果所有人的生活模式都和我們一樣的話，地球就快要永不退燒。

所以與其去怪罪別人，要求別人做這件事或做那件事，我們應該當他們的榜樣。

去履行當初我們簽署《巴黎協議》時承諾會做到的義務。

這才是接下來這場選舉應該要聚焦的主軸。

因為說不定這是最後一次機會能夠開啟必要的轉型，我們還有機會去解決問題。

但必須今天就開始行動。

這場氣候與生態危機受害最深的多數人，是像我這種沒有投票權年輕人。所以如果你不打算為自己投票的話，請替我們投票。

這些選舉的重要性自不待言，不過我們也得承認，大家早就知道

選舉結果會是如何。也因為很少人有意識到這場危機的真正意義，所以投票時不會把這場危機放在心上。

看到選舉結果請別氣餒，請記住我們的抗爭不會就此劃下句點，反而才正要開始。

既然人人都要改變，每一件事也都要改變，那為什麼要繼續浪費寶貴的時間爭論誰要先改變、哪一件事要先改變？人人都必須改變，每一件事也都要改變，可是舞台越大的人，責任就越大。

碳足跡越大的人，道德義務就越大。

人類的家失火了，我們必須生氣，並且要將這股怒氣化為行動，為了存亡而戰，因為確實攸關你我的存亡。

Climate March Saturday in Copenhagen
2019.05.25

During the last couple of months millions of children have school striked for the climate. And yesterday we had one of our biggest strikes yet. It is absolutely crazy that things have gone so far that children feel like they must sacrifice their own education to compensate for the inaction of our leaders and of most adults.

In about two weeks you have elections in Denmark.

And tomorrow, across Europe, there are elections to the European Parliament. We are 508 million people living in the European Union. And together we use 20% of the world's resources. That is one fifth of the world's resources. What we do in the EU has enormous impact for future living conditions on this planet.

We are facing an existential threat. Time is rapidly running out.

And unless we have cut our emissions of greenhouse gases by at least half in the next 10 years, 220 days and 10 hours. It is likely that we will set off an irreversible chain reaction beyond human control.

And note that these figures do not include tipping points, feed back loops, already built in warming hidden by toxic air pollution nor the aspect of equity in the Paris agreement.

These calculations are however depending on technical solutions that are yet to be invented at scale.

According to the united science this will require unprecedented changes in all aspects of society, starting today.

If the EU really decided to face the ongoing climate emergency and try to act with the necessary force then this would have a huge global impact.

Of course you would think that tomorrows elections would be about this. But it's not.

Of course you would think that we would try to stop our emissions.

But we are not.

In fact our emissions are still rising.

Despite all the beautiful words and promises from our politicians and leaders. Beautiful words like Carbon free Copenhagen 2025.

It sounds really good.

But if being carbon neutral does not include transportations, shopping, food or aviation and shipping then it really doesn't mean that much.

In fact sending these messages that suggest that real action is going on, when it really is not, probably does more harm than good.

Lowering our emissions is far from enough.

Because our emissions have to stop if we are to be in line with the Paris agreement.

And for this we can no longer settle for isolated, specific actions.

For this we need to look at the full picture.

For this we need to treat the emergency like an emergency. For this we need a whole new way of thinking.

If everyone lived like we do in Sweden, Denmark or the European Union then it would already be too late to stay below the 1.5 or 2 degree targets. If everyone lived like we do we would be much closer to irreversible hot house earth.

So instead of blaming others and telling them what they should be doing, we should be leading the way. Just like we have signed up to do in the Paris Agreement.

Our upcoming elections should all be about this.

Because this could well be the last chance we have to start the

transformation required. We can still fix this.

But to do so we must start today.

Those who are going to be affected the most by the climate- and ecological crises, young people like me, cannot vote. So if not for yourself, then vote for us.

I can't say enough how important these elections are. But we also have to acknowledge that we already know the outcome of these elections.

And since almost no-one is aware of the full meaning of these crises, people won't care about this when they go to vote.

So we mustn't be disappointed when we see the results. We need to bare in mind that the fight doesn't end here, this is just the beginning.

Everyone and everything needs to change. So why waste precious time arguing about who and what needs to change first? Everyone and everything needs to change, but the bigger your platform - the bigger your responsibility.

The bigger your carbon footprint. The bigger your moral duty.

Our house is on fire. And we should get angry, and then transform that anger into action. And act as if your life depended on it. Because it does.

2019.05.28
奧地利世界峰會演說

贏得慢，也算是輸

我的名字叫做葛莉塔・通貝里，我是瑞典的氣候運動人士，過去九個月以來我每週五會固定在瑞典國會外面罷課。

大家必須改變因應氣候危機的既有作法。

大家必須改變談論氣候危機的既有方式；必須正確地稱呼它為緊急狀態。

我滿確定在場的各位大致上都了解現況，但從過去九個月以來的親身經歷，我卻覺得一般大眾在狀況外。

大多數人有感覺到不對勁，知道因為溫室氣體排放量增加的關係，地球正在暖化，但是不曉得後果會是什麼。大多數人真正知道的比我們以為知道的還要少，這一點並不讓人感到意外。

畢竟沒有人給他們看過圖表，讓他們了解到必須減少多少的碳排放才能讓氣溫上升幅度不超過攝氏 1.5 度。

畢竟沒有人告訴過他們《巴黎協議》中實質公平性的意義，又為什麼那麼重要；沒有人告訴他們反饋迴圈或臨界點是什麼意思，也沒有告訴過他們失控溫室效應（runaway greenhouse effect）是什麼。

大多數人連最基本的認識都沒有。

怎麼會有呢？沒有人告訴他們呀！更重要的是，因為沒有正確的人告訴他們這些事實。

我們是智人，屬於人科、靈長目、哺乳綱、動物界。人類是自然的一部分，是社會性的動物，生性遵從領袖。

過去幾個月來，上百萬名學童為氣候罷課，引起不少大眾關注氣候危機，但是我們這群孩子畢竟不是領袖，很可惜科學家也不是。今天在座的各位，許多人才是領袖，總統、名人、政治人物、企業執行

長，以及記者。大家會聽你們的，大家會被你們影響，大家會追隨你們，因此你們的責任重大，但容許我直話直說，你們多數人卻沒有好好承擔這個責任。

不能期待人民會聽得懂你們的弦外之音，也不能叫他們自己去搜尋資訊，要他們去讀政府間氣候變遷專門委員會（IPCC）最新出版的報告；要他們掌握基林曲線的發展；或是要他們密切關注迅速減少的世界碳預算。這一切都必須要由你們來向大家反覆說明。不論聽起來多麼令人感到不安，或是多麼沒有好處，都必須說出來。

也的確，世界一旦變得更為永續時，新的好處也將伴隨而至。但請你們務必了解到一點：行動的目的不是主要要用來創造新的綠色就業機會，也不是要用來創造新商機，更不是要用來創造綠色經濟成長。這是一場澈底的緊急危機，而不只是一般的緊急危機，這是人類有史以來所面對的最大危機，這不是一個可以拿來在社群媒體上討「讚」的事。

我第一次聽說氣候與生態崩潰這件事時，不敢相信這件事正在發生。怎麼可能嘛？怎麼可能明明面臨攸關存亡的威脅，人類卻還不優先去處理這件事？

如果這場危機真的這麼龐大的話，不就應該人人只會去談論這件事？每次打開電視，電視上都會在談這件事，會上新聞頭條，廣播會談，報紙會寫。不可能會聽得到或看得到別的新聞。

而且政治人物不就一定會做好該做的事嗎？

會一直召開危機應變會議，每個國家都宣布進入氣候緊急狀態，而且政治人物醒著的時候都會想辦法因應危機，同時會向人民溝通局勢進展。

實際上卻從來不是如此。他們處理氣候危機的態度就和處理其他議題沒什麼兩樣，甚至還不如其他議題。他們只會說，靠許多新科技

與簡單的解決方案，所有問題就能迎刃而解。

政客總是前一秒才剛說：「因應氣候變遷是最重要的課題，我們將盡一切努力阻止氣候變遷。」結果下一秒就說要擴建機場，蓋新的燃煤發電廠，蓋新的高速公路，然後搭乘私人噴射機到世界的另一端去出席會議。

這不是因應危機的正確作法。人類既然是社會性動物，身為領袖的各位如果繼續若無其事地過日子，假裝控制住局面，人民就沒辦法了解到自己處於緊急狀態。

不能光是去談特定局部問題有什麼特定且侷限性的解決辦法。大家要看的不光是樹，而是整片樹林。如果你們宣稱用增減稅賦、要在十年或十五年內停止燃煤發電、要求新建築安裝太陽能板，或是要生產更多的電動車，就能「解決」這場危機的話，人民自然會覺得不必大刀闊斧進行政治改革，不用認真努力，也能夠「解決」這場危機。

這實在危險至極，因為解決方案如果只針對個案且有侷限性，將不足以解決整場危機。這一點你們心知肚明。現在大家需要的是天翻地覆的大改變，需要嶄新的一套思維。

我知道你們也很渴望找到一線生機，找到解決之道。但是最大的希望和最簡單的解決之道，早就已經擺在你們眼前，那就是我們這群人民，以及我們的無知。

人類並不笨。人類並不是因為本質邪惡，所以想破壞所有物種賴以生存的生物圈和未來生存的條件，人類只是沒有意識到自己在做什麼。一旦知道自己在做什麼，知道當前的情勢，就會採取行動，做出改變。人類很會調適。

所以與其光是執著於找出問題的解決之道（甚至大多數人都不知道問題是個問題），請你們務必也要用心告訴人民真正問題所在。

必須承認人類尚未控制住局面，也還沒有找到所有解決之道。

必須承認人類快要輸掉這場戰役。

別再只會說些華麗卻空洞的話，也別再搬弄數據。

因為我們已經無暇做這些事。艾萊克斯・史德芬（Alex Steffen）就曾經說過：「贏得慢，也算是輸。」

等待越久才行動，越難扭轉劣勢。

所以請不要再觀望等待了。馬上採取行動。當權者長期以來面對氣候與生態崩潰危機消極毫無作為，卻能夠僥倖不用負責。偷走我們的未來，然後銷售獲利，也僥倖不用負責。

如今年輕人正在覺醒。

我們發誓不會再任由你們如此胡作非為。

Austrian World Summit Vienna
2019.5.28

My name is Greta Thunberg. I am a climate activist from Sweden and for the last nine months I have been school striking for the climate every Friday in front of the Swedish parliament.

We need to change the way we treat the climate crisis.

We need to change the way we speak about the climate crisis. And we need to call it what it is. An emergency.

I am certain that most of us in here today are generally aware of the situation. But my number one experience during these last nine months is that people in general do not have a clue.

Many of us know something is wrong, that the planet is warming because of increased greenhouse gases, but we don't know the full consequences of that. The vast majority of us know much less than we think.

And this should not be a surprise.

We have never been shown the graphs which show how much the CO2 emissions must be reduced for us to stay below the 1.5 degree limit.

We have never been told the meaning of the aspect of equity in the Paris agreement - and why it's so important. We have never been taught about feedback loops or tipping points - or what the runaway greenhouse effect is.

Most of us don't know almost any of the basic facts.

Because how could we? We have not been told. Or more importantly, we have never been told by the right people.

We are homo sapiens sapiens. Of the family hominidae. Of the order primates. Of the class mammalia. Of the kingdom animalia. We are a part of nature. We are social animals. We are naturally drawn to our leaders.

During the last months millions of schoolchildren have been school

striking for the climate, and creating lots of attention for the climate crisis. But we children are not leaders. Nor are the scientists, unfortunately. But many of you here today are. Presidents, celebrities, politicians, CEOs and journalists. People listen to you. They are influenced by you. They follow you. And therefor you have an enormous responsibility. And let's be honest. This is a responsibility that most of you have failed to take.

You can not rely on people reading between the lines or searching for the information themselves. To read through the latest IPCC report, track the Keeling Curve or keep tabs on the world's rapidly disappearing carbon budget. You have to explain that to us, repeatedly. No matter how uncomfortable or unprofitable that may be.

And yes, a transformed world will include lots of benefits. But you have to understand. This is NOT primarily an opportunity to create new green jobs, new businesses or green economic growth. This is above all an emergency, and not just any emergency. This is the biggest crisis humanity has ever faced. This is not something you can like on facebook.

When I first heard about the climate- and ecological breakdown I actually didn't believe that it could be happening. Because how could it be? How could we be facing an existential crisis that would threaten our very survival, and yet that wasn't our first priority?

If there really was a crisis this big, then we would rarely talk about anything else. As soon as you turned on the TV, everything would be about that. Headlines, radio, newspapers. You would almost never read or hear about anything else.

And the politicians would surely have done what was needed by now, wouldn't they?

They would hold crisis meetings all the time, declare climate emergencies everywhere and spend all their waking hours handling the situation and informing people what was going on.

But it never was like that. The climate crisis was treated just like any other issue, or even less than that. Every time you heard a politician speak about this they never talked with urgency. According to them there were always countless of new technologies and simple solutions that, when put in place, would solve everything.

Politicians one second say that "climate change is the most important topic, we are going to do everything we can to stop it". And the next second they want to expand airports, build new coal power plants and motorways and then they fly off in a private jet to attend a meeting on the other side of the world.

That is not how you act in a crisis. And humans are social animals, we can't get away from that fact. And as long as you, the leaders, act like everything is fine and you have things under control, people won't understand that we are in an emergency.

You can't only keep talking about specific isolated solutions to specific isolated problems. We need to see the full picture. If you say that we can "solve" this crisis just by maybe increasing or lowering some taxes, phasing out coal in ten or fifteen years, putting up solar panels on new buildings or manufacturing more electrical cars then people will think we can "solve" this crisis with a few political reforms, without anyone making a real effort.

And that is very dangerous. Because specific isolated solutions are no longer enough, and you know this. We now need to change practically everything. We now need a whole new way of thinking.

I know you are desperate for hope and solutions. But the biggest source of hope and the easiest solution is right in front of you, and it has been all along. And it is us people, and the fact that we don't know.

We humans are not stupid. We are not ruining the biosphere and future living conditions for all species because we are evil. We are simply not aware. But once we understand, once we realize the situation then we act, we change. Humans are very adaptable.

So instead of only being obsessed with finding solutions to a problem that most of us do not even know exist you must also focus on informing us about the actual problem.

We must acknowledge that we do not have the situation under control and that we don't have all the solutions yet.

We must admit that we are losing this battle.

We must stop playing with words and numbers.

Because we no longer have time for that, and in the words of author Alex Steffen "winning slowly is the same thing as losing".

The longer we wait the harder it will be to turn this around.

So let's not wait any longer. Let's start acting. For too long the people in power have gotten any with basically not doing anything to stop climate- and ecological breakdown. They have gotten away with stealing our future and selling it for profit.

But we young people are waking up.

And we promise we will not let you get away with it anymore.

2019.05.28
維也納氣候園遊會

危害人類罪

最新的政府間氣候變遷專門委員會（IPCC）報告指出，如果人類沒有在 2030 年左右以前做出必要的改變，就會跨越臨界點，啟動一連串超乎人類所能掌控且不可逆的連鎖反應，導致災難。2020 年以前，溫室氣體排放曲線必須大幅向下彎折，設定的目標才不會破功。我們這群孩子不是科學家，卻似乎比起多數人更懂科學，因為我們有做好我們的功課。

如果大家澈底了解到我剛才說的這些事實，就不需要問我為什麼「我對氣候變遷如此有熱情」。

如果大家澈底意識到這些問題，就不需要問我們為什麼要為氣候罷課，走上街頭；如果大家真正認識到氣候危機的後果，就會和我們一同走上街頭，一起罷工，不再只會光說不練。因為整個生物圈不會在乎我們的空洞言詞，不會在乎我們說些什麼，只會關心我們實際做了什麼。

我們已經進入緊急狀態，世界各國的領導人卻慢半拍。如果他們打算什麼事也不做的話，那就交給我們吧。我們會盡己所能，確保他們採取行動。

從科學的角度而言，我們還有機會防止出現氣候危機的最糟後果。但是按照現在這種做事方式，機會即將就要消失。

萬一失敗的話，承擔最多苦果的人，將會是我們這群孩子，以及未來的世代。本來就不應該由我們來負起責任，但是因為各國領袖的行為像是小孩子一樣不負責任，我們別無選擇。上一代的人和政客所作所為都令人失望。

哪一天我們老了，會要和子孫交代當年的現在這一刻發生什麼

事。各位希望子孫聽到什麼樣子的答案呢？

2030 年我將會是 26 歲。到了 2050 年，我就是 46 歲。當大家現在思考未來，最遠不會超過 2050 年。在那之後呢，會發生什麼事？政治領袖的眼光似乎都只放在下一次選舉，沒辦法看得更遠。不能再這樣子下去了。

如果當權者和該負起責任的公司繼續毫無作為，以後一定會被認定犯下危害人類罪。

那些明知因循苟且下去會對所有物種帶來浩劫，卻依舊毫無作為的人，必須負起該負的責任。

我並不是吃飽沒事幹才罷課。我罷課不是為了吸引鎂光燈，也不是為了好玩。我罷課是因為總得有人站出來做這件事，而那個人也許就是我，或者是你們。別小看你們每一個人的力量，不需要等別人先做一件事，你們才能去做。請不要妄自菲薄，你們都可以帶來改變。千萬要記住這一點。

過去幾個月來，我們證明了抗爭行動是有效的。所以我在此呼籲各位一起行動。本週五我將在維也納這裡罷課，加入每週五都會罷課的「維也納週五為未來罷課」（FridaysForFuture Vienna）團體行列。我們相約在英雄廣場這裡見。

我們需要每一個人的參與，缺一不可，就像每一丁點的排放，每一公斤。都很重要。

Klimat Kirtag Vienna,
2019.5.28

The latest IPCC report says that if we haven't made the changes required by approximately the year 2030 we will probably pass a point of no return, where we set off an irreversible chain reaction beyond human control, which will be catastrophic. By the year 2020 the world needs to have bended the emission curve steep downwards for us to be in line with these targets.

We children are not scientists. But it seems many of us, apart from most others, understand the science. Because we have done our homework.

If people really knew about these things they wouldn't need to ask me why I'm so "passionate about climate change".

If people really were aware of this they wouldn't need to ask us why we are school striking for the climate, taking it to the streets. If people really knew about the full consequences of the climate crisis they would join us in the streets, striking from their work. Moving on from words to action.

Because the biosphere doesn't care about empty words. The biosphere doesn't care about what we say. It only cares about what we actually do.

This is an emergency. And the world leaders are not acting accordingly. But if they won't do anything then we will. We will try to do everything we can to make them act.

It is still possible within the laws of physics to avoid the worst consequences of the climate crisis. But not for long, and not if we continue like now.

It is we children and future generations that are going to suffer the most from these consequences, if we fail. It should not be up to us to take responsibility. But since our leaders are behaving like children then we have no other choice. The older generations have failed us. Our political leaders have failed us.

When we get older, we will tell our children about what was going on right now. How do you want to be remembered?

By the year 2030 I will be 26 years old. By the year 2050 I'll be 46 years old. When we think about the future today we don't think beyond the year 2050. What happens after that? Our political leaders can't seem to think beyond the next election. That must come to an end.

This ongoing inaction of people in power and companies responsible will in the future no doubt be remembered as a crime against humanity.

Those who know of the consequences of business as usual for all living species and still do nothing must be held accountable.

I didn't start school striking because I wanted to. I didn't do it to gain attention or because it was fun. I did it because something needs to be done by someone. And that someone could be me. Or you. You can do so much as an individual. You don't have to wait for someone else to do something. No one is too small to make a difference. Never forget that.

During the last months we have shown that activism works. So I'm asking you to act.

This Friday I am school striking here in Vienna, just like Fridaysforfuture Vienna are doing every Friday. We hope to see you right here at Heldenplatz on Friday.

We need everyone. Every single person counts. Just like every single emission. Every single kilogram. Everything count.

2019.06.31
奧地利演說

大人們，請一起抗爭

過去幾個月以來，上百萬名年輕人為了氣候罷課，罷課行動遍及各大洲，包含南極洲在內，總共有超過一百四十國響應。

從中國到巴西；從俄羅斯到美國；從伊拉克到南非；從印度到墨西哥；從格陵蘭到菲律賓；從敘利亞到秘魯；從葡萄牙到紐西蘭；從奈及利亞到奧地利，都有年輕人響應罷課。甚至上週在耶路撒冷，巴勒斯坦人和以色列人也一起為氣候遊行。

多虧大家的同心協力，我們達成許多壯舉，沒有你們每一個人的參與，是無法辦到的。多虧大家的同心協力，我們正在改變這個世界。

我想特別感謝各地的主辦單位，我知道主辦這些運動有多麼困難，你們一定花了很多時間在組織與動員。

我也想感謝此刻仍在罷課的學生，他們冒了很大的風險，一些極端的案例中，罷課的學生甚至冒著失去自由的風險。

上百萬名學生決定站出來罷課，抗議各國領袖面對危機毫無作為，這個現象很清楚說明哪裡一定有問題，確實有問題。

問題就是全球的溫室氣體排放量仍然持續上升，各國面對這種緊急狀態的處置，卻仍然治標不治本。所以我們得做好準備，要長期罷課下去。

多數大人及當權者對我們的呼籲充耳不聞，一味地要我們回去上學，說那樣才可以帶來實質改變，不過他們刻意不提的一點是，等到我們畢業再來改變，將為時已晚。

他們嘲弄我們、滿嘴謊言、又用流言中傷我們、威脅我們，對我們恨之入骨，每天至少製造一則假新聞和陰謀論來指控我們，而且還

祭出罰金懲罰我們，威嚇要給我們很差的成績，或者要把我們留校察看。

我們美好的未來已經被剝奪，這些人卻不會替我們著想，只會放任我們抗議。這些人看著辦吧，看看以後人們會怎麼評判你們。

我要對那些要我們回去上學的大人說：不然就請你們代替我們抗爭。請你們罷工，走上街頭，做點事情。我們很需要你們的參與。

事情演變至今，不是我們的錯，是上一代的人造成這場危機。

當權者每做一個決策，都必須考慮到決策會對所有物種、生態系統和我們的未來生存條件造成什麼樣的影響。

思維必須跳脫下一場選舉或是下一份財報，必須勇於面對不安與無利可圖，並且做出恐怕不利於增加支持度的決策。不要只光想自己。

再過幾週學期就要結束，迎接暑假。但這場抗爭不會劃下句點，反而才正要開始。

九月聯合國氣候峰會將在紐約舉行。十二月聯合國氣候變化綱要公約第 25 屆締約方大會（COP25）將在智利聖地牙哥[1]舉行。不論我們身在何處，都會關注這些會議，因為這些會議基本上會決定我們未來的好壞。

因為到 2020 年，也就是明年以前，溫室氣體排放曲線必須大幅向下彎折，才有機會不會讓攝氏 1.5 度或 2 度的升溫幅度目標破功。暑假過後我就要開始讀預備上高中。我真的很想讀高中，因為我熱愛學習。

不過我也已經被邀請出席這兩場會議，分別位於北美洲和南美

1 譯者注：因智利國內發生示威抗爭，COP25的舉行地點後來改到西班牙馬德里。

洲。考量到時間所剩不多，我決定休學一年，出席這兩場會議。

傷腦筋的是，這兩場會議在大西洋的對岸，沒辦法搭火車去。由於搭飛機會對氣候造成太大影響，我不會搭飛機，所以難度頗高，我還不確定要怎麼過去。

但我還是會想辦法過去，越是不可能，越是要去做[2]。明年和後年都會持續進行罷課行動。

每週五我們會持續抗爭表達訴求，直到全世界達到《巴黎協議》設定的目標。在此呼籲大人加入我們的行列，缺一不可。要不要和我們站在同一陣線？一起共同努力吧。

2 後來葛莉塔一行人花了三週時間搭乘帆船橫越大西洋。

Vienna
2019.06.31

During the last months millions of young people have been school striking for the climate. There have been strikes on all continents, including Antarctica. In over 140 countries.

Everywhere from China to Brazil. From Russia to the USA. From Iraq to South Africa. From India to Mexico. From Greenland to the Philippines. From Syria to Peru. From Portugal to New Zealand. And from Nigeria to Österreich. In Jerusalem last week Palestinian and Israeli youth marched together for the climate.

We together have accomplished a lot. It would have been impossible without every single one of you. Together we are changing the world.

And I want to say a special thank you to all the local organizers everywhere. I know how hard it is and how many hours you spend organizing and mobilizing.

And also to those who are still striking, even though they are risking a lot. In extreme cases, they even risk their freedom.

If millions of children decide to strike from school to protest against the current inaction of our leaders, then that must be a clear sign that something is very wrong. And something is indeed very wrong.

The global emissions are STILL rising and we are still only scratching the surface of the emergency. So we will have to prepare ourselves to go on striking for a very long time.

But most adults and people in power are still not listening to us. They say go back to school and study so that then you can make a difference. Just the little detail that it is going to be too late by the time we graduate they leave out.

They mock us, they lie and spread rumors about us, they threaten us,

they hate on us and they make up at least one fake story and conspiracy theory a day. They punish us with fines, threats, lower grades and detention.

Our future is being taken away from us, and the least they can do is to allow us to protest against that. Just imagine how these people will be judged in the future.

To the adults who say we should be in school instead we want to say; strike for yourself then. Strike from your work. Go out on the streets. Do something. We need you now more than ever.

It is not our fault that it is like this. It is the older generations who have caused this crisis.

In every decision the people in power take they must consider what that decision will mean for future living conditions of all species, for the eco systems, for us.

They need to stop being unable to think beyond the next election or the next financial report. They need to dare to be uncomfortable and unprofitable, and make those decisions that may not increase their support in the next poll. They need to stop thinking only about themselves.

In a few weeks school will end. And we will all go on summer holidays. But we must not end here. This is only the beginning of the beginning.

In September the UN will hold a climate summit in New York. In Secember the United Nations conference of parties, COP25, will be held in Santiago de Chile. And these events are what we are going to have to focus on, wherever we are. This is pretty much where our future will be decided.

Because by the year 2020, next year, the emission curve must have been bended steep downwards if we are to have a chance to stay below 1.5

or 2 degrees of warming.

After the holidays I am starting gymnasium, like high school. And this is what I really want to do. I love studying.

But I have also been invited to attend these two events, in North and South America. And since time is running out I have decided to take a sabbatical year from school and go there.

The tricky thing is that it's on the other side of the Atlantic Ocean. And there are no trains going there. And since I don't fly, because of the enormous climate impact of aviation, it's going to be a challenge. I haven't quite figured that out yet.

But I'm sure I will get there somehow. We will all have to do the impossible. The school strikes will continue next year, and the year after that.

We will go on protesting and manifesting every Friday until the world is in line with the Paris agreement. And we call upon the adults to join us. We need everyone. Are you with us? We go on together.

2019.07.23
法國國民議會演說／巴黎

請和科學站在同一陣線

有關氣候緊急危機，我有好消息和壞消息要和各位報告。先說好消息：根據最近消息，世界不會在十一年後滅亡。壞消息是：如果我們繼續因循苟且下去，到了 2030 年左右就可能會跨過好幾個臨界點，屆時將無法再阻止氣候崩潰。

許多人，包括政客、企業領袖和記者在內，都說「不認同」我們這群孩子的言論。他們說我們誇大事實、危言聳聽。我的回應是，請看最新一份政府間氣候變遷專門委員會（IPCC）的報告，第二章，第 108 頁。我們的「意見」，都寫在上面，去讀一讀，就知道人類的碳預算剩下多少。

上面寫著：如果全球氣溫升幅控制在攝氏 1.5 度以內的勝算設在 67%，則截至 2018 年 1 月 1 日，人類的碳預算還剩下 4,200 億噸。當然，這個數字如今又更小了。每年人類排放的碳，大約是 420 億噸。

按照目前的排放水平，大約再過 8.5 年，碳預算餘額將會用罄。這些數字非常可信。甚至還有許多科學家認為當初各國在 IPCC 會議上背書的這些數字太過寬容。

然而我從來沒有聽過有政治人物、記者或是企業領袖提及這些數字，彷彿從來不知道這些數字的存在，彷彿根本沒讀過 IPCC 的報告，沒讀過人類文明之所繫的這份報告。

又或者，你們根本不夠成熟，不懂得實話實說，甚至把重擔丟給未來世代，要我們扮黑臉，負責告訴大家不安的事實，只因為你們沒有人想站出來，或敢站出來。

光是引述這些數字，然後根據這些數字採取行動，就引發成千上萬針對我們的憎恨言論與威脅，還有民選官員、國會議員、企業領袖

和記者的嘲諷與謊言。

那麼，我想請教這些質疑我們「意見」或認為我們是極端分子的人：請問你們有另一套碳預算，可以讓我們有不錯的勝算不會超出 1.5 度的暖化目標嗎？有別的政府間氣候變遷專門委員會嗎？還是有個大家不曉得其存在的祕密《巴黎協議》？有一個不用顧及實質公平的祕密協定？

因為這些數字是具有權威的，所根據的是目前最厲害的科學研究，不能因為不喜歡聽到的事實，就捏造另一種事實。面對氣候與生態緊急狀態，沒有模稜兩可的餘地。

當然，你們或許會主張冒高一點風險，將全球氣溫升幅控制在攝氏 1.5 度以內的勝算下調到 50%，這樣截至 2018 年 1 月 1 日，人類的碳預算餘額就會增加到 5,800 億噸，延後到大約第 12 年預算才會用罄。但是為什麼要這樣？為什麼要冒這個風險？難道是要任由機率去決定人類未來的生存條件嗎？像擲銅板那樣，好壞機率各半嗎？

可供人類排放的餘額只剩下 4,200 億噸。如今這個數字已小於 3,600 億噸。請注意，這是全球整體的數字，並未計入《巴黎協議》所強調的實質公平面向。《巴黎協議》要能夠全球落實，實質公平的面向絕對不可或缺，也就是說，富有國家減少排放的速度要更快，這樣才能讓世界上比較貧窮的國家替自己打造基礎建設，像是道路、醫院、電力、學校，以及乾淨飲用水，以提升其人民的生活水平。

你們和多數的媒體直到這一刻都還在忽視事實，人們才會都不知道真相。

如果你們願意尊重、理解科學，那就請明白這一點：IPCC 說，如果全球氣溫升幅控制在攝氏 1.5 度以內的勝算設在 67%，則截至 2018 年 1 月 1 日，人類的碳預算剩下 4,200 億噸。

當初各國簽署《巴黎協議》時同意的目標，是將溫度升幅控制在

攝氏 1.5 至 2 度以內。這固然能夠讓人類保留更多碳餘額去消耗，但是 IPCC 最新的報告指出，如果把目標設定在低於 1.5 度的話，就更能顯著減少氣候衝擊，也肯定能夠拯救無數人類的生命。

報告的重點就是這個，也是我們要說的重點。我要敬告各位，如果不把危機當作危機看待，將無法解決危機，如果只是見樹不見林，將無法解決危機。請勿將責任推諉給個人、給政客、給市場，或者是給世界上別的國家，解決這場危機，人人有責。

一旦了解到碳餘額所剩無幾這樣殘酷的事實；一旦了解到碳餘額正在快速減少；一旦了解到大家基本上都在袖手旁觀；一旦了解到幾乎沒有人知道碳預算的概念時⋯⋯。

那麼我問你們：面對這樣的狀況，你們該怎麼辦？又怎麼能不去危言聳聽？

每個人都得自問這樣的問題，也要用這些問題質問掌權者。

科學事實很明確，我們這群孩子只不過是傳播科學所做出的一致結論，並且採取行動。

如今部分國家的政治領袖開始談論這件事了，開始宣布進入氣候緊急狀態，也宣布「氣候中和」（climate neutrality）的實現進程。宣布進入氣候緊急狀態是好事，至於設定遙遠的進程日期、說些口惠而不實的話，恐怕都將弊大於利。因為實際上就是沒有看到做出改變，沒有看到法國改變，沒有看到歐盟改變，哪裡都沒有。

我深信最大的危險來自於人類的不作為；真正的危險來自於企業和政客裝作有在做事，但其實除了會要些會計花招和祭出華麗的公關，什麼事也沒有在做。

氣候與生態緊急狀態已經是現在進行式，而且才剛剛開始，只會隨著時間惡化。

如果全球氣溫升幅控制在攝氏 1.5 度以內的勝算設在 67%，則截

至 2018 年 1 月 1 日，人類的碳預算剩下 4,200 億噸。

如今這個數字已小於 3,600 億噸。

按照目前的排放水平，大約再過 8.5 年，碳預算餘額將會用罄。事實上，從我剛才演講到現在，全球又多排放大約 80 萬噸的二氧化碳了。

如果還是有人想找藉口、聽不進去、不行動，也不在乎的話，我就再問各位一次：請問有另一個政府間氣候變遷專門委員會嗎？是不是有另一個大家不曉得其存在的祕密《巴黎協議》？有一個不用顧及實質公平的祕密協定？你們有另一套碳預算，可以讓我們有不錯的勝算不會超出 1.5 度的暖化目標嗎？

有一些人今天刻意不出席，有一些人決定不聽我們的話，無所謂，畢竟我們只是孩子，你們大可以不必聽我們的，但你們必須要把科學的一致見解聽進去，聽進去科學家的呼籲。這就是我們的訴求：請和科學站在同一陣線。

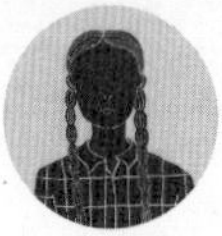

National Assembly, Paris
2019.07.23

I have some good and some bad news regarding the climate emergency. I will start with the good news. The world - as a small number people have been saying lately - will not end in 11 years. The bad news however is that around the year 2030, if we continue with business as usual, we will likely be in a position where we may pass a number of tipping points. And then we might no longer be able to undo the irreversible climate breakdown.

A lot of people, a lot of politicians, business leaders, journalists say that they don't "agree" with what we children are saying. They say we are exaggerating, that we are alarmists. To answer this I would like to refer to page 108, chapter 2 in the latest IPCC report. There you will find all our "opinions" summarized. Because there you find our remaining carbon dioxide budget.

Right there it says that if we are to have a 67% chance of limiting the global temperature rise to below 1.5 degrees, we had, on January 1st 2018, 420 Gt of carbon dioxide left in our CO2 budget. And of course that number is much lower today. We emit about 42 Gt of CO2 every year.

At current emissions levels, that remaining budget is gone within roughly 8.5 years. These numbers are as real as it gets. Though a great number of scientists suggest they are too generous these are the ones that have been accepted by all nations through the IPCC.

And not once, not one single time, have I heard any politician, journalist or business leader even mention these numbers. It is almost like you don't even know they exist, as if you haven't even read the latest IPCC report, on which the future of our civilisation is depending.

Or maybe you are simply not mature enough to tell it like it is. Because even that burden you leave to us children. We become the bad guys who

have to tell people these uncomfortable things, because no one else wants to, or dares to.

And just for quoting and acting on these numbers - these scientific facts - we receive unimaginable amounts of hate and threats. We are being mocked and lied about by elected officials, members of parliaments, business leaders, journalists.

What I really would like to ask all of those who question our so called "opinions", or think that we are extreme - Do you have a different budget for at least a reasonable chance of staying below 1.5 degrees of warming? Is there another intergovernmental panel on climate change? Is there a secret Paris agreement that we don't know about? One that does not include the aspect of equity?

Because these are the numbers that counts. This is the current best available science. You can't simply make up your own facts, just because you don't like what you hear. There is no middle ground when it comes to the climate and ecological emergency.

Of course you could argue that we should go for more risky pathway, such as the alternative of 580Gt CO_2 from January 1st 2018, which gives us a 50:50 percent chance of limiting the global temperature rise to below 1.5 degrees. That amount of carbon dioxide will run out in about 12 years of current business as usual. But why should we do that? Why should we accept taking that risk? Leaving the future living conditions for human kind to a fifty fifty flip of a coin?

420 Gt left of CO_2 to emit. And now that number is down to less than 360 Gt. And please note that these figures are global and therefore do not say anything about the aspect of equity, clearly stated throughout the Paris

Agreement, which is absolutely necessary to make it work on a global scale. That means that richer countries need to get down to zero emissions faster - so that people in poorer parts of the world can heighten their standard of living by building some of the infrastructure that we have already built. Such as roads, hospitals, electricity, schools and providing clean drinking water.

And because you have ignored these facts, because you and pretty much all of the media, to this very minute keep ignoring them - people do not know what is going on.

If you respect the science, if you understand the science, then this is it. 420Gt CO2 left to emit on January 1st 2018 to have a 67% chance of staying below a 1.5 degrees of global temperature rise, according to the IPCC.

In the Paris Agreement, we have only signed up for staying below 1.5 - 2 degrees of temperature rise. And that of course gives us a bigger remaining carbon dioxide budget. But the latest IPCC report shows that aiming instead for below 1.5 degrees would significantly reduce the climate impacts, and that would most certainly save countless of human lives.

This is what it's all about. This is all that we are saying. But I will also tell you this, you can not solve a crisis without treating it like a crisis, without seeing the full picture. You can not leave the responsibility to individuals, politicians, the market or other parts of the world to take. This has to include everything and everyone.

Once you realize how painfully small the size of our remaining carbon dioxide budget is. Once you realize how fast it is disappearing. Once you realize that basically nothing is being done about it. And once you realize that almost no one is even aware of the fact that CO2 budget even exists.

Then tell me - just exactly what do you do? And how do you do it

without sounding alarmist? That is the question we must ask ourselves, and the people in power. The science is clear. And all we children are doing is communicating and acting on that united science.

Now political leaders in some countries are starting to talk. They are starting to declare climate emergencies and announcing dates for so called "climate neutrality". And declaring a climate emergency is good. But only setting up these vague distant dates, and saying things which give the impression of that things are being done and that action is underway will most likely do more harm than good. Because the changes required are still nowhere in sight. Not in France, not in the EU. Nowhere.

And I believe that the biggest danger is not our inaction. The real danger is when companies and politicians are making it look like real action is happening, when in fact almost nothing is being done, apart from clever accounting and creative PR.

The climate and ecological emergency is right here, right now. But it has only just begun. It will get worse.

420Gt CO2 left to emit on January 1st 2018 to have a 67% chance of staying below a 1.5 degrees of global temperature rise. And now that figure is already down to less than 360 Gt.

At current emissions levels, that remaining budget is gone within roughly 8.5 years. In fact, since I started this speech the world has emitted about 800 000 tonnes of CO2.

And if anyone still has excuses - not to listen, not to act, not to care - I ask you once again; is there another intergovernmental panel on climate change? Is there a secret Paris agreement that we don't know about? One that does not include the aspect of equity? Do you have a different budget

for at least a reasonable chance of staying below 1.5 degrees of global temperature rise?

Some people have chosen not to come here today, some people have chosen not to listen to us. And that is fine, we are after all just children. You don't have to listen to us. But you have to listen to the united science. The scientists. And that is all we ask - unite behind the science.

2019.09.18
美國國會演說

現在不是談夢想的時候

我的名字叫做葛莉塔・通貝里，現年十六歲，來自瑞典。我很高興能夠來到美國。在許多人的眼中，這塊土地是實現夢想的沃土。而我，也有一個夢。

我夢想不分政府、不分黨派、不分企業，所有人都能夠了解到一件事：氣候與生態危機已經迫在眉睫。請你們把它當作緊急狀況，拋開成見，一同合作，採取必要措施，以維護全球人民的生存條件，讓所有人都能夠活得有尊嚴。唯有如此，上百萬名罷課的學生才會回去上學。我夢想不論是掌權者，或是大眾媒體，都能夠開始把這場危機當作是緊急狀態，因為它確實是緊急狀態。唯有如此，我才能夠回家去，看看我的妹妹和我的狗，我很想念他們。

我有許多夢想，但現在已經是 2019 年，不是可以繼續作夢的時刻，應該是要覺醒的時刻。歷史的此時此刻，人類必須澈底清醒。沒有錯，人類需要有夢想。夢想是生命之所需，但是作夢必須看時間，必須看場合，不能為了美夢，而選擇不說真話。

然而不論到哪裡，不分企業，不分政治派系的民選官員，大家一律在對我說童話故事，杜撰自己版本的睡前故事，想要用這些故事來安撫我們，讓我們睡著。這些故事都是用來讓你們「自我感覺良好」，說人類將會「解決」所有問題，讓世界變得多麼美好。問題在於，人類不缺乏作夢的能力，也不缺乏想像更美好的世界的能力。人類所缺乏的，是立刻覺醒的能力，如今該是正視現實、正視事實，並且正視科學的時候。

科學不只是會關注「有哪些壯闊的機會，能夠實現人類向來夢想的美好社會」，更是會關注人民默默承受的苦難，而且苦難只會隨著

以拖待變，而變得越來越嚴重。如果不想讓後果變得嚴重，就必須現在行動。也的確，世界一旦真的走向永續時，新的好處也將伴隨而至。但請你們務必了解到一點：行動的目的不是用來創造新的綠色就業機會，也不是要用來創造新商機，更不是要用來創造綠色經濟。這是一場澈底的緊急危機，而不只是一般的緊急危機，這是人類有史以來所面對的最大危機。

所以必須正視這場危機，要讓人民能夠理解危機的意義，並且曉得其迫切性，因為要解決一場危機之前，必須先將危機看作是危機。請勿繼續昧於事實，繼續告訴人民一切都會安然無事，因為照現在的情況看來，「並不會如此」。這不該是可以拿來包裝銷售獲利的事，也不是一個可以拿來在社群媒體上討「讚」的事。

各位，請勿再假裝光靠你們自己、光靠商業點子、靠政黨，或是靠黨派的方案，問題將能夠迎刃而解。我們必須了解到一件事，那就是至今尚未有全面性的解決方案，還差得遠。除非你們認為解決方案就是停止繼續做某些事。

用比較不那麼糟糕的發電方式，代替原本糟糕的方式，稱不上是進步。將碳排放出口到別的國家，稱不上是減少排放，靠有巧思的會計制度沒有用，這套會計制度反而是真正問題所在。

你們或許有人聽說過，從 2018 年 1 月 1 日起，人類必須在 12 年內將二氧化碳排放量減半，但我猜大部分的人應該都沒有聽過這句話的後半部：這樣才能夠有 50%的勝算可以讓全球氣溫維持在升幅攝氏 1.5 度以內。重點是只有 50%的勝算，才能恢復工業時期的水準。

何況是以目前最可靠的科學計算，都未計入非線性臨界點（non linear tipping points），也未計入不可預期的反饋迴圈，像是快速融解中的北極圈永凍層所釋放的甲烷威力氣體；也未計入因為空汙緣故而被困在地球表層的溫室氣體；也未計入實質公平或是氣候正義等面

向。

50%的勝算是相當於擲銅板會出現正反面的機率，這樣的勝算當然不夠大。這在道德上很難說得過去。請問各位：如果今天知道一架飛機有至少 50%的機率會失事，你們還會去搭嗎？

更切題一點好了：請問你們會讓自己的孩子去搭嗎？

為什麼必須將氣溫升幅控制在攝氏 1.5 度以下？因為這是科學界一致的結論，這樣才不會讓氣候變得不穩定，才能避免觸發一連串人類無法逆轉的連鎖反應。全球氣溫就算只上升 1 度，就會出現大量生命財產的損失，這是不可接受的。

那麼，該從哪邊開始行動？我建議大家去看政府間氣候變遷專門委員會（IPCC）去年公布的《1.5 度特別報告》（SR 1.5），第 2 章，第 108 頁[1]。

上面寫著：如果全球氣溫升幅控制在攝氏 1.5 度以內的勝算設在 67%，則截至 2018 年 1 月 1 日，人類的碳預算剩下 4,200 億噸。當然，這個數字如今又更小了，因為每年人類排放的碳，大約是 420 億噸，如果納入土地利用的話。

若以當前的排放水平來估算，人類剩下的碳預算大約八年半後就會用罄。這些數字不是出自於我的個人意見，也不是任何人的個人意見或是政治立場。這是當前最頂尖的科學研究提供的數字。甚至還有許多科學家認為當初各國於 IPCC 會議上背書的這些數字太過寬容。

請注意，這是全球整體的數字，並未計入《巴黎協議》所強調的實質公平面向。《巴黎協議》要能夠全球落實，實質公平的面向絕對不可或缺。也就是說，富有國家減少排放的速度要更快，這樣才能讓較貧窮的國家打造基礎建設，像是道路、醫院、電力、學校，以及乾

1 完整報告下載路徑：https://www.ipcc.ch/sr15/download/#full

淨飲用水，以提升其人民的生活水平。

美國是人類史上最大的碳排放國，也是世界第一的石油生產國，你們還是世界上唯一一個強烈表示將退出《巴黎協議》的國家。要退出的原因是，我這裡引述川普的話：「對美國而言，這是筆糟糕的生意。」

如果全球氣溫升幅控制在攝氏 1.5 度以內的勝算設在 67%，則截至 2018 年 1 月 1 日，人類的碳預算剩下 4,200 億噸。

如今碳預算剩下不到 3,600 億噸。

這些數字很令人不安，但人民有知的權利。不過，大多數人民卻不知道這些數字的存在，甚至連採訪過我的記者也似乎不知道。更不用說是政客了。但政客卻很有自信，說他們的政治方案能夠澈底解決氣候危機。

問題是，如果不澈底去了解危機的問題所在，又怎麼能夠宣稱可以解決問題？為什麼你們只見樹，不見林，更忽視最頂尖的科學研究結論？

這樣繼續下去，將會禍害無窮。不論這場氣候危機背後有多少政治盤算，就是不能讓氣候繼續淪為黨派政治的犧牲品。處理這場氣候與生態危機，應該跳脫黨派政治。人類當前的主要敵人不是政壇上的敵人，而是物理上的敵人，物理不像政客，它是不會和人類「談條件」的。

大家都說，不可能會有人去犧牲自己，好讓生物圈能夠永續共榮，好讓未來與目前世代得以安居樂業，不可能，辦不到。

但歷史上就曾經有許多美國人在逆境中做出犧牲，最後取得勝利。

想想看諾曼第登陸戰，當天在奧馬哈海灘首批上岸的士兵。

想想看金恩博士當初偕同六百名民運人士甘願冒巨大風險，也要從賽爾瑪市遊行到蒙哥馬利市。

想想看甘迺迪總統曾在 1962 年宣布美國「要在 1969 年底以前登陸月球，並且完成其他壯舉，原因不是因為它們很容易，而是因為它

們很艱難……」

或許是不可能吧。

但每當看到這些數字，看到這些由各個國家背書的頂尖科學研究結論，我就知道問題有多麼棘手。

請你們不要只會繼續作夢，不要把這場危機看作是非贏不可的黨派鬥爭。

不要用擲銅板的方式，賭上孩子的未來。

請你們務必和科學站在同一陣線。

務必採取行動。

完成不可能的任務。

決不放棄。

US. Congress
2019.09.18

My name is Greta Thunberg, I am 16 years old and I'm from Sweden. I am grateful for being with you here in the USA. A nation that, to many people, is the country of dreams. I also have a dream.

That governments, political parties and corporations grasp the urgency of the climate and ecological crisis and come together despite their differences - as you would in an emergency - and take the measures required to safeguard the conditions for a dignified life for everybody on earth. Because then - we millions of school striking youth - could go back to school. I have a dream that the people in power, as well as the media, start treating this crisis like the existential emergency it is. So that I could go home to my sister and my dogs. Because I miss them.

In fact I have many dreams. But this is the year 2019. This is not the time and place for dreams. This is the time to wake up. This is the moment in history when we need to be wide awake. And yes, we need dreams, we can not live without dreams. But there's a time and place for everything. And dreams can not stand in the way of telling it like it is.

And yet, wherever I go I seem to be surrounded by fairytales. Business leaders, elected officials all across the political spectrum spending their time making up and telling bedtime stories that sooth us, that make us go back to sleep. These are 'feel-good' stories about how we are going to fix everything. How wonderful everything is going to be when we have "solved" everything. But the problem we are facing is not that we lack the ability to dream, or to imagine a better world. The problem now is that we need to wake up. It's time to face the reality, the facts, the science.

And the science doesn't mainly speak of "great opportunities to create the society we always wanted". It tells of unspoken human sufferings, which

will get worse and worse the longer we delay action - unless we start to act now. And yes, of course a sustainable transformed world will include lots of new benefits. But you have to understand. This is NOT primarily an opportunity to create new green jobs, new businesses or green economic growth. This is above all an emergency, and not just any emergency. This is the biggest crisis humanity has ever faced.

And we need to treat it accordingly. So that people can understand and grasp the urgency. Because you can not solve a crisis without treating it as one. Stop telling people that everything will be fine when in fact, as it looks now, it won't be very "fine". This is not something you can package and sell or "like" on social media.

Stop pretending that you, your business idea, your political party or plan will solve everything. We must realize that we don't have all the solutions yet. Far from it. Unless those solutions mean that we simply stop doing certain things.

Changing one disastrous energy source for a slightly less disastrous one is not progress. Exporting our emissions overseas is not reducing our emission. Creative accounting will not help us. In fact, it's the very heart of the problem.

Some of you may have heard that we have 12 years as from January first 2018 to cut our emissions of carbon dioxide in half. But I guess that hardly any of you have heard that is for a 50% chance of staying below a 1.5 degree Celsius of global temperature rise above pre-industrial levels. 50% chance.

And these current, best available scientific calculations do not include non linear tipping points as well as most unforeseen feed back loops like the

extremely powerful methane gas escaping from rapidly thawing arctic permafrost. Or already locked in warming hidden by toxic air pollution. Or the aspect of equity, climate justice.

So a 50% chance - a statistical flip of a coin - will most definitely not be enough. That would be impossible to morally defend. Would anyone of you step onto a plane if you knew it had more than a 50% chance of crashing? More to the point: would you put your children on that flight?

And why is it so important to stay below the 1.5 degree limit? Because that is what the united science calls for, to avoid destabilizing the climate, so that we stay clear of setting off an irreversible chain reaction beyond human control. Even at 1 degree of warming we are seeing an unacceptable loss of life and livelihoods.

So where do we begin? Well I would suggest that we start looking at chapter 2, on page 108 in the SR1.5 IPCC report that came out last year. Right there it says that if we are to have a 67% chance of limiting the global temperature rise to below 1.5 degrees Celsius, we had, on January 1st 2018, about 420 Gtonnes of CO2 left to emit in that carbon dioxide budget. And of course that number is much lower today. As we emit about 42 Gtonnes of CO2 every year, if you include land use.

With today's emissions levels, that remaining budget is gone within less than 8 and a half years. These numbers are not my opinions. They aren't anyone's opinions or political views. This is the current best available science. Though a great number of scientists suggest even these figures are too moderate these are the ones that have been accepted by all nations through the IPCC.

And please note that these figures are global and therefore do not say

anything about the aspect of equity, clearly stated throughout the Paris Agreement. Which is absolutely necessary to make it work on a global scale. That means that richer countries need to do their fair share and get down to zero emissions much faster, so that people in poorer countries can heighten their standard of living, by building some of the infrastructure that we have already built. Such as roads, hospitals, schools, clean drinking water and electricity.

The USA is the biggest carbon polluter in history. It is also the world's number one producer of oil. And yet, you are also the only nation in the world that has signaled your strong intention to leave the Paris Agreement. Because quote "it was a bad deal for the USA".

420Gt CO2 left to emit on January 1st 2018 to have a 67% chance of staying below a 1.5 degrees of global temperature rise. Now that figure is already down to less than 360 Gt.

These numbers are very uncomfortable. But people have the right to know. And the vast majority of us have no idea these numbers even exist. In fact not even the journalists that I meet seem to know that they even exist. Not to mention the politicians. And yet they all seem so certain that their political plan will solve the entire crisis.

But how can we solve a problem that we don't even fully understand? How can we leave out the full picture and the current best available science?

I believe there is a huge danger in doing so. And no matter how political the background tothis crisis may be, we must not allow this to continue to be a partisan political question. The climate and ecological crisis is beyond party politics. And our main enemy right now is not our political opponents. Our main enemy now is physics. And we can not make "deals"

with physics.

Everybody says that making sacrifices for the survival of the biosphere - and to secure the living conditions for future and present generations - is an impossible thing to do. Americans have indeed made great sacrifices to overcome terrible odds before.

Think of the brave soldiers that rushed ashore in that first wave on Omaha Beach on D Day. Think of Martin Luther King and the 600 other civil rights leaders who risked everything to march from Selma to Montgomery. Think of President John F. Kennedy announcing in 1962 that America would "choose to go to the moon in this decade and do the other things, not because they are easy, but because they are hard…"

Perhaps it is impossible.

But looking at those numbers - looking at the current best available science signed by every nation - then I think that is precisely what we are up against.

But you must not spend all of your time dreaming, or see this as some political fight to win.

And you must not gamble your children's future on the flip of a coin.

Instead, you must unite behind the science.

You must take action.

You must do the impossible. Because giving up can never ever be an option.

2019.09.23
聯合國大會演說

要不要臉啊？

這世界實在是亂了套，我不應該站在這邊的。

我本來應該要在地球的另一端上學，結果各位居然把希望寄託在我們年輕人身上？

要不要臉啊？

在座的各位只會誇誇其談，偷走我的夢想，偷走我的童年，但我還算是幸運的少數。

人們正在承受苦難，正在死去，整個生物圈就要崩潰了，已經進入生物大滅絕的階段，而你們在意的竟然只是錢，以及痴人做夢的無窮經濟成長，要不要臉啊？

三十多年來的科學結論，如同鐵一般確鑿擺在各位面前。結果你們竟敢漠視它，還有臉來到這裡，說你們做得夠多？

何況必要的政治措施與解決方案，至今依然欠缺。

你們總是說「有聽見」我們的聲音，說知道危機迫在眉睫，但不論我再怎麼難過，再怎麼憤怒，我都不想相信這是事實。因為假如你們澈底了解事態的嚴重性，卻繼續放任不作為，那麼你們就是邪惡的。

這一點我不相信。

就算是拿備受支持的構想來說，即便十年內人類將碳排放量減半，也只有 50%的勝算能夠讓全球氣溫上升幅度維持在攝氏 1.5 度以內，避免觸發一連串超出人類所能掌控的連鎖反應，也許，你們覺得50%的勝算可以接受。

但是這個數字並未計入許多臨界點，未計入大多數的反饋迴圈，或是被有害空汙隱藏的額外暖化，也未計入實質公平的面向，所以

50%的勝算，根本無法接受，因為承擔苦果的是我們，我們拒絕接受如此低的勝算。

政府間氣候變遷專門委員會（IPCC）已經告訴各位，如果全球氣溫升幅控制在攝氏 1.5 度以內的勝算設在 67%，這是 IPCC 報告中最大的勝算，則截至去年的 2018 年 1 月 1 日，人類的碳預算剩下 4,200 億噸。

如今預算餘額已經剩下 3500 億噸不到，你們怎麼還有臉誆稱用老樣子的做事方法，或是用一些技術，就能解決這場危機？按照目前的排放水平，大約再過 8.5 年，碳預算餘額將會用罄。

餘額一旦用完，屆時將不再會有任何方案或計畫能夠彌補。這些數字實在太令人不安，你們卻還是不願面對真相，不願實話實說。

你們這一代人是在背棄我們，而且年輕世代開始有所覺悟，未來的世世代代都在看各位的一舉一動。

如果你們還是選擇背棄我們的話，我們永遠不會原諒你們。

別以為我們會放過你們。

此時此刻，我們已經設下底線。

全世界正在覺醒。

不論各位喜不喜歡，改變即將來臨。

UN GENERAL ASSEMBLY
2019.09.23

This is all wrong. I shouldn't be standing here. I should be back in school on the other side of the ocean. Yet you all come to us young people for hope?

How dare you?

You have taken away my dreams and my childhood with your empty words. And yet I'm one of the lucky ones.

People are suffering. People are dying. Entire ecosystems are collapsing. We are in the beginning of a mass extinction. And all you can talk about is money and fairytales of eternal economic growth. How dare you?

For more than 30 years the science has been crystal clear. How dare you continue to look away, and come here saying that you are doing enough? When the politics and solutions needed are still nowhere in sight.

You say you "hear" us and that you understand the urgency. But no matter how sad and angry I am, I don't want to believe that. Because if you fully understood the situation and still kept on failing to act, then you would be evil.

And I refuse to believe that.

The popular idea of cutting our emissions in half in 10 years only gives us a 50% chance of staying below 1.5 degrees and the risk of setting off irreversible chain reactions beyond human control. 50% may be acceptable to you.

But since those numbers don't include tipping points, most feedback loops, additional warming hidden by toxic air pollution nor the aspect of equity, then a 50% risk is simply not acceptable to us, we who have to live with the consequences. We do not accept these odds.

To have a 67% chance of staying below a 1.5 degrees of global temperature rise, the best odds given by the IPCC, the world had 420Gt of CO_2 left to emit back on January 1st 2018.

Today, as you can see, that figure is already down to less than 350 Gt. How dare you pretend that this can be solved with business as usual and some technical solutions? With today's emissions levels, that remaining CO_2 budget will be entirely gone within less than 8 and a half years.

There will not be any solutions or plans presented in line with these figures today. Because these numbers are too uncomfortable. And you are still not mature enough to tell it like it is.

Your generation is failing us. But the young people are starting to understand your betrayal. The eyes of all future generations are upon you.

And if you choose to fail us I say we will never forgive you.

We will not let you get away with this.

Right here, right now is where we draw the line.

The world is waking up.

And change is coming, whether you like it or not.

2019.09.27
蒙特婁演說

不論你們喜不喜歡，改變即將來臨

（法文開場）你好，蒙特婁！很高興來到加拿大魁北克！這裡讓我想起老家。謝謝你們！

很高興來到加拿大，感覺像是回到老家，因為這裡感覺起來真的很像我的家鄉瑞典。這裡有麋鹿，我的家鄉也有麋鹿；這裡冬天酷寒，經常下雪，還有很多的松樹，我的家鄉也是。

這裡有馴鹿，我們家鄉也有；你們會玩冰上曲棍球，我們也會玩。你們有楓糖漿，我們……算了，跳過這個。

在氣候議題上，你們國家本來可以當榜樣，我們瑞典也是。但悲哀的是，實際上兩個國家都不是榜樣，都只會說空話，必要的政治解決方案，至今依然欠缺。

所以基本上我們兩個國家一模一樣！

上週，總計至少一百七十個國家、超過四百萬人走上街頭為氣候抗爭。

為了維護地球的生息而遊行；為了保障所有人的未來平安而遊行。我們訴諸科學，呼籲掌權者必須重視科學，必須根據科學結論採取行動。卻被這些政客當作耳邊風。這週，世界各地的領袖齊聚紐約，出席聯合國氣候行動峰會。他們再度讓我們失望了，說話空洞，欠缺行動，我們請他們和科學站在同一陣線，結果他們充耳不聞。

於是，今天世界各地數百萬人又站出來抗爭遊行。我們會繼續抗爭，繼續遊行，直到我們的話有被聽進去。如果掌權者不願意承擔責任，那就交給我們去承擔，雖然這項責任本來不應該由我們承擔，但

總是要有人出來面對。

他們要我們不要擔心，要我們對未來樂觀，但他們忘記一點：如果當初他們有做該做的事，那我們就不必擔心未來；如果他們有及時去處理危機，那麼就不會演變得像今天那麼嚴重。我們可以承諾的是：只要他們開始認真做事、認真負責，那我們就不需擔心，而且會回到學校上課，會回去工作崗位。容我再次提醒一次：我們傳達的並不是自己的意見，也不是任何政治立場，因為氣候與生態危機凌駕黨派政治。我們所傳達的，是當今最頂尖的科學研究結論。

有一些人，尤其是促成這場危機的元兇，覺得科學結論實在太令人不安，索性置之不理。但是被迫承受這場氣候生態危機後果的我們，以及早就在承受後果的人民，卻沒有不去承受的選擇餘地。如果要將氣溫升幅控制在攝氏 1.5 度以內，好讓人類避開一連串逆轉不了、且控制不了的連鎖反應的話，那就必須實話實說。

政府間氣候變遷專門委員會（IPCC）去年公布《1.5 度特別報告》（SR 1.5），第 2 章，第 108 頁上面寫著：如果全球氣溫升幅控制在攝氏 1.5 度以內的勝算設在 67%，這是 IPCC 報告中最大的勝算，則截至去年 2018 年 1 月 1 日，人類的碳預算剩下 4200 億噸。

如今碳預算餘額剩下不到 3,500 億噸。

若以當前的排放水平來估算，人類剩下的碳預算大約八年半後就會用罄。

請注意，這個數字並未計入空汙所隱藏的額外暖化；未計入非線性臨界點；未計入反饋迴圈；也未計入實質公平的面向，以及氣候正義。

該數字反而已經計入尚未問世的科技技術，要靠我們這一代去大規模清除空氣中的二氧化碳。

但是我從來沒有聽過政治人物、記者，或是企業領袖提起過這些

數據，從來沒有。

他們說，小孩子應該要有小孩子的樣子。可以啊，我們可以做出小孩子的樣子，只要你們做好你們該做的，好好傳達這些數據，不要把責任推給我們，這樣我們就可以回去「當小孩」。

我們今天沒去上學、沒去工作，因為已經到了緊要關頭，我們不會袖手旁觀。

別人說我們在浪費保貴的上學時間，我們要說：我們是在改變世界。唯有如此，我們才能夠在老的時候說：我們當初盡力了。我們將繼續為地球的生息與人類的未來奮戰，永不停歇。

我們會盡一切力量阻止危機惡化，即便必須翹課或是翹班都在所不惜。因為處理這場危機更加重要。

別人一而再、再而三地唱衰我們，說這樣做沒有意義、起不了作用、帶來不了改變，我認為如今證明他們看走眼了。

回顧人類歷史，社會上最重大的改變都是由下而上、由草根力量所帶動。確切數字不斷在更新當中，不過看來已經有超過六百六十萬人參加這次的「給我一週，守護未來」（Week for Future）活動，以及這週五和上週五的罷工與罷課。這是歷史上數一數二大規模的抗爭遊行。民眾發出了他們的怒吼，我們也將持續發聲，一直到各國領袖願意把我們的聲音聽進去為止。我們就是改變，改變即將來臨。

（法文結尾：）不論你們喜不喜歡，改變即將來臨！

Montrial
2019.09.27

Bonjour Montréal! Je suis très heureuse d'être ici au Canada au Québec! Ca me rappelle la maison. Merci! It's great to be in Canada. It's a bit like coming home. I mean, you are so similar to Sweden, where I'm from. You have moose and we have moose. You have cold winters and lots of snow and pine trees. And we have cold winters and lots of snow and pine trees.

You have the caribou and we have reindeer. You play ice hockey and we play ice hockey. You have maple syrup and we have... well... forget about that one.

You are a nation that eligibly is a climate leader. And Sweden is also a nation that is eligibly a climate leader. And in both cases it sadly means absolutely nothing. Because in both cases it's just empty words. And the politics needed is still nowhere in sight. So we are basically the same!

Last week well over 4 million people in over 170 countries striked for the climate.

We marched for a living planet and a safe future for everyone. We spoke the science and demanded that the people in power would listen to, and act on the science. But our political leaders didn't listen. This week world leaders gathered in New York for the UN Climate Action Summit. They disappointed us once again with empty words and insufficient action. We told them to unite behind the science. But they didn't listen.

So today we are millions around the world striking and marching again. And we will keep on doing it until they listen. If the people in power won't take their responsibility, then we will. It shouldn't be up to us, but somebody needs to do it.

They say we shouldn't worry, that we should look forward to a bright

future. But they forget that if they would have done their job, we wouldn't need to worry. If they had started in time then this crisis would not be the crisis it is today. And we promise - once they start to do their job and take their responsibility, we will stop worrying and go back to school, go back to work. And once again, we are not communicating our opinions or any political views. The climate and ecological crisis is beyond party politics. We are communicating the current best available science.

To some people - particularly those who in many ways have created this crisis - that science is far too uncomfortable to address. But we who will have to live with the consequences - and indeed those who are living with the climate and ecological crisis already - don't have a choice. To stay below 1.5 degrees - and give us a chance to avoid of the risk of setting off irreversible chain reactions beyond human control - we must speak the truth and tell it like it is.

In the IPCCs SR1.5 report that came out last year it says on page 108 in chapter 2 that to have a 67% chance of staying below a 1.5 degrees of global temperature rise - the best odds given by the IPCC - the world had 420Gt of CO2 left to emit back on January 1st 2018.

Today that figure is already down to less than 350 Gt. With today's emissions levels, that remaining CO2 budget will be entirely gone within less than 8 and a half years.

And please note that these calculations do not include already locked in warming hidden by toxic air pollution, non linear tipping points, most feed back loops, or the aspect of equity, climate justice.

They are also relying on my generation sucking 100s of billions of tonnes of CO2 out of the air with technologies that barely exist.

And not once, not one single time, have I heard any politician, journalist or business leader even mention these numbers.

They say let children be children. We agree, let us be children. Do your part, communicate these kinds of numbers instead of leaving that responsibility to us. Then we can go back to "being children".

We are not in school today. We are not at work today. Because this is an emergency. And we will not be bystanders. Some would say we are wasting lesson time, we say we are changing the world. So that when we are older we will be able to say we did everything we could. And we will never stop doing that. We will never stop fighting for the living planet and for our future.

We will do everything in our power to stop this crisis from getting worse. Even if that means skipping school or work. Because this is more important.

We have been told so many times that there's no point in doing this, that we won't have an impact anyway, that we can't make a difference. I think we have proven that to be wrong by now.

Through history, the most important changes in society have come from the bottom up, from grassroots. The numbers are still coming in - but it looks like well over 6,6 million people have joined the weekforfuture, the strikes on this and last Friday. That is one of the biggest demonstrations in history. The people have spoken and we will continue to speak until our leaders listen. We are the change and change is coming.

Le changement arrive - si vous l'aimez ou non!